HEYNE ‹

JAMLING TENZING NORGAY
MIT BROUGHTON COBURN

Auf den Spuren meines Vaters

Die Sherpas und der Everest

MIT EINEM VORWORT DES DALAI-LAMA UND EINER EINFÜHRUNG VON JON KRAKAUER

———

*Aus dem Amerikanischen
von Thomas Wollermann und
Sonja Schuhmacher*

WILHELM HEYNE VERLAG
MÜNCHEN

HEYNE SACHBUCH
Band-Nr. 19/854

Titel der amerikanischen Originalausgabe
TOUCHING MY FATHER'S SOUL.
A Sherpa's Journey to the Top of Everest.
Erschienen 2001 by HarperCollins, New York

2. Auflage

Taschenbucherstausgabe 04/2003
Copyright © 2001 by Jamling Tenzing Norgay
with Broughton Coburn
Copyright © 2001 der deutschsprachigen Ausgabe by
Diana Verlag AG, München und Zürich
Der Wilhelm Heyne Verlag ist ein Verlag der
Ullstein Heyne List GmbH & Co. KG.
Printed in Germany 2003
Umschlagillustration: LOOK/Joachim Chwaszcza und
Kay Maeritz, München
Umschlaggestaltung: Nele Schütz Design, München
Satz: Filmsatz Schröter GmbH, München
Druck und Verarbeitung: Ebner & Spiegel, Ulm
ISBN 3-453-86725-4

http://www.heyne.de

Für meine verstorbenen Eltern,
meine Frau Soyang
und das Volk der Sherpas

J. T. N.

Inhalt

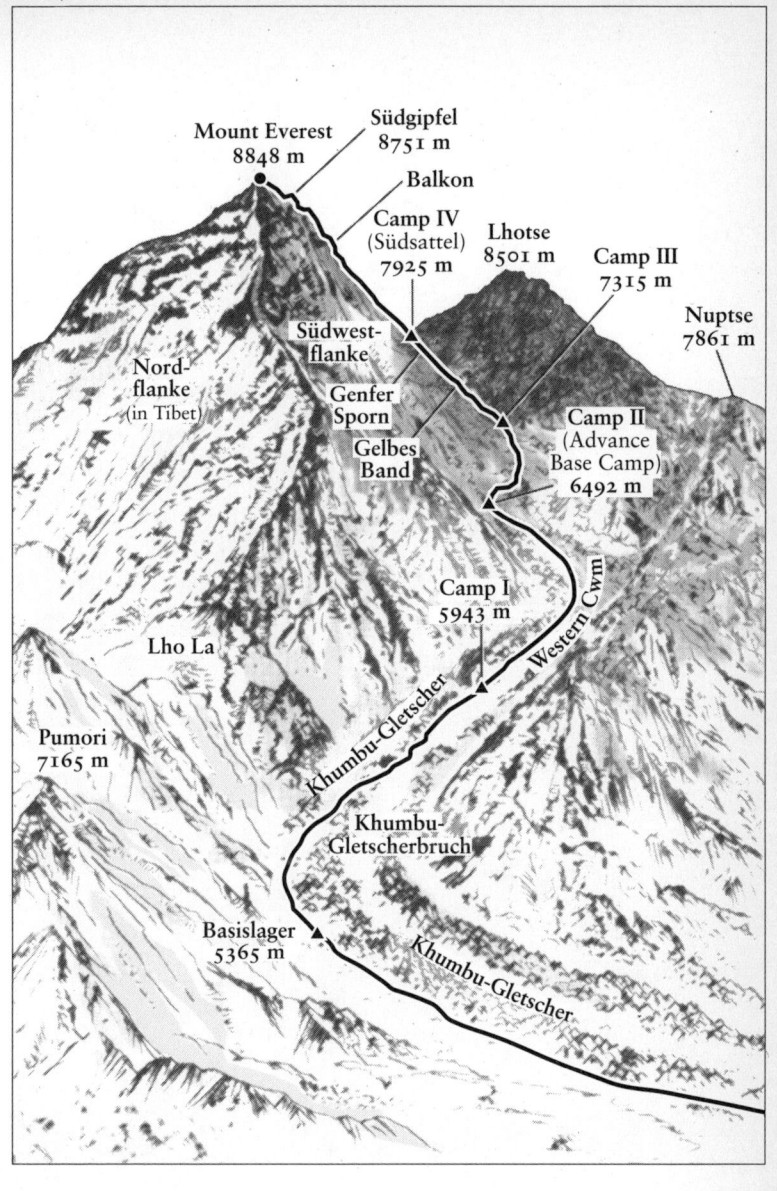

Mount Everest
8848 m

Südgipfel
8751 m

Balkon

Camp IV
(Südsattel)
7925 m

Lhotse
8501 m

Camp III
7315 m

Nuptse
7861 m

Südwest-
flanke

Nord-
flanke
(in Tibet)

Genfer
Sporn

Gelbes
Band

Camp II
(Advance
Base Camp)
6492 m

Lho La

Camp I
5943 m

Western Cwm

Pumori
7165 m

Khumbu-Gletscher

Khumbu-
Gletscherbruch

Basislager
5365 m

Khumbu-Gletscher

Vorwort

Jamling Tenzing Norgay ist der Sohn von Tenzing Norgay, der gemeinsam mit Sir Edmund Hillary die Erstbesteigung des Mount Everest – oder Chomolungma, wie wir ihn auf Tibetisch nennen – geleistet hat. In diesem Buch berichtet er von seinem erfolgreichen Aufstieg zum Everest im Jahr 1996. Tibeter steigen normalerweise nicht auf die Gipfel der Berge, sie begnügen sich damit, die Pässe zu überqueren, über die Tibet zu erreichen ist. Jamling Tenzing Norgay vermittelt uns eine sehr tibetische Sicht des Unternehmens – für ihn war es eine Pilgerreise. Einerseits ein Tribut an seinen berühmten mutigen Vater, war sie auch von dem traditionell tibetischen Bewusstsein getragen, dass die Berge Wohnsitz der Götter sind.

Die Pilgerwanderung wird oft als das körperliche Gegenstück zum spirituellen Leben gesehen. Beide erfordern eine besondere Einstellung, sorgfältige Vorbereitung, die Entschlossenheit, um keinen Preis aufzugeben, Mut, Hindernisse zu überwinden, und Vorsicht angesichts von Gefahren. Jedem Mitglied einer Bergsteigergruppe wird auf unmittelbare Weise deutlich, dass es von seinen Gefährten abhängt, gleichzeitig aber auch für sie verantwortlich ist.

Ich beglückwünsche Jamling Tenzing Norgay zu seiner erfolgreichen Besteigung des höchsten Bergs der Welt, aber auch zu diesem Buch, das, dessen bin ich mir sicher, vielen Lesern eine Quelle positiver Inspiration sein wird.

Der Dalai-Lama
Dezember 2000

Einführung

Beinahe fünf Jahre sind seit den dramatischen Ereignissen des Jahres 1996 vergangen, die als die Katastrophe am Mount Everest bekannt wurden. Inzwischen wurde das Thema mit einer Flut von Publikationen bedacht. Der neueste Bericht über die Tragödie, *Auf den Spuren meines Vaters* von Jamling Tenzing Norgay, ist nach meiner groben Zählung das 17. Buch, das dazu erscheint. Ein halbes Jahrzehnt später erscheint die Frage nicht unberechtigt, warum jemand, abgesehen von einigen besessenen Everest-Fanatikern, eine weitere Darstellung dieser berüchtigten Saison am höchsten Berg der Welt lesen möchte.

Aber Jamlings Buch ist wirklich zu empfehlen – es gehört sogar zu den besten, die zu diesem Thema geschrieben wurden. Jamling weiß Erstaunliches zu berichten. Ich habe durch dieses Buch viel gelernt.

Der Verfasser war Bergführer jener Expedition, die den höchst erfolgreichen IMAX-Film *Everest* gedreht hat. Die meisten anderen Berichte über die Katastrophe am Everest stammen zwar ebenfalls von Männern und Frauen, die das Unglück selbst miterlebt haben, aber jetzt liegt zum ersten Mal das Buch eines Sherpas vor – eines Angehörigen jenes buddhistischen Volkes, das in der Gegend rund um den Mount Everest beheimatet ist und das in der Besteigungsgeschichte des gewaltigen Gipfels eine herausragende, ja entscheidende Rolle gespielt hat, seit die Briten im Jahr 1921 sich erstmals auf seine Flanken wagten.

Eine Besteigung des Everest war schon immer ein äußerst ris-

kantes Unterfangen, und von Anfang an ließen dort unver-
hältnismäßig viele Sherpas ihr Leben – größtenteils weil die
ausländischen Bergsteiger, die sie engagierten, ihre Lastenträger und Gipfelbegleiter regelmäßig viel größeren Gefahren aus-
setzten, als sie selbst auf sich nahmen. Dennoch handelt es sich
hier erst um das zweite Bergsteigerbuch über den Himalaja
überhaupt, das die Sicht eines Sherpas wiedergibt. Das erste
erschien vor 37 Jahren und ist heute vergriffen. Es war die
Autobiographie von Jamlings inzwischen verstorbenem Vater,
des weltberühmten Tenzing Norgay.

Am 29. Mai 1953 gelang Tenzing gemeinsam mit dem neuseeländischen Bienenzüchter Edmund Hillary die Erstbesteigung des Everest. Die Tragödie des Jahres 1996 liefert die Rah-
menhandlung für *Auf den Spuren meines Vaters*, aber, wie der
Titel schon sagt, handelt Jamlings Buch auch von seinem über-
lebensgroßen Vater und der komplizierten, tief emotionalen Beziehung zwischen Vater und Sohn. Da Tenzings Autobiographie
Der Tiger vom Everest aus den Regalen der Buchhandlungen
verschwunden ist, füllt es diese Lücke.

In der Euphorie nach der Erstbesteigung von 1953 wurde
Tenzing zur gefeierten Berühmtheit. Rund um den Globus wurde er als einer der herausragenden Helden der Nachkriegszeit
gefeiert. Die soeben gekrönte Königin von England verlieh dem
neununddreißigjährigen Sherpa den Georgsorden, die höchste
Auszeichnung, die Großbritannien an einen Ausländer zu vergeben hatte. Auch der indische Premierminister Jawaharlal
Nehru trug dem in aller Welt Geehrten seine Freundschaft an.
Überzeugt, Tenzing sei eine Verkörperung des Gottes Shiva,
pilgerten fromme Hindus in Scharen zum Haus der Norgays.
In Tibet geboren, in Nepal aufgewachsen und seit seinem neun-
zehnten Lebensjahr wohnhaft in Indien, war er für Millionen
im Kastensystem gefangener Inder, notleidender Nepalesen und
politisch unterdrückter Tibeter – die ihn allesamt als Lands-

mann betrachteten – zum Hoffnungsträger und inspirierenden Vorbild geworden.

Dreizehn Jahre nachdem Tenzing auf dem Gipfel des Everest gestanden hatte, kam Jamling in Darjeeling zur Welt. Jamling zufolge war die Beziehung zwischen Vater und Sohn »von Strenge und Tradition geprägt«. Jamling berichtet auch, dass er und seine Geschwister von klein auf wussten, dass ihr Vater »kein gewöhnlicher Vater« war. Zu dieser Zeit war Tenzings Berühmtheit längst zur Belastung geworden, dennoch nahm er seine Verpflichtungen sehr ernst. Bis zu seinem Tod im Jahr 1986 war er viel auf Reisen und der junge Jamling vermisste ihn schmerzlich. Tenzing ließ seine Familie »endlose Monate« allein, erinnert sich Jamling. »Diese Abwesenheit hatte ich ihm als Junge verübelt, als Junge, der ihn begleiten und bei ihm sein wollte.«

Als Sohn einer so bedeutenden Persönlichkeit besuchte Jamling, wie seine beiden Brüder, eine der angesehensten Schulen Indiens, das Internat St. Paul's. Doch war es der Everest, der Jamlings Fantasie beherrschte, weshalb er schon als Jugendlicher beschloss, es seinem Vater gleichzutun. Mit achtzehn Jahren, kurz vor Abschluss der High School, hätte sich Jamling einer indischen Everest-Expedition anschließen können, wenn sein Vater seine Beziehungen eingesetzt hätte. Tenzing lehnte die Bitte seines Sohnes jedoch ab und erklärte ernst: »Ich habe den Everest bestiegen, damit du es nicht zu tun brauchst.« Jamling war am Boden zerstört.

Nach seinem Abschluss in St. Paul's ging er in die Vereinigten Staaten, um am Northland College in Wisconsin zu studieren, wo sein Vater viele Jahre zuvor die Ehrendoktorwürde erhalten hatte. Jamling verbrachte die nächsten zehn Jahre in Amerika, größtenteils in den flachen, wuchernden Vorstädten New Jerseys – buchstäblich so weit vom Himalaja entfernt wie nur möglich –, aber sein Traum von der Besteigung des Everest ließ ihn nicht los. Am 9. Mai 1986, während Jamling noch in Northland studierte, erhielt er die überraschende Nachricht vom Tod seines Vaters. Es war ein schwerer Schlag für die ganze Familie, aber Jamling schreibt: »Nach dem Tod meines Vaters wurde mein Wunsch, den Everest zu besteigen, nur noch brennender.«

Zehn Jahre später erhielt Jamling schließlich die Gelegenheit, sich den lang gehegten Traum zu erfüllen. Der bekannte Bergsteiger und Filmemacher David Breashears lud ihn ein, sich der IMAX-Expedition von 1996 anzuschließen, und Jamling nahm an. Sein Bericht über die sich anschließenden Ereignisse und über die Katastrophe ist vor allem deshalb so fesselnd, weil Jamling das Verhalten der Bergsteiger aus einer einzigartigen Perspektive schildert: Er war mit den beiden grundverschiedenen Kulturen, die sich auf den Hängen des Everest in jenem unglückseligen Frühling begegneten – und nicht selten aufeinander prallten –, bestens vertraut: der der Sherpas einerseits und jener der reichen »Weißaugen« oder *mikaru* (wie uns die Sherpas nennen) andererseits, die sie anheuern, damit sie für sie ihr Leben riskieren.

Der Spagat zwischen diesen so unterschiedlichen Welten zeigt sich besonders deutlich in den Passagen, in denen Jamling seine religiösen Überzeugungen schildert. Wie die meisten Sherpas wurde er als Buddhist erzogen, aber während seiner Jugend, so Jamling, war »das Aufknüpfen von Gebetsfahnen für mich kaum mehr als eine Geste des Aberglaubens … Der Buddhismus hatte beileibe nicht mein Herz erobert. In St. Paul's gehörte er nicht zum Unterrichtskanon, und mein Vater, der häufig Klettertouren oder Auslandsreisen unternahm, hatte ihn mir auch nicht näher bringen können.« Er gibt zu, er sei »zynisch« und »nicht aus voller Überzeugung Buddhist« gewesen und habe »eine gewisse Skepsis« gehegt, und zwar bis zum Vorabend der Expedition von 1996. Als er schließlich am

Fuß des Everest stand, fühlte er sich aber auf einmal mit überraschender Heftigkeit von den Traditionen seiner buddhistischen Vorfahren angezogen.

Der berüchtigte Sturm, der am 10. Mai auf dem Gipfel tobte und neun Bergsteigern das Leben kostete, spielte bei Jamlings Hinwendung zur Religion eine nicht unwesentliche Rolle. »Als ich mich auf dem Schoß des Berges befand, umgeben von gläubigen Sherpas und konfrontiert mit den Todesfällen, die sich hier ereigneten und ereignet hatten, war mein Zynismus rasch verflogen.«

Auf den Spuren meines Vaters ist also die Geschichte einer spirituellen Entwicklung mit all ihren inneren Kämpfen, Schwächen und unversöhnlichen Widersprüchen. Darüber hinaus ist es auch die Geschichte eines Sohnes, der auszog, um mit seinem Vater ins Reine zu kommen, der eine lebende Legende, aber gleichzeitig nur allzu vergänglich war und der starb, als sein Sohn gerade im Begriff war, erwachsen zu werden. Im Zuge seiner Selbsterforschung fragt Jamling: »Was gab mir aber, wenn ich mich ehrlich prüfte, den Ansporn, den Everest zu besteigen? Für meine Teamkameraden war es ein Mittelding zwischen Arbeit und Freizeit. Mich trieb vor allem der Wunsch, Einsicht zu erlangen. Ich hatte das Gefühl, dass ich nur dann, wenn ich meinem Vater auf den Berg folgte, wenn ich kletterte, wo er geklettert war, wirklich etwas über ihn erfahren konnte. Ich wollte wissen, was sein Ansporn gewesen war, was er erfahren hatte. Nur dann würde ich in der Lage sein, auch all die mir noch fehlenden Teile aus dem Leben des Vaters zusammenzusetzen, das sich ein junger Mann vorstellt, nach dem er sich sehnt, das ihm aber niemals schlicht als Erbe zufällt.«

Jon Krakauer
Februar 2001

Eine beunruhigende Vorhersage

*Im Frühjahr 1996 war ich zur Audienz bei Geshe Rinchen
Sonam Rinpoche. Seine Weissagung über die kommende
Bergsaison fiel günstiger aus als eine frühere.
Er verstarb im Sommer 1996.*

Der Rinpoche barg seine Mala-Gebetskette in den hohlen Händen und pustete kräftig darauf. Dann ließ er sie langsam durch die Finger gleiten und betrachtete sie mit geneigtem Kopf, als wollte er in jede einzelne Perle hineinschauen. Er sah zu mir auf.

»Die Bedingungen sind nicht günstig. In der kommenden Saison hat der Berg etwas Bösartiges an sich.«

Mir war, als hätte ich einen Schlag in den Magen bekommen – was mir, da ich nicht gerade ein frommer Buddhist war, seltsam erschien.

Der Rinpoche saß auf einem breiten, flachen Kissen. Er zupfte seine Robe zurecht und schaukelte dann vor und zurück, als wäre auch er von der Weissagung überrascht. Mit einem lauten Händeklatschen rief er den diensthabenden Mönch herbei. Sein Klatschen zerriss das Schweigen wie das Klatschen des buddhistischen Gurus, das den Schüler wachrüttelt, damit er das Wesen der Leere erkenne – die blitzartige Einsicht, dass alles Leben vergänglich sei und ihm kein wirkliches Dasein innewohne. Für einen kurzen Augenblick trat ich in einen Raum der Ruhe, für eine Millisekunde sah ich die Leere, dann spürte ich wieder meinen Magen.

Leise kam ein Mönch herein und servierte uns Tee, nahm behutsam den filigranen Silberdeckel von der Jadetasse des Rinpoche, die auf einem Silbergestell stand. Dann bot mir der Mönch geröstetes Brot auf einem geflochtenen Bambustablett an. Ich lehnte zunächst ab, nahm aber dann nach der dritten Aufforderung an. Auf solchen Tabletts türmen sich die Speisen, also musste ich mich konzentrieren, um nicht alles umzustoßen. Meine Hand zitterte.

Anfang Januar 1996 war ich nach Siliguri in Westbengalen zu einer Audienz bei Chatral Rinpoche gereist, einem geachteten, zurückgezogen lebenden Lama der Nyingmapa, der uralten Schule des tibetischen Buddhismus. Sein Hauptkloster lag zwar in Darjeeling, wo auch ich mit meiner Frau lebte, aber Rinpoches Gönner und Anhänger hatten ihm in den nördlichen Ebenen Indiens ein kleines Klosterzentrum errichtet, das mit dem Jeep in ein paar Stunden zu erreichen war. Die Landschaft Westbengalens ist erbarmungslos flach, nichts erinnert hier an die Bergklöster, die die Nyingmapas im letzten Jahrtausend im Himalaja erbaut haben. Zu meinem Glück wurde ich südlich des Himalaja geboren, geschützt vor der Invasion der Chinesen in Tibet. Seit Ende der Fünfzigerjahre fliehen Tibeter über die Grenze nach Sikkim, Indien und Nepal. Ihrer standhaften Frömmigkeit ist es zu verdanken, dass der tibetische Buddhismus südlich des Himalaja auch bei meinem Volk, den Sherpas, weiterblüht.

Rinpoches Kapelle und sein Wohnhaus sind in den leuchtenden Farben der Himalaja-Klöster gestrichen, und die Gebetsfahne, die hoch über dem Dach flattert, wirkt in einer Landschaft mit Bananenbäumen, Tata-Lastwagen und Staubwolken einladend vertraut. Jedenfalls sah es kaum aus wie ein Ort, an dem man sich sachkundigen Rat holte, zu welcher Zeit es ratsam sei, eine Besteigung des Chomolungma zu wagen, des höchsten Gipfels der Welt, im Westen als Mount Everest bekannt.

Ich erklärte dem Rinpoche, ich sei gekommen, um eine Weissagung zu erhalten, und erkundigte mich dann vorsichtig, wie er die kommende Saison auf dem Berg beurteile.

Insgeheim fragte ich mich, wie zuverlässig solche Weissagungen eigentlich waren – statistisch gesehen. Meine Eltern meinten immer, manche Lamas besäßen eine erstaunliche Fähigkeit, in die Zukunft zu blicken, wobei ihre Vorhersagen den Menschen zuweilen richtig Angst einjagten. Viele Sherpas scheuen sich vor allem deshalb, eine Weissagung zu erbitten, weil das Wissen um künftige Ereignisse sie verunsichert. Aus diesem Grund formulieren Lamas ihren Rat auch häufig sehr allgemein oder kleiden ihn in einen Aphorismus. Die Wahrheit, vor allem wenn sie im Voraus präsentiert wird, verkraften manche Leute einfach nicht. Sie werden dann übellaunig oder leugnen sie ganz, zeigen also in stärkerem Maß die Kardinallaster Zorn und Unwissenheit. Lamas haben oft den Eindruck, dass Laien das Wissen um die Zukunft nicht sinnvoll einsetzen. Nur selten nutzen sie es, um zur Selbsterkenntnis zu gelangen oder es für gute Zwecke einzusetzen. Immer wieder glauben die Menschen, Ereignisse lenken zu können, die doch unabwendbar sind, Ereignisse, die nie den Verlauf nehmen werden, den man sich erhofft.

Da ich in einer religiösen Familie aufgewachsen bin, war ich mir bewusst, wie gefährlich es ist, einem Lama Fragen zu stellen. »Wenn du um eine Weissagung bittest, musst du immer bereit sein, dem Rat zu folgen«, hatte mich mein Vater Tenzing Norgay Sherpa ermahnt. In Ordnung, solange es positive oder auch neutrale Antworten waren. Aber die Weissagung, die ich gerade erhalten hatte, war eindeutig ungünstig.

Ich hatte bereits fest zugesagt, den Mount Everest zu besteigen. Es gab kein Zurück mehr. Sollte ich meine Teamkameraden von der IMAX-Filmexpedition über die beunruhigende Vorhersage des Rinpoche aufklären?

Das war unmöglich. Schließlich war ich der Chef des Kletterteams. Wenn ich ausgestiegen wäre, und das nur drei Monate vor Beginn der Tour, hätte das einen dunklen Schatten auf die Expedition geworfen und, wie ich meinte, auch auf den Namen meines Vaters und das Erbe meiner Familie. Ich war auf Drängen von Soyang, meiner Frau, hierher gekommen. Sie ist eine junge, gebildete Tibeterin, aber dennoch traditionell eingestellt und dabei nicht ganz vorbehaltlos. Sie wollte mein Vorhaben, den Everest zu besteigen, nicht gutheißen, solange nicht ein Lama seinen Segen dazu gegeben hatte.

Eine Woche zuvor hatte mich der bekannte amerikanische Bergsteiger David Breashears aus den Vereinigten Staaten angerufen. Eine umgebaute IMAX-Filmkamera habe die praktischen Tests bestanden, erzählte er mir. Auch die Finanzierung für eine Expedition, bei der das 19 Kilogramm schwere »Leichtgewicht« auf den Gipfel befördert werden sollte, sei gesichert. Ein ehrgeiziges Vorhaben. »Ich brauche dich, Jamling«, sagte er. »Deine Geschichte, die Geschichte deines Vaters und die Geschichte der Sherpas sind wichtig für den Film. Ich will nur sichergehen, dass du dich dieses Frühjahr noch nicht bei einer anderen Expedition verpflichtet hast. Wenn nicht, willkommen im Team. Die Einzelheiten sollten wir bald besprechen.«

Soyang hatte das Telefongespräch mitgehört. Den ganzen Nachmittag hüllte sie sich in besorgtes Schweigen. Nachts, als wir daheim in Darjeeling in unserem Bett lagen, setzte sie sich plötzlich auf und sah mich streng an. Mit entschlossener Stimme sagte sie, wir müssten über meine Everest-Pläne reden.

»Du kannst doch nicht einfach ankündigen, dass du den Everest besteigst, als würde es sich um einen Kinobesuch handeln.« Ihr Ton hatte etwas Flehentliches, was mich aber nicht umstimmen konnte. Sie wusste genau, dass ich seit Jahren vom Everest träumte und es für den Rest meines Lebens bereuen würde, wenn ich zu Hause blieb. Von Kindheit an hatte ich den Erzählungen über die Erstbesteigung des Everest durch meinen Vater und Edmund Hillary im Jahre 1953 gelauscht. Immer hatte ich zusammen mit meinem Vater auf dem Gipfel stehen wollen. Nach dem Tod meines Vaters wurde mein Wunsch, den Everest zu besteigen, nur noch brennender. Ich wollte den Namen meiner Familie hochhalten, ein Name, der durch eine neue Bergsteigergeneration allmählich in den Schatten gestellt wurde. Die historische Leistung der Erstbesteigung durch meinen Vater und Hillary geriet langsam in Vergessenheit.

Mich trieben aber auch andere Kräfte. Ich wollte einfach dahinter kommen, was meinen Vater bewegt und was er auf dem Berg gefunden hatte. Unsere Beziehung war von Strenge und Tradition geprägt, und als er starb, war vieles ungesagt geblieben. Ich war damals einundzwanzig Jahre alt und wusste, dass er mir noch viel hätte beibringen können, dass ich noch viel zu lernen hatte.

Soyang drehte sich um und verfiel wieder in Schweigen, dann stand sie auf, um unsere kleine Tochter zu stillen. Als sie wiederkam, erklärte sie, ich müsse mir erst ein *mo*, eine Weissagung von einem hohen Lama holen, und wenn seine Vorhersage günstig sei, werde sie sich fügen. Während ich so im Bett lag, dachte ich an die Anstrengung, die es mich gekostet hatte, so weit zu kommen. Jedenfalls hatte es keinen Sinn, noch länger auf den richtigen Zeitpunkt zu warten. Zwei Chancen hatte ich bereits verpasst, und ich war überzeugt, dass diese dritte Gelegenheit vom Glück gesegnet und vom Schicksal oder Karma vorherbestimmt war.

Während meiner Kindheit in Darjeeling leitete mein Vater das Himalayan Mountaineering Institute, die herausragende Bergsteigerschule Indiens, in der Zivilisten und Soldaten aus verschiedenen südasiatischen Ländern ausgebildet wurden. 1983, ich hatte mein letztes Schuljahr vor mir, hörte ich, dass eine indische Expedition eine Everest-Besteigung plane. Ich wollte unbedingt mit, wusste aber, dass mein Vater seinen Einfluss geltend machen musste, wenn ich in meinem Alter in die Mannschaft aufgenommen werden sollte. Mir schwebte vor, als jüngster Mensch, der je den Everest bestiegen hatte, in die Geschichte einzugehen.

Eines Tages schwänzte ich den Unterricht, um mit ihm zu Hause darüber zu sprechen, und fand ihn mit seinem Sekretär Mr. Dewan im Wohnzimmer vor. Er schickte Mr. Dewan hinaus, damit wir ungestört reden konnten. Ich machte ein selbstbewusstes Gesicht, das erwachsen wirken sollte. Ich war in dem unverrückbaren Glauben aufgewachsen, dass von Kindern aus Sherpa-Familien in Darjeeling erwartet wurde, in die Fußstapfen ihrer Väter zu treten. Für mich eine Selbstverständlichkeit, da ich für mein Leben gern kletterte. Ich sah es zudem als meine Pflicht an, den Ruf meines Vaters hochzuhalten, worauf er nur stolz sein konnte. Ihm entging allerdings nicht, wie aufgeregt ich war.

Ich stellte meine Frage.

»Du bist noch nicht so weit«, sagte er barsch – zu barsch, wie ich fand.

Hatte er es sich denn gründlich überlegt? Vielleicht brauchte er noch etwas Zeit, um es sich durch den Kopf gehen zu lassen?

»Ich werde dir da nicht helfen«, fuhr er fort. »Ich möchte, dass du zuerst deinen Schulabschluss machst und dann studierst.«

Ich rang nach Worten, um dieser Antwort lässig die Spitze zu nehmen, aber ich konnte ihm am Gesicht ablesen, dass seine Entscheidung endgültig war.

Als ich nach meiner Schultasche griff und dann zur Tür ging, merkte ich, dass meine Hände zitterten. Mein ganzer Körper fühlte sich steif und unbeholfen an. Ich sah, wie der Wind die Fußstapfen, die mein Vater für mich auf dem Weg zum Gipfel hinterlassen hatte, mit Schnee füllte, sodass sich nun grenzenloses Weiß vor mir erstreckte.

»Ich habe den Everest bestiegen, damit du es nicht zu tun

brauchst«, sagte er, als ich schon an der Tür war. »Vom Gipfel des Everest siehst du nicht die ganze Welt, Jamling. Der Blick, der sich dort oben bietet, erinnert dich nur daran, wie groß die Welt ist und wie viel es noch zu sehen und zu lernen gibt.«

Statt zur Schule zu gehen, wanderte ich die Straße hinauf zum Haus meines Onkels Tenzing Lotay, um ihn zu fragen, was ich jetzt tun solle.

Von ihm bekam ich eine ebenso barsche Antwort. »Dir fehlt die Erfahrung, Jamling. Du brauchst Erfahrung, um dich so einem Team anschließen zu können. Die Jungs sind ausgezeichnete Bergsteiger.«

»Das hat doch nicht nur mit Erfahrung zu tun«, gab ich zurück. »Es kommt auch auf den Willen und die Motivation und die Kraft an.« Ich war Jamling, eigentlich *Jambuling Nyandrak*, ein Name, den mir ein hoher buddhistischer Lama gegeben hatte. Er bedeutet »Weltberühmter«.

Mein Verstand, der vergebens versuchte, das Lärmen meiner Gefühle zu übertönen, wusste, dass mein Onkel und mein Vater Recht hatten. Ich musste erst älter werden und Erfahrung sammeln.

1995 bot sich mir ein zweites Mal die Chance, den Berg zu besteigen. Ein Amerikaner lud mich ein, mich seinem Team anzuschließen, sollte ich 20 000 Dollar, also meinen Anteil an den Kosten, aufbringen können. Damals arbeitete ich in New Jersey. Weil ich glaubte, in Amerika würde es leichter als in Indien sein, Sponsoren zu finden, war ich in den Vereinigten Staaten geblieben, um dort zu arbeiten und die nötigen Mittel aufzutreiben.

Ich schickte hunderte von Anfragen los, was aber alles nichts nützte. Kein Geld, keine Sponsoren. Zum Trost lud mich der Expeditionsleiter ein, wenigstens bis zum Basislager mitzukommen. Er bat mich sogar, einen Teil der Expedition anzuführen: eine Gruppe Freiwilliger, die sich verpflichtet hatte, den Weg von Müll zu säubern. Das war das Ticket zum Everest, und ich nahm es, war aber enttäuscht, ja ich fühlte mich geradezu gedemütigt, weil ich nur als einfacher Trekker an einer Everest-Expedition teilnahm und noch dazu als Müllmann, was in Asien als die niedrigste Beschäftigung gilt. Ich war den Leuten nicht böse, aber damals schwor ich mir, den Namen meiner Familie und das Erbe meines Vaters zu neuem Glanz zu bringen.

Mit zusammengefalteten Händen verbeugte ich mich vor Chatral Rinpoche, verließ respektvoll rückwärts gehend sein Empfangszimmer und trat in die drückende Hitze des indischen Flachlands hinaus. Ich hatte das Gefühl, einen Kerker zu durchqueren, während ich mir die unangenehmen Mitteilungen, die mir Chatral Rinpoche hingeworfen hatte, durch den Kopf gehen ließ. Angeblich konnte er die Absichten der Leute, die ihn um seinen Segen ersuchten, erkennen. Halbherziger Buddhist, der ich war, fragte ich mich, ob meine Motive ganz rein waren. Meine Mutter hatte mir erzählt, dass sich arme Leute oft in geborgten Kleidern fein herausputzten und ihm ihre kleinen Ersparnisse als Opfergaben anboten. Aber sie konnten ihm nie etwas vormachen und er schickte sie immer mit ihrem Geld wieder nach Hause.

Erfüllt von bedrückenden Gedanken, die mich auch in meinen Träumen heimsuchten, kehrte ich nach Darjeeling zurück. Auch Soyang schlief schlecht. Ich versicherte ihr, Chatral Rinpoche habe über den Berg in dieser Saison nicht viel zu sagen, aber sie schien mich ebenso zu durchschauen, wie der Rinpoche es getan hatte.

Falls ich mich entschied, die Expedition anzutreten, setzte ich mich nicht nur über meine Frau hinweg, sondern missachtete auch die Worte des Lama – und die Tradition meiner Familie und meiner Religion. Ich wusste, was meine Mutter gedacht hätte, wäre sie noch am Leben gewesen. Das letzte Mal, als sie eine warnende Weissagung missachtet hatte, war sie gestorben.

Wie viele traditionelle Sherpas wandte sich Daku, meine Mutter, mit zunehmendem Alter verstärkt der Religion zu. In den Jahren vor ihrem Tod verehrte sie Chatral Rinpoche mit aufrichtiger Frömmigkeit und spendete Getreide, Zucker und vieles mehr für seine Klöster in Darjeeling und Siliguri. Auch gab sie religiöse Rollbilder, so genannte Thangkas, für die Versammlungshallen in Auftrag und spendete für den Bau der Mönchsquartiere.

Daku war gesellig und kontaktfreudig. Wenn sie meinen Vater zu Vorträgen nach Übersee begleitete, erlitt sie dort keineswegs einen Kulturschock. In der Regel waren die beiden in solchen Fällen die Ehrengäste der lokalen Würdenträger, Daku aber scheute sich dennoch nicht, auf den Stufen ihres Hotels eine Decke auszubreiten, um dort ein Sammelsurium tibetischer Andenken an die Passanten zu verkaufen. Nach diesen Anfängen baute sie ein kleines Handelsunternehmen auf, expandierte ins Reisegeschäft und eröffnete ein Büro im Basar von Darjeeling.

Sie hatte nur das eine Ziel vor Augen, nämlich ihre drei Söhne nach St. Paul's zu schicken, eine ausgesprochen teure indische Eliteschule, die sich nur fünfzehn Minuten Fußweg von unserem Haus entfernt auf einer Anhöhe befand. Für ihre Tochter hatte sie das Loretto Convent vorgesehen. Als Dhamey, mein jüngster Bruder, Internatsschüler in St. Paul's wurde, hatte Daku das abgeschlossen, was man bei uns als zweiten Lebensabschnitt bezeichnete. Sie hatte ihre Pflichten und Verpflichtungen in Haushalt und Familie erfüllt. Zwar blieb sie nach wie vor aktiv, aber an ihrem Gesicht und ihren Bewegungen konnte ich ablesen, dass sie sich nun auf den letzten Lebensabschnitt einstellte, die religiöse Phase, dazu bestimmt, sich voll und ganz geistigen Fragen und der Vorbereitung auf den Tod zu widmen. Sie war zwar erst Ende vierzig, aber man konnte nicht früh genug mit der spirituellen Praxis beginnen. Schon Jahre zuvor hatte ich erstaunt beobachtet, wie sie den Stupa von Bodhnath in Kathmandu umrundete, indem sie sich immer wieder der Länge nach auf den Boden warf. Mit einer schweren Schürze über ihren Straßenkleidern streckte sie sich auf dem gepflasterten Weg aus, reckte die Hände so weit nach vorn, wie sie konnte, berührte mit der Stirn den Boden, stand dann auf und begann die nächste Niederwerfung an dem Punkt, den sie mit den Fingerspitzen erreicht hatte.

Nach dem Tod meines Vaters 1986 wollte sie sich ihren Traum von einer Pilgerreise zur Pema-Höhle erfüllen, einem Heiligtum in der abgelegenen Region Pema-kö, hoch in den Bergen von Arunachal Pradesh unweit der Grenze zu Assam. Sie wusste, dass man durch eine Pilgerreise hohe spirituelle Verdienste gewann. Und wenn die Pilgerstätte nur heilig und machtvoll genug war, erfuhr man dort eine unmittelbare Übertragung von Weisheit, einfach indem man vor den dort anwesenden Gottheiten erschien und sich ihren heilbringenden Segnungen hingab.

Pema-kö ist jedoch für die dort ansässigen feindseligen Bergstämme berühmt, die angeblich Fremde vergifteten, und nicht einmal ortsfremde Inder dürfen ohne Genehmigung in die Region einreisen. Es dauerte ein Jahr, bis Daku die Erlaubnis erhielt, das Heiligtum zu besuchen. Vor ihrer Abreise bat sie Chatral Rinpoche noch um seinen Segen, dann machte sie sich mit zweien seiner Mönche von Darjeeling aus auf den Weg. Die Reise war lang und äußerst beschwerlich. Sie benötigten dafür über einen Monat.

Damals lebte mein Bruder Norbu in Kalifornien. Er rief mich in New Jersey an und zeigte sich zutiefst beunruhigt. Er war durch einen Anruf aus Darjeeling informiert worden, dass Mutter aus einem entlegenen Teil von Arunachal Pradesh ausgeflogen worden sei und sich jetzt in Siliguri befinde. Sie sei sehr krank. Mehr war über ihren Zustand nicht bekannt.

Sie hatte es bis zur Pema-Höhle geschafft. Fromme Pilger sind angehalten, von dort aus drei heilige Berge zu umwandern. Auf dem Weg um den ersten Berg erkrankte sie an einem unbestimmten inneren Leiden, worauf sie in der Stadt Tuting Rast machen wollte, um sich zu erholen. Sie blieb dort acht Tage, ohne dass aber eine Besserung eintrat. Die Ärzte konnten keine Diagnose stellen, also setzten sie sie ins Flugzeug nach Gauhati, von wo aus sie anschließend nach Bagdogra flog. Die Mönche dort brachten sie mit dem Auto ins Krankenhaus von Siliguri. Schlecht ausgestattete Landkrankenhäuser schicken schwierige Fälle manchmal lieber in größere Kliniken, um nicht die Verantwortung zu tragen, sollte ein Patient unter ihrer Obhut sterben. Für viele Bewohner des Subkontinents sind Krankenhäuser ein Ort, den man lediglich aufsucht, wenn man im Sterben liegt.

Im Krankenhaus verlor Daku ihren Appetit gänzlich und wurde zusehends schwächer. Immer wieder fragte sie nach ihrer Familie. Mein Bruder Dhamey und meine Schwester Diki befanden sich damals auch in den Vereinigten Staaten. Noch bevor wir aber das Flugzeug nach Indien bestiegen, erhielt ich einen weiteren Anruf. Die kaum hörbare Stimme am anderen Ende der Leitung teilte mir mit, dass meine Mutter gestorben sei. Es war der 22. September 1992. Sie war nur zweiundfünfzig Jahre alt geworden.

Wir überführten ihren Leichnam zur Einäscherung nach Darjeeling. Ich war außer mir vor Kummer, aber die beiden Mönche, die meine Mutter begleitet hatten, versicherten mir, dass der Zeitpunkt, an dem ein Mensch starb, meist schon durch sein Karma und astrologische Konstellationen vorausbestimmt und daher genau der richtige Zeitpunkt sei. Das wollte ich nicht ganz glauben. Für mich hörte sich das wie vorgeschobene rationale Gründe an. Einer der Mönche meinte dann noch, es sei bemerkenswert, dass ihr Leichnam keinen Verwesungsgeruch verströme, was nach buddhistischer Lehre ein ausgezeichnetes Omen und Merkmal großen spirituellen Fortschritts war. Was für ein schwacher Trost.

Bei ihrer Beisetzung kam einer der Mönche aus Chatral Rinpoches Kloster auf mich zu. Er war sehr traurig darüber, dass die Gemeinschaft »Neela« verloren hatte, wie man sie dort nannte, die ehrenvolle Anrede für »Tante«.

»Seit ihrem Tod ist es, als hätte man uns Fesseln angelegt«, sagte er. »Wenn sie in unsere *gompa* trat, umgab sie immer eine Aura der Heiterkeit und des Mitgefühls. Wir alle haben das gespürt. Einmal, nachdem sie schon lange nicht mehr bei uns gewesen war, hat sie die Statuen in der Versammlungshalle betrachtet und gesagt: ›Diese Gottheiten weinen, sie placken und winden sich, weil ihr es versäumt habt, sie zu reinigen!‹ Sie hat uns dann etwas für die Neubemalung und Neuvergoldung der Statuen gespendet, obwohl die Maler, die die Aufrichtigkeit und Tiefe ihrer Frömmigkeit sahen, sich meist geweigert haben, Geld von ihr anzunehmen.«

Am Tag nach der Beisetzung sah ich den Mönch wieder, und er erzählte mir, Neela habe es abgelehnt, sich mit dem Hubschrauber aus Tuting ausfliegen zu lassen. Er meinte, vielleicht sei sie ja von den Pema-kö-Bewohnern vergiftet worden oder eine giftige Spinne habe sie gebissen oder sie habe versehentlich eine giftige Pflanze gegessen. Allem Anschein nach ist es bei unzähligen Ereignissen, die sich in Indien zutragen, äußerst schwierig, eine Ursache oder einen Schuldigen zu finden.

Dann erzählte er mir, der Rinpoche habe Neela eine Weissagung gemacht. Er hatte vorausgesehen, dass der Zeitpunkt für die Reise nach Pema-kö sehr ungünstig gewählt sei, und ihr geraten, nicht zu fahren. »Bleib hier in Siliguri. Ich werde dir

Land geben, da kannst du dir ein Haus darauf bauen und den Dharma praktizieren«, hatte er ihr angeboten.

Ich war entsetzt, als ich das hörte, andererseits aber verstand ich auch die Überlegungen meiner Mutter. Sie war hin- und hergerissen zwischen ihrer Ergebenheit gegenüber dem Rinpoche und ihrem Wunsch, bei besagtem Heiligtum Verdienst und Segnungen zu erhalten. Sie wusste, dass sie sich keineswegs dem Rinpoche widersetzte, wenn sie die Pilgerfahrt antrat. Vielmehr forderte sie ihre Planetenkonstellation, ihr eigenes Schicksal heraus – ein Risiko, das sie gern in Kauf nahm, wenn sie dadurch zusätzliches Verdienst im Sinne des Buddhismus erringen konnte. Dass ihre Motive spiritueller Natur waren, linderte meinen Kummer kaum. Ungewöhnlich war auch, dass sie bereits viele Hochzeitsgeschenke und andere Dinge für ihre Kinder gekauft hatte, obwohl zur Zeit ihres Todes nur Norbu seine Hochzeit plante, so als hätte sie eine dunkle Vorahnung gehabt.

Meine Mutter hatte Chatral Rinpoches Warnung also in den Wind geschlagen. Vielleicht war es besser, wenn wenigstens ich sie jetzt beherzigte. Zum einen war ich mit meiner Familie noch fest in der zweiten Lebensphase verwurzelt. Ich hatte eine Frau, eine kleine Tochter und wünschte mir noch mehr Kinder. Meine Verpflichtung, für sie zu sorgen, hieß auch, dass ich auf mich aufpassen musste. Wie die Buddhisten sagen: Mir war eine »wertvolle menschliche Wiedergeburt« zuteil geworden, die nicht vergeudet werden sollte.

Aber ich war nicht aus voller Überzeugung Buddhist, ja ich hegte sogar eine gewisse Skepsis. Dennoch wäre es für mich nicht weniger schlimm gewesen, mich dem Glauben meiner Familie zu widersetzen, als meine Hoffnung auf die Besteigung zu begraben. Glücklicherweise stand mir noch eine dritte Möglichkeit offen. Wir hatten vor, bald nach Kathmandu in Nepal zu fahren, wo ich eine weitere Prognose über die bevorstehende Everest-Saison einholen konnte. Sie musste einfach günstig ausfallen.

Soyang bat mich, Geshe Rinpoche, einen gelehrten Lama und Guru ihrer Familie, aufzusuchen, den ich vor ein paar Jahren kennen gelernt hatte. Er lebte in Kathmandu und war für seine zutreffenden Weissagungen bekannt. Selbst Ausländer aus den Botschaften in der nepalesischen Hauptstadt suchten seinen Rat.

Soyang und ich wollten das Frühjahr 1996 bei ihren Eltern verbringen, die in einer tibetischen Gemeinschaft südlich von Kathmandu wohnten. Sie waren Flüchtlinge, nach örtlichen Maßstäben wohlhabend, und ihr Haus war der geeignete Ort, um mich auf die IMAX-Expedition vorzubereiten – und auf die bevorstehende Weissagung.

Am Tag vor unserer Abreise nach Nepal wanderte ich den baumbestandenen Hang hinter unserem Haus hinauf. Auf dem Kamm angelangt, folgte ich ihm bis zum Tigerhügel hinauf, der höchsten Erhebung in Darjeeling – ein geeigneter Ort für Gebetsfahnen. Im Tibetischen heißen sie *lungta*, Windpferde. Mit jedem Flattern der Fahne, so sagte meine Mutter immer, galoppieren die auf dem Baumwollstoff aufgedruckten Pferde mit Gebeten in den Wind hinaus, umrunden den Globus und fördern das Wohlergehen aller fühlenden Wesen. Ich band mehrere Fahnen zusammen, kletterte nacheinander auf zwei gegenüber stehende Kiefern und band den Strang quer über der Lichtung auf der Spitze des Tigerhügels fest.

Weiter hatte mir meine Mutter erklärt, dass das Lungta-Pferd eine Gottheit trage, die wunscherfüllende Edelsteine bei sich habe, die wir benötigen, um Erfolg zu haben. Lungta steht aber auch für den Grad an positiver spiritueller Energie und Bewusstheit, der die Menschen voranbringt – ihr Niveau an innerer göttlicher Unterstützung. Sherpas sagen, wenn ihr Lungta hoch sei, würden sie die schwierigsten Situationen überleben, sei es aber niedrig, könne man auch auf einem Grashügel wie dem Tigerhügel im Schlaf den Tod finden. Das Lungta kann durch Meditation, Bewusstheit und rechtes Handeln gefördert werden. Für Menschen mit hohem Lungta kann nach Meinung der Lamas nur noch in früheren Leben erzeugtes Karma, das »gereift« ist, Unglück bringen.

Ehrlich gesagt, das Aufknüpfen von Gebetsfahnen war für mich kaum mehr als eine Geste des Aberglaubens, die ich nur aus Respekt gegenüber meinen Eltern durchführte. Der Buddhismus hatte beileibe nicht mein Herz erobert. In St. Paul's gehörte er nicht zum Unterrichtskanon, und mein Vater, der häufig Klettertouren oder Auslandsreisen unternahm, hatte ihn mir auch nicht näher bringen können. Vielleicht hätte ich mich mehr damit beschäftigen sollen.

Vom Tigerhügel blickte ich über die grünen Täler von Sikkim zum Horizont im Norden, wo der dunkelblaue Himmel auf die schwarz-weißen Gipfel des östlichen Himalaja traf. Dort wo sich die Grenzen von Sikkim, Nepal und Tibet überschnitten, ragte der Kangchenjunga, die »Fünf Schätze des Großen Schnees«, über die anderen Berge empor. Die Besteigung des Kangchenjunga, des dritthöchsten Berges der Welt, gelang erst 1955, zwei Jahre nach der Erstbesteigung des Everest, obwohl es zuvor keineswegs an Versuchen gemangelt hatte. Seit der ersten Expedition im Jahr 1905 waren praktisch bei allen früheren Anläufen Bergsteiger ums Leben gekommen.

Vom Tigerhügel aus hat man den Eindruck, dass der Himalaja sich in der Mitte nach oben wölbt und an den äußeren Enden leicht abfällt, so als könnte man hier die Erdkrümmung sehen. Der Jomolhari und weitere Gipfel in Bhutan bilden den nordöstlichen Horizont. Ich ließ den Blick wieder zurück nach Nepal im Nordwesten schweifen, wo sich der massive Riese Makalu erhebt, ein Achttausender, und hinter ihm der Lhotse und der Nuptse. In noch größerer Entfernung ragt ein außerordentlicher Berg auf, der als solide schwarze Pyramide die anderen zu halten und zu stützen scheint. Eine schmale Federwolke wehte von seinem Gipfel wie ein *kata*, ein ritueller Seidenschal. Man hat ihn Chomolungma benannt, »Unerschütterliche Gute Elefantenfrau«, Wohnstatt der wohltätigen Schutzgöttin Miyolangsangma. Mount Everest. Ich fragte mich, wie jemand auf die Idee kam, einen so heiligen und majestätischen Berg wie den Chomolungma nach einem Menschen zu benennen.

Von dem Augenblick an, als mein Vater als junger Mann in Darjeeling ankam, plagte ihn Heimweh nach dem Khumbu, Heimat der Sherpas, wo er im Schatten des Chomolungma aufgewachsen war. Der Anblick des Berges vom Tigerhügel aus zeigte ihm jedoch, dass er nicht allzu weit weggezogen war. Er gab ihm Auftrieb und schließlich beherrschte er seine ganze Fantasie. Zum einen war er nach Darjeeling gezogen, weil er Arbeit suchte, hauptsächlich aber wegen seiner schicksalhaften Verbundenheit mit diesem Berg.

Tief unter mir lag der Weiler Alu Bari oder »Kartoffelfeld«, wo mein Vater zunächst unterkam. 1932, nachdem er sich aus Thame, seinem Heimatdorf im Khumbu, fortgeschlichen hatte, wanderte er zwei Wochen lang über hohe Gebirgskämme und durch tiefe Täler, bis er über die nepalesische Westgrenze nach Indien gelangte. Dort fand er für ein paar Wochen Arbeit bei einem tibetischen Händler, für den er Feuerholz machte. Der Händler nahm ihn schließlich mit der damals noch üblichen Dampflokomotive nach Darjeeling mit, wo er ihm Arbeit als Kuhhirte verschaffte.

Nepal öffnete erst 1951 seine Grenzen für die Außenwelt. Zuvor lag der Ausgangspunkt für Everest-Expeditionen in Darjeeling, einer Stadt, die Mitte des 19. Jahrhunderts unter britischer Herrschaft als Sommerkurort gegründet worden war. Am Gipfel des Everest versuchten sich die Briten seit den Zwanzigerjahren von der tibetischen Seite her. Auf dem Weg durch Darjeeling nahmen sie Sherpas mit, die auf der Suche nach Arbeit von Nepal aus hergekommen waren.

Die ersten Sherpas oder »Bhotias« (Tibeter), wie sie ursprünglich genannt wurden, siedelten sich in dem ärmlichen Dorf Toong Soong Busti an, unmittelbar hinter dem Basar am Hang unterhalb des Kamms. Sie lebten gemeinschaftlich in Baracken, die sich in Grüppchen an den steilen Abhang klammerten, als wollten sie der Schwerkraft trotzen. Mitte der Dreißigerjahre bezog mein Vater eine Wellblechhütte, die Ang Tharkay gehörte; dieser war ein bekannter Sherpa-*sirdar*, ein Expeditionsaufseher und vom Himalayan Club für seinen Wagemut als Kletterer immerhin mit dem Orden »Tiger of the Snows« ausgezeichnet worden. Viele Sherpas, auch einige Verwandte von mir, leben noch heute in Toong Soong.

Mein Vater war ein einfacher Junge aus den Bergen, weshalb ihn die reichen, vornehmen Stadtteile von Darjeeling faszinierten. Hier standen die von den Briten errichteten Häuser, die nach dem Vorbild englischer Landsitze hohe Decken und Wendeltreppen mit rotem Teppich und prachtvollen, polierten Geländern besaßen. Nachdem er den Everest bestiegen hatte, bot ihm eine bekannte indische Zeitung das Haus, in dem wir noch heute wohnen, zum Geschenk an, aber letztlich bezahlte er den Großteil des Kaufpreises dann doch selbst, damit es ihm nicht eines Tages unter einem Vorwand wieder genommen wurde. Im Winter nutzen wir lediglich einen kleinen Teil des Hauses, um Heizkosten zu sparen. Nur die britischen Kolonialherren konnten es sich leisten, Arbeiter zu bezahlen, die das Holz für die sieben offenen Kamine herbeischafften.

Nach der Unabhängigkeit im Jahr 1947 erwarben reiche Inder die meisten dieser Luxushäuser. Manche dienen heute als Pensionen für die indischen Touristenscharen, die in Darjeeling gut zweitausend Meter über dem Meeresspiegel Zuflucht

vor der Sommerhitze suchen. Vor allem Inder aus Westbengalen pilgerten zu unserer Haustür, um einen Blick auf »Sherpa
Tenzing« zu erhaschen. Nach hinduistischem Glauben soll
jedes menschliche Wesen, das den Gipfel erreicht, eine Inkarnation Shivas sein, des dritten Gottes der Trinität, der für Auf-
lösung und Zerstörung steht. Mein Vater erhob natürlich keinen solchen Anspruch für sich, weshalb er der hartnäckigen
Verehrung auch bald überdrüssig wurde.

Der Planters' Club – bis 1947 allein britischen Mitgliedern
vorbehalten – beherrscht noch heute das Stadtzentrum. An
meinem schattigen Rastplatz auf dem Tigerhügel malte ich mir
aus, wie die ersten Sherpa-Einwanderer gelebt hatten. Ein bunt
zusammengewürfelter Haufen mit langen geflochtenen Haaren, reihten sie sich auf der Terrasse unterhalb der Veranda des
Clubs auf, die Schultern angespannt, die Hände an die Seiten
gepresst, um sich von Briten in Tropenhelm und Wickelgamaschen mustern zu lassen, die eifrig in ihren Musterungslisten
für die Expedition blätterten. Es war nicht immer einfach, für
die von ihrem Vorhaben besessenen und häufig exzentrischen
ausländischen Bergsteiger zu arbeiten, aber die Bezahlung war
für die Sherpas, die ursprünglich von Selbstversorgung und
Tauschhandel lebten, nicht zu verachten. Und das Bergsteigen
war, ganz besonders für meinen Vater, sowieso ein Abenteuer,
das man nicht missen wollte.

Anfang der Dreißigerjahre ging mein Vater immer am Planters' Club vorbei, wenn er die Milch der Kühe seines Arbeitgebers zum Basar brachte, um sie dort zu verkaufen. Eine seiner Kundinnen war Ang Lhamu, die schließlich seine zweite
Frau und meine Stiefmutter werden sollte. Als er nach dem großen Erdbeben von Bihar 1934 am Neubau der Schulkapelle von
St. Paul's mitarbeitete, besuchte sie ihn öfter. Sie brachte ihm
bei diesen Gelegenheiten immer Milch, die erste vieler groß-
zügiger Gesten, die, wie mir ein angesehener Lama berichtete,

darin gipfelten, dass sie zu seinem Erfolg auf dem Chomolungma beitrug.

Am folgenden Morgen reisten Soyang, unsere Tochter und ich nach Nepal ab. Nach der Fahrt mit verschiedenen Autos und Rikschas und zuletzt mit einem kleinen Handelsflugzeug langten wir noch am selben Abend in Kathmandu an.

Der Besuch bei Soyangs Eltern war angenehm, aber der Begegnung mit Geshe Rinpoche, dem Familien-Lama, sah ich mit Spannung entgegen. Soyang wollte mich begleiten, zweifellos um die Weissagung persönlich zu hören und zu interpretieren. Wir nahmen ein Taxi zum Großen Stupa von Bodhnath.

Dieses alte Heiligtum ist das spirituelle Zentrum der tibetischen Gemeinschaft in Nepal. Die mandalaförmige Steinumrandung wurde von unzähligen frommen Buddhisten glatt geschliffen, die mit ihren Büffelledersteifeln oder chinesischen Turnschuhen schlurfend ihre Runden über die dünne Staubschicht drehten. Der Verkehr, dem inzwischen der Zutritt verwehrt ist, brummt und heult ungeduldig draußen vor den Toren.

Wir umrundeten den Stupa und bogen dann zu einem kleinen Kloster direkt neben dem belebten Rundweg der Pilger ab. Im Innenhof, der auf drei Seiten von einstöckigen Mönchsquartieren umgeben ist, bereiteten wir unsere Opfergaben, die aus Obst, Geld und Kata-Schals bestanden, vor. Ein Mönch empfing uns und führte uns dann in Geshe Rinpoches Unterkunft. Überrascht sah ich, dass er in einer schlichten Mönchszelle im Erdgeschoss lebte, wo Lamas doch für gewöhnlich ein höheres Stockwerk oder ein separates Gebäude bewohnen.

Der Mönch schob den Vorhang am Eingang beiseite und Soyang und ich traten ein. Der Rinpoche war alt, verhutzelt und dürr, sein Kopf war fast kahl, aber an seinem Kinn spross ein langer weißer Bart. Mir schauderte. *Was für ein einfacher*

Mensch, dachte ich. Mir entging nicht, dass außer seinem Bett, seinem Aufwärter und seinen Texten nichts anderes vorhanden war. Ich beneidete ihn um sein einfaches Leben. Er hatte offenbar seinen Frieden gefunden, der sich allerdings nicht als Glorienschein, sondern eher als kindliche Natürlichkeit zeigte. Ich fühlte mich verwirrt, als würde eine Bürde auf mir lasten, und gleichzeitig schämte ich mich für diese Gefühle.

Wir überreichten dem Rinpoche die Kata-Schals, in die wir einige Rupienscheine eingewickelt hatten. Ohne ein Wort zu sagen, legte er das Geld auf seinen Gebetstisch, entfaltete die Schals und legte sie uns als Erwiderung des Segens um den Hals. Dann machte er uns ein Zeichen, Platz zu nehmen. Er beauftragte seinen Diener, Tee zu bringen, der bald darauf in Tassen mit Untertellern serviert wurde.

Der Rinpoche saß mit gekreuzten Beinen auf seinem Tagesbett, und ich ertappte mich dabei, dass ich den Blick auf die schlichte Stickerei auf seinem kastanienbraunen Brokatgewand heftete, als könnte er mir, wenn unsere Augen sich begegneten, zu tief in die Seele schauen. Wir sprachen über Familie und Ehe und meine verstorbenen Eltern, dann erzählte ich ihm von der Everest-Expedition.

Vielleicht spürte der Rinpoche meine Vorahnungen oder Soyangs Nervosität, also erklärte ich als den Grund meines Kommens meine Sorge um die Wetterbedingungen auf dem Berg in der kommenden Saison. Dann bat ich ihn um eine Weissagung.

»Warum willst du das überhaupt tun?«, fragte er deutlich lauter als bei unserer vorherigen Unterhaltung.

Die Frage nach dem Warum ist schwierig genug zu beantworten, wenn sie von einem beliebigen Passanten gestellt wird, aber jetzt war es immerhin der Lama meiner Frau, der mich ins Kreuzverhör nahm. Wahrscheinlich wusste der Rinpoche von den bislang über hundertundfünfzig Toten, die beim Versuch der Besteigung auf dem Berg geblieben waren – einer auf fünf, die den Gipfel erreicht haben. Insbesondere waren viele Sherpas dort umgekommen, darunter auch mein Cousin Lobsang Tsering. Wegen unserer wertvollen menschlichen Wiedergeburt halten es Buddhisten für verantwortungslos, sich wissentlich einer Gefahr auszusetzen, es sei denn, Not oder Mitgefühl gebieten es. Für die Sherpas, die im Schatten des Everest aufgewachsen waren, stellte das Lastenschleppen immerhin einen lebensnotwendigen Broterwerb dar. Für die meisten Fremden war es dagegen nur ein Freizeitvergnügen.

Durch meine Herkunft war ich zwar ein Sherpa, aber ich würde als gleichberechtigter Bergsteiger an der IMAX-Expedition teilnehmen. Was gab mir aber, wenn ich mich ehrlich prüfte, den Ansporn, den Everest zu besteigen? Für meine Teamkameraden war es ein Mittelding zwischen Arbeit und Freizeit. Mich trieb vor allem der Wunsch, Einsicht zu erlangen. Ich hatte das Gefühl, dass ich nur dann, wenn ich meinem Vater auf den Berg folgte, wenn ich kletterte, wo er geklettert war, wirklich etwas über ihn erfahren konnte. Ich wollte wissen, was sein Ansporn gewesen war, was er erfahren hatte. Nur dann würde ich in der Lage sein, auch all die mir noch fehlenden Teile aus dem Leben des Vaters zusammenzusetzen, das sich ein junger Mann vorstellt, nach dem er sich sehnt, das ihm aber niemals schlicht als Erbe zufällt.

»Ich glaube, ich *muss*«, sagte ich zögernd. »Es hängt mit meinem Vater zusammen; es ist, als hätte die Familie eine besondere Beziehung zu dem Berg. Ich glaube, es ist seit meiner Geburt vorherbestimmt.«

Wäre mein Vater doch nur ein Zimmermann oder ein Klempner gewesen, dachte ich. Dann hätte ich nicht mit dem leidenschaftlichen Wunsch, den Berg zu besteigen, zum Everest aufgeblickt.

»Und außerdem«, fügte ich hinzu, um meinem Vorhaben noch mehr Gewicht zu geben, »hat mich ein ausländisches Team gefragt, ob ich nicht helfen wolle, eine große Filmkamera auf den Gipfel zu schaffen.«

Dieser letzte Grund brachte mir einen kurzen fragenden Blick des Rinpoche ein. Die Motive der meisten heutigen Menschen waren ihm unverständlich, zumal die große Masse der Menschheit vom Prunk und den scheinbaren Dringlichkeiten des modernen Lebens abgelenkt wird. Dann fügte ich noch hinzu, dass ich hoffte, durch meine Mitwirkung an dem Film würde die Welt mehr über Sherpas, über ihren Glauben und über den Buddhismus erfahren.

Der Rinpoche nickte. »Das ist gut.« Er kannte die Geschichte meiner Familie, weshalb mein Anliegen ihn zufrieden zu stellen schien. Letztlich geschieht nach der buddhistischen Lehre den Menschen, die über reine Motive verfügen, weniger Unheil.

Der Rinpoche rückte auf seinem Sitz nach hinten und schloss halb die Augen. Nur die Lippen bewegend, sprach er ein Mantra und zog dabei langsam einen kleinen abgenutzten Lederbeutel aus den Falten seines Gewandes. Der Beutel wurde durch das Fett seiner Hände eingeölt, die wiederum mit der Butter von Votivlampen und dem Butterfettrand seiner hölzernen Teetasse eingefettet worden waren. Er nahm drei tibetische Würfel aus dem Beutel, hielt sie in den hohlen Händen und wandte ihnen seine ganze Aufmerksamkeit zu. Dann blies er kraftvoll darauf und ließ einen nach dem anderen auf den Gebetstisch rollen. Er sammelte die Würfel wieder ein und wiederholte den Vorgang zweimal, während er mich ansah oder, besser gesagt, durch mich hindurch sah.

Er hob den Kopf, schickte sich an, etwas zu sagen, verharrte dann aber. Ich hielt den Atem an und hoffte, dass er nur um des Effekts willen eine Pause machte.

»Es gibt Hindernisse ... Auf dem Berg wird es dieses Jahr Schwierigkeiten geben.« Er sah mich fragend an, als wüsste ich besser als er, was das zu bedeuten hatte. Ich aber wartete wie betäubt darauf, dass er weitersprach. »Die Saison sieht schlecht aus … wenn auch nicht gänzlich ungünstig.« Schweigend wartete ich, dass noch etwas nachkam. Etwas Erhellendes.

»Was kann ich gegen die Hindernisse tun?«, fragte ich.

»Opfergaben und Rituale. Und Gebete. Du solltest hindernisbeseitigende Rituale durchführen lassen und insbesondere im Stupa von Bodhnath Opfer darbringen. Um dich hinreichend vorzubereiten, wird dir etwas Beharrlichkeit abverlangt. Und Geduld.«

Eine Weile saß ich da und überlegte. Dann beugte ich mich vor. Er goss ein wenig gesegnetes Wasser aus einer *bhumpa*-Urne in meine ausgestreckte Hand, während ich die andere Hand ehrerbietig darunter hielt. Dann hob ich die Hand an den Mund, trank die Hälfte des Wassers und rieb mir das übrige in die Haare.

Der Rinpoche lächelte höflich, als wir uns erhoben. Sein Blick war voller Mitgefühl, und ich erriet, dass er in seinen Würfeln mehr gesehen hatte, als er mir gesagt hatte. Offenbar hielt er es für besser, den Rest für sich zu behalten.

Als wir Abschied nahmen, sagte er noch: »Ich sehe auch, dass viele Menschen von dir und den Ereignissen der kommenden Saison hören werden – so viel wie sie auch von deinem Vater Tenzing nach seiner Besteigung gehört haben.«

Mit aufeinander gelegten Handflächen gingen Soyang und ich rückwärts durch den Eingangsvorhang hinaus.

Draußen holten wir gleichzeitig tief Luft, sahen uns an und rätselten, was seine Abschiedsworte wohl bedeuteten oder was sich ereignen musste, damit seine Vorhersage in Erfüllung ging. Abgesehen von meiner Familie und unseren Nachbarn, wussten nur wenige Menschen, dass ich eine Everest-Besteigung vorhatte. Sherpas glauben, dass es Unglück heraufbeschwört, wenn man seine Absichten laut ankündigt.

Was jetzt zu tun war, stand fest: Ich würde versuchen, die Hindernisse aus dem Weg zu räumen, und zwar am besten, ohne jemanden auf die Befragung und ihre ungünstige Prognose aufmerksam zu machen. Zwar hielt ich David Breashears, den Expeditionsleiter, nicht für abergläubisch, aber vielleicht würde ihm die Aussage eines hohen Lama doch einen Schreck einjagen. Die Sherpas wiederum, die an der Expedition teilnahmen, würden es zweifellos mit der Angst zu tun bekommen.

Ende März traf das IMAX-Team in Kathmandu ein, die meisten mit demselben Thai-Airways-Flug von Bangkok. Außer Breashears kannte ich keinen von ihnen, war aber von ihren bergsteigerischen Lebensläufen ziemlich beeindruckt.

Am späten Nachmittag stiegen die Expeditionsteilnehmer im »Yak and Yeti« ab, wo wir uns dann alle in der Hotelhalle versammelten. Sie wirkten alle stark, frisch und jugendlich, was zweifellos auf ausgezeichnete Ernährung und ausgiebiges Training zurückzuführen war. Die feudalen Ledersessel dort weckten bei ihnen anscheinend körperliches Unbehagen.

Araceli Segarra aus Lleida in Katalonien besaß ein bezauberndes Lächeln, und als Physiotherapeutin zeigte sie die tadellose Haltung, die zu ihrem Beruf passte. Sie war eine erfahrene Bergsteigerin und kam mit Eis ebenso gut zurecht wie mit Fels, was sie bei ihrer Alpinstil-Besteigung der Südwand des Shisha Pangma (8013 m) in Tibet bewiesen hatte. 1995 hatte sie die Nordflanke des Everest in Angriff genommen und war bis auf 1000 Meter an den Gipfel herangekommen. Wenn sie es diesmal schaffte, war Araceli die erste Katalanin und die erste Spanierin, die den Berg bestieg.

Sie hatte als Höhlenforscherin angefangen. Als sie einmal mit ihren Partnern eine Rast auf einem Felsgesims in einer Höhle einlegte, wurden die höher gelegenen Zugänge und die Höhle unter ihnen überflutet. Das Wasser ging erst nach zwölf

Stunden zurück. Dass sie sich anschließend den Bergen des Himalaja zuwandte, kann man also als Ausdruck gestiegener Vorsicht deuten.

Sumiyo Tsuzuki hatte sich bereits zweimal am Everest versucht; 1995 war sie über den Nordsattel auf eine Höhe von 7000 Meter gelangt. Bisher hatte nur eine einzige Japanerin den Gipfel erreicht, und das war zwanzig Jahre her. Sumiyo hoffte, diese Großtat zu wiederholen.

Ed Viesturs, der stellvertretende Expeditionsleiter, wollte den Everest zum vierten Mal besteigen – zum dritten Mal ohne zusätzlichen Sauerstoff. Die anstehende Everest-Tour war für ihn allerdings nur ein Abstecher: Sein Hauptziel war es, als erster Amerikaner in die Geschichte einzugehen, der alle vierzehn Achttausender ohne Sauerstoffgerät bezwungen hat. Den Mount Rainier im Staat Washington hatte er bereits 187-mal bestiegen, und wegen seiner professionellen, gesetzten Art trug er den Beinamen »Steady Ed«.

Eds Frau Paula übernahm die Leitung des Basislagers; sie würde unseren Aufstieg logistisch unterstützen. Ed und Paula hatten erst drei Wochen vor ihrer Reise zum Everest in Mexiko geheiratet.

Robert Schauer aus Graz, ein hervorragender Kameramann, brachte das nötige Talent und die Erfahrung mit, die für die Arbeit mit der IMAX-Kamera in großer Höhe benötigt wurden. Er hatte bereits fünf Achttausender bestiegen und war achtzehn Jahre zuvor als erster Österreicher auf dem Everest gewesen. Sein größter Stolz war die Erstbesteigung im Alpinstil (ohne Unterstützung und ohne Fixseile) der Westwand des Gasherbrum IV in Pakistan, eine Leistung, die ihm noch keiner nachgemacht hat. Trainiert hatte er im Winter zuvor an der Eigernordwand.

Als Chef des Kletterteams war ich für die Sherpas und die Logistik des Lastentransports hoch oben am Berg zuständig.

Wir hatten ebenso viel Filmausrüstung zu befördern wie Nahrungsmittel und Kletterausrüstung, was eine Vervierfachung der Planungsprobleme im Vergleich zu einer normalen Bergexpedition bedeutete. Bis zum Basislager wurde unser Gepäck von Yaks und Dzos – eine Kreuzung aus Yak und Kuh – sowie von Lastenträgern aus den ethnischen Gruppen der Rai, Limbu und Tamang aus Südostnepal transportiert. Die Träger waren an Flugzeuglandeplätzen und am Ende befahrbarer Straßen, um ihre Dienste anzubieten. Die paar Dollar, die sie pro Tag erhalten, sind gemessen an den ortsüblichen Einkommen nicht schlecht.

Die Sherpas, die in großen Höhen arbeiten, sind hingegen Fachkräfte, die nach dem Gewicht, das sie tragen, ihrer Erfahrung und der erreichten Höhe bezahlt werden. Um Eifersüchteleien, Fahnenflucht und Streiks zu vermeiden, wird die Bezahlung der Bergsteiger-Sherpas bei einer Versammlung aller Expeditionsabteilungen im Basislager festgelegt. Sherpas, die besonders hohe Leistungen erbringen, erhalten oft unter der Hand einen Bonus. Sherpas verdienen nicht selten über 1500 Dollar pro Saison, ein Mehrfaches des durchschnittlichen Jahreseinkommens in Nepal. Dennoch besitzen nur Spitzen-Sirdars und Leute mit Zugang zu anderweitigem Investitionskapital Häuser und Unternehmen in Kathmandu – wo Grund und Boden teurer ist als in vielen gehobenen Wohngegenden der Vereinigten Staaten.

David Breashears war der ideale Expeditionsleiter. Als erster Amerikaner hatte er den Everest zweimal bestiegen, und er hatte bei acht Filmen, die am Everest gedreht wurden, Regie geführt oder mitgearbeitet. Eine überdimensionale IMAX-Kamera auf den Gipfel zu hieven hatte David anfangs nicht unbedingt für möglich gehalten, aber er verfolgte einen Traum: Er wollte den Everest auf einer 25 Meter hohen Leinwand sehen.

Weil IMAX-Filme generell einen wissenschaftlichen Schwerpunkt haben, waren auch Berater mit von der Partie. Roger Bilham, Geologieprofessor an der Universität Colorado, brachte mehrere Koffer mit Werkzeug, Spezialkleber, Funkgeräten, Batterien, einem Laptop und Paketklebeband mit – das er anscheinend hauptsächlich für seine Koffer verwendete. Roger hatte bereits mit dem nepalesischen Bergwerksministerium zusammengearbeitet und mithilfe von GPS-Satellitenempfängern die Bewegung der tektonischen Platten unter dem Himalaja vermessen. Er wollte diese Untersuchung entlang der Zugangsroute fortsetzen, die der dynamischen Nahtlinie des eurasischen und des indischen Kontinents folgt, welche sich nach wie vor aufeinander zu bewegen. Die so gewonnenen Informationen könnten einmal die Vorhersage von Erdbeben erleichtern, auch wenn Roger betonte, dass die praktische Umsetzung dieses Ansinnens noch Zukunftsmusik sei.

Außerdem begleitete uns Audrey Salkeld, eine Expertin der Geschichte des Bergsteigens. Sie hatte ein Buch über George Mallory und Andrew »Sandy« Irvine geschrieben, die beiden Briten, die 1924 beim Aufstieg zum oder beim Abstieg vom Gipfel verschwunden sind. 1953 hatten mein Vater und Edmund Hillary auf dem Gipfel nach Spuren von ihnen gesucht, aber nichts gefunden. 1999, fast auf den Tag genau 75 Jahre später, entdeckten Conrad Anker und Mitglieder der Mallory-Irvine-Forschungsexpedition die Leiche Mallorys etwa 700 Meter unterhalb des Gipfels. Offensichtlich war er abgestürzt. Die Kamera, die er bei sich gehabt hatte, wurde nicht gefunden, aber vielleicht wird man sie eines Tages bei der noch unentdeckten Leiche Irvines finden. Wenn sich der Film entwickeln lässt, könnte geklärt werden, ob sie den Gipfel erreicht haben oder nicht. Das hätte jedoch keine Auswirkung auf den Ruhm Hillarys und meines Vaters. Eine Erstbesteigung gilt nämlich nur dann als erfolgreich, wenn die Bergsteiger lebend wiederkommen.

Als wir in der Hotelhalle des »Yak and Yeti« saßen, fasste Ed Viesturs seine Vorgehensweise zusammen, die ihm bisher im Himalaja gute Dienste geleistet hatte: »Den Gipfel zu erreichen ist Kür, aber wieder herunterzukommen ist Pflicht.« Die versammelten Bergsteiger schwiegen eine Weile. Ich schluckte schwer, was hoffentlich niemand merkte.

Die meisten der fünfunddreißig Sherpas, die für die IMAX-Expedition angeworben wurden, waren mit dem Flugzeug oder zu Fuß von Khumbu, Solu und Rolwaling nach Kathmandu gekommen, den Tälern entlang der Anmarschroute zum Basislager. Wie immer brachten sie ungebändigten Humor und jede Menge gute Laune mit, sodass ich mich bei ihnen sofort wohl fühlte. Bei dieser Expedition war ich »Mitglied«, nicht etwa »Sherpa« – im engeren Sinne verstanden als Hochgebirgsträger. Ethnisch gesehen bin ich aber sehr wohl ein Sherpa, und ich hatte vor, mich an der viele Auf- und Abstiege erfordernden Lastenbeförderung zu den höher gelegenen Lagern zu beteiligen, teilweise aus Solidarität mit den anderen Sherpas, teilweise auch, weil ich mich gern in ihrer Gesellschaft aufhielt.

In Amerika hatte ich rasch das im Westen übliche freundliche und humorvolle Gehabe angenommen, aber ich empfand es manchmal auch als gezwungen und gekünstelt. Wenn ich mich mit meinen Sherpa-Freunden in unserer Sprache oder auf Nepali unterhielt, wurde mir leichter ums Herz, und wie von selbst verschwanden meine komplizierten modernen Gedanken, sodass mir das Gebirge wieder zur echten Heimat wurde. Der Hauptunterschied zwischen mir und den anderen Sherpas war ökonomisch bedingt: Ich war mehr gereist und hatte eine Privatschule besucht, aber trotzdem war ich einer von ihnen.

Noch bevor ich in Kathmandu ankam, war Wongchu Sherpa, als unser Sirdar für die Filmlogistik zuständig, mit nepalesischen Regierungsbeamten (»Müllministerium« nannte er eines ihrer schwerfälligen, selten besetzten Büros) im langwierigen, frustrierenden Gerangel um Einfuhrpapiere beschäftigt gewesen. Seine gute Laune, seine Schlagfertigkeit und seine mit Rupien gefüllten Taschen sorgten dafür, dass er meist bekam, was er wollte. Nur schade, dass die nepalesische Regierung, die schon die Leistung meines Vaters 1953 nicht besonders gewürdigt hatte, auch jetzt nicht begriff, welche Möglichkeiten ein IMAX-Film für die Förderung des Tourismus bot. Den wenigsten war klar, dass unsere Besteigung mit dem Beginn des von der Regierung initiierten »Besucht Nepal«-Jahrs zusammenfiel, einer teuren Kampagne zur Ankurbelung des Tourismus, die es leider versäumte, Probleme wie etwa der Umweltverschmutzung, die auf Ausländer abschreckend wirken, ernsthaft zu Leibe zu rücken.

In gewisser Weise stellte die Bürokratie eine größere Herausforderung dar als das Klettern. Zum Bergsteigen braucht man Nerven und Beharrlichkeit, aber die Ziele sind in der Regel erreichbar. Ich war stolz auf Wongchu, der hartnäckig gegen einen schier unüberwindlichen Berg von Vorschriften und Widerständen ankämpfte. Als besonders zähes Hindernis erwies sich der »Anreiz«, den die Beamten benötigten, bevor sie den Papierkrieg hinsichtlich der angelieferten Ausrüstung erledigten. Bei einer früheren Expedition hatte Wongchu einen Teil der Ausrüstung erst unter Stapeln verlorenen Gepäcks in einem Zolllagerhaus von Kathmandu entdeckt, nachdem längst Ersatz beschafft worden war. Wongchu fuhr in einem Luxusjeep durch die Stadt, telefonierte dabei viel mit seinem Mobiltelefon und erzählte mir dann schmunzelnd, er habe ein paar Sherpas angeworben, die zehn Jahre zuvor ihn als Küchenjungen angeheuert hatten. Auch er hatte den Everest bereits zweimal bestiegen.

Als wir die letzten Vorbereitungen für den Aufstieg trafen, dachte ich immer wieder an Geshe Rinpoches Rat, wie wichtig hindernisbeseitigende Rituale seien. Das Entzünden von

Butterlampen im Großen Stupa von Bodhnath gehört zu den vorteilhaftesten Opfern, die man darbringen kann, also entschied ich mich dafür. Wichtiger noch war, dass dieses Opfer zum Schutz der gesamten Expedition gebracht wurde. Das Verdienst oder der Segen, der einem Opfer entspringt, muss stets für andere bestimmt sein.

Soyangs Familienastrologe setzte den Tag fest, an dem das IMAX-Team zusammen mit zwanzig Sherpas Baumwolldochte drehte, flache Steingutschalen sammelte, die als Lampen dienen sollten, um sie dann auf den drei Stufen am Fuß des Stupa aufzustellen. Als der Sonnenuntergang nahte, hatten wir 25 000 Lampen vorbereitet. Zwar hatten wir nicht die optimale Zahl von 100 000 Lampen erreicht, aber es war ein durchaus ansehnliches Opfer.

Das Nachmittagslicht verblasste und die Sherpas begannen – mithilfe der vielen tibetischen Zuschauer – die Lampen zu entzünden. Die Tibeter füllten die Lampen mit geschmolzener Butter nach, die sie in Thermosflaschen mitgebracht hatten. Opfert man ein wertvolles Nahrungsmittel wie Butter, so zeigt man damit, dass man die Ernährung der Götter über das eigene Wohlergehen stellt.

Schon eine leichte Brise kann beim Entzünden der Butterlampen hinderlich sein. Ich hatte den Stupa an den beiden vorhergehenden Nachmittagen besucht, um Vorkehrungen für das Opfer zu treffen. Nun saß ich auf einer wackligen Bank in dem winzigen Büro neben dem Stupa und lauschte dem angenehmen Klang des geweihten Glockenspiels, wobei ich mich mit den Verwaltern unterhielt, die mir versicherten, dass es in der vergangenen Woche abends ständig so windig gewesen sei, dass ein Butterlampenopfer nicht in Betracht gekommen wäre.

Geduld. Darüber hatte Geshe Rinpoche gesprochen. Ich hatte mehrere vorbeiziehende Tibeter beobachtet. Sie hielten

Gebetsmühlen in der Hand, die sich ruhig und gleichmäßig wie aus eigener Kraft drehten. Da wurde meine Träumerei auf einmal von einer Sherpa-Frau gestört, die zum nördlichen Kardinalpunkt des Stupa ging. Sie griff nach einer überdimensionalen Gebetsmühle, die an der Wand neben dem Tor hing, und versetzte ihr einen gezielten, heftigen Stoß, als wollte sie den Göttern klarmachen, dass sie es ernst meine und eine prompte Antwort erwarte. Sei lieber nicht zu ungeduldig, dachte ich.

Die Lampen konnten nur entzündet werden, wenn man sich schützend über sie beugte. Als dann schließlich die letzte zum Leben erwachte, stiegen wir über eine schmale Treppe auf das Dach des angrenzenden Gebäudes. Der lodernde Sonnenuntergang und das goldene Licht der Butterlampen spiegelten sich auf unseren Gesichtern und einen Augenblick lang erfüllte mich ein Gefühl der Ruhe und Wärme und der Nähe zu Guru Rinpoche – zu Padmasambhava, dem Begründer des Stupa und des Lamaismus, den die Sherpas zutiefst verehren. Venus glitzerte heiter über dem Sonnenuntergang und schien auf diese Weise die blinkenden Lichter der landenden Flugzeuge zu erwidern.

Mit strahlendem Lächeln kam eine buddhistische Nonne auf mich zu. Dankbar neigte sie den Kopf und sagte, es sei ein Glück, dass sich der Wind nach dem stürmischen Nachmittag gelegt habe.

»Vielleicht blicken die Götter freundlich auf unser Opfer«, sagte ich.

»Zumindest«, erwiderte sie, »werden die Butterlampen all jene segnen, die sie erblicken.«

Ein paar Tage bevor wir aufbrachen, besuchte ich Geshe Rinpoche noch einmal. Er überreichte mir ein Päckchen mit heiligen Reliquien in Form brauner, kugelförmiger Pillen, die gemischt mit hunderten von Kräutern winzige Mengen der Haare und Fingernägel hoher Lamas enthielten. Er beauftragte mich, sie auf den Gipfel zu legen, sollte ich ihn erreichen. Außerdem gab er mir ein paar *sungdis*, gesegnete Schnüre aus dünnem geflochtenem Nylon, die ich zum Schutz um den Hals tragen und um meine Gerätschaften wickeln sollte. Dazu erhielt ich noch einen kleinen Beutel mit Sand – er stammte aus komplizierten Sandmandalas, die durch langwierige Rituale in seinem Kloster geschaffen worden waren. Dieser Sand war mit gesegneten Reiskörnern gemischt und sollte an gefährlichen Orten ausgestreut werden – überall dort, wo mich die Angst überkam, etwa in lawinengefährdeten Gebieten oder am Khumbu-Gletscherbruch.

Das wichtigste Geschenk aber, das ich vom Rinpoche erhielt, war ein *sungwa*-Schutzamulett, ein Bogen handgemachtes Papier, das mit astrologischen Zeichen und religiösen Symbolen und Mantras beschriftet war. Ich beobachtete ihn, wie er es sorgfältig zusammenfaltete und mit bunten Fäden kreuzweise umwickelte. Er riet mir, das Amulett in Plastikfolie zu verpacken, um es vor Schweiß und Schmutz zu schützen. Ich nahm mir vor, es zusätzlich noch in einen Seidenbrokatbeutel einnähen zu lassen.

Rinpoche drehte sich auf seinem Sitzkissen um und griff nach einem Schriftbündel, das in safrangelben Stoff gebunden war. »Ich habe deinen zweiten Besuch erwartet«, sagte er, wobei er die Schriften aufschlug und darin blätterte. »Ich wollte dir etwas von Jigme Lingpa, einem Gelehrten des 18. Jahrhunderts vorlesen, *Schatz der kostbaren Eigenschaften*:

Wenn sich der Adler hoch über die Erde erhebt,
Ist sein Schatten unterdessen nirgends zu sehen;
Doch Vogel und Schatten gehören zusammen. So auch
*   unsere Taten:*
Wenn die Ursachen zusammenkommen, sind ihre
*   Wirkungen klar zu sehen.«* *

Er las weiter und wählte Abschnitte aus, die wie für mich geschrieben waren, da sie mein persönliches Dilemma ansprachen. Ich staunte über sein Gedächtnis. Wie war es nur möglich, dass ihm all diese Textstellen einfielen und er noch dazu wusste, wo sie zu finden waren? Meine westliche Bildung erschien mir dagegen wie ein einziges Durcheinander, ein irregeleiteter Umweg, der von diesen schlichten und doch ausführlichen Gedanken wegführte.

Dann zog mich Rinpoche zu sich heran und flüsterte mir ein paar Mantras ins Ohr. Er riet mir, sie vernehmlich zu sprechen, während ich auf dem Berg sei, vor allem aber an gefährlichen Orten.

Als ich von Geshe Rinpoche Abschied nahm, fühlte ich mich geschützt und gut vorbereitet, wenn auch nicht frei von Sorge. Ob die Butterlampen am Stupa und die gesegneten Schnüre und Mantras wirklich halfen, wusste ich nicht. Aber allmählich ahnte ich, dass der gesunde Skeptizismus, den ich mir in Amerika angeeignet hatte, an seine Grenzen stoßen würde. Ich begab mich auf einen gefährlichen Berg und würde wirklich alle Hilfe brauchen, die ich bekommen konnte.

* Zitiert nach Patrul Rinpoche, *The Words of My Perfect Teacher* (Boston: Shambala, 1998), S. 119.

Flug ins Unbekannte

*Das Kloster Tengboche in 3900 Meter Höhe. Hier wurde
unser Team gesegnet, wie schon 1953 mein Vater
und die britische Expedition.*

Drei Tonnen Expeditionsausrüstung und Versorgungsgüter waren aus den Vereinigten Staaten herbeigeschafft worden, die nun in wachstuchüberzogenen Kisten auf einem eingezäunten Gelände herumstanden und ungeduldig auf ihre Verwendung warteten: 57 Kisten mit Lebensmitteln, 20 Traglasten mit Bergsteigerausrüstung, 40 Zelte, 1000 Meter Seil, 75 Sauerstoffflaschen, 200 Rollen Toilettenpapier, 47 Dosen Frühstücksfleisch und Unmengen Film und Filmausrüstung. Zusammen mit dem Proviant und den anderen Sachen, die ich mit den Sherpas des IMAX-Teams in Kathmandu besorgt hatte, kamen wir schließlich auf 230 Kisten, Taschen, Säcke und Plastikfässer, die alle zum Basislager des Everest geschafft werden mussten.

Obwohl ein Drittel des Gepäcks allein aus Filmmaterial und Filmausrüstung bestand, hatten wir immer noch 120 Traglasten weniger zu befördern als die Expedition meines Vaters 1953. Das kam vermutlich daher, dass nicht nur ihre Ausrüstung schwerer war, sondern sie damals auch die Vorräte für einen fast einmonatigen Anmarsch schleppen mussten. 1953 gab es in Nepal praktisch noch keine Straßen, sodass die britische Expedition schon mit dem Abmarsch aus der Hauptstadt begann, 300 Kilometer vor dem Berg. Die Träger waren damals in zwei Gruppen unterwegs, die einen Tagesmarsch Abstand hielten, damit man sich an den Lagerplätzen und unterwegs nicht in die Quere kam.

Ich war froh, dass wir den größten Teil der Strecke zum Everest mit dem Flugzeug zurücklegen konnten und auf diese

Weise den endlos ansteigenden Weg in vierzig Minuten bewältigten. Nicht weniger froh war ich über unser großzügiges Budget. Wir brauchten wirklich nicht mit jeder Rupie zu geizen – auch wenn Sherpas diese Kunst sonst ausgezeichnet beherrschen. Unser Einfallsreichtum rührt daher, dass wir in einer auf Selbstversorgung ausgerichteten Wirtschaft leben, teilweise ist er aber auch auf reine Not zurückzuführen.

Am Inlandsterminal von Kathmandu habe ich einmal beobachtet, wie der Sirdar einer Gruppe von Trekkern sein Gepäck für den Flug nach Lukla, den Ausgangspunkt für Trecks und Expeditionen zum Everest, eincheckte.

»Ist das nicht ein bisschen viel Gepäck?«, sagte der Mann am Schalter, der die gleiche Frage eben schon einem anderen Sherpa gestellt hatte.

»Ach, das ist fast nichts«, meinte der Sirdar und wuchtete zwei Halbzentnersäcke Milchpulver und sein persönliches Gepäck auf die Waage: insgesamt an die 70 Kilogramm, weit mehr als die erlaubten 15 Kilogramm Bordgepäck.

Unser Team hatte einen altgedienten, fast antiken russischen Mi-17-Militärtransporthubschrauber gechartert, der einer von Sherpas betriebenen Fluglinie gehörte. Ein erster Transportflug nach Lukla hatte bereits stattgefunden. Als der Hubschrauber wieder in Kathmandu landete, kletterten dann wir an Bord und schnallten uns wie Fallschirmjäger an. Wir saßen in einer Reihe mit dem Rücken zu den Fenstern auf langen Sitzbänken aus leinenbespannten Aluminiumrohren. Einer der beiden russischen Piloten wandte sich zu uns um. Er zeigte mit dem Finger in Richtung Lukla, hob dann optimistisch den Daumen und nickte, als ob er richtig stolz darauf wäre, es beim letzten Flug tatsächlich geschafft zu haben. Die russischen Piloten waren ziemlich raue Gesellen, die angeblich selbst nach durchzechten Nächten mit voller Ladung, 1700 Kilogramm, noch flogen.

Der Hubschrauber begann beim Start heftig zu vibrieren, sodass mir alles vor den Augen verschwamm. Ich blinzelte durch die schmutzigen Scheiben, hinter denen die drückend schlechte Luft der Stadt waberte. Als wir schließlich über die Dunstglocke hinaussstiegen, rückte die ganze Reihe der Himalaja-Giganten in unser Blickfeld. Die makellosen schneebedeckten Berghänge und die geheimnisvollen bewaldeten Täler grüßten verführerisch aus der Ferne: die kantigen Formen des Dorje Lhakpa, des Shishapangma (in Tibet) und des Gauri Shanka, dessen heiliger Gipfel exakt auf dem Meridian liegt, nach dem Nepal seine Uhrzeit bestimmt, was zu einer Zeitverschiebung von fünfzehn Minuten gegenüber Indien führt. Dann der Karyolung, der Numbur, Cho Oyu, Gyachung Khang und der Makalu. Tief im Nordwesten konnte ich den Kangchenjunga, den Wächter und Beschützer von Darjeeling, ausmachen. Und über allen thronte der Chomolungma, von dessen Gipfel triumphal eine Schneefahne flatterte.

Schon allein die Tatsache, die Hauptstadt hinter mir zu lassen, stimmte mich fröhlich. Als ich in den frühen Siebzigerjahren mit meinem Vater zum ersten Mal in Kathmandu war, sind wir mit Fahrrädern durch die Stadt gefahren und dabei nur wenigen Autos begegnet – meist alten Taxis der Marken Toyota und Ambassador, schwarzen Autos, die wie Spielzeuge wirkten und mit orangefarbenen Tigerstreifen und bedrohlichen Augenbrauen über den Scheinwerfern bemalt waren, um Neuankömmlinge vom Land zu erschrecken und aus dem Weg zu scheuchen. Ich erinnere mich an zwei Dörfler, die ängstlich am Rand des Bürgersteigs verharrten. Der eine erklärte dem anderen, wie man eine Straße zu überqueren habe: »Renn so schnell du kannst, und sieh immer nur geradeaus – wenn du nach rechts oder links schaust, bringt dich das völlig durcheinander.«

Mein Vater war in den Zwanzigerjahren zum ersten Mal in Kathmandu gewesen, mehr als zwanzig Jahre bevor das Land seine Grenzen öffnete. Die wenigen Luxusautos, die es damals in der Stadt gab, gehörten der herrschenden Rana-Familie und ihrem Umfeld. Träger hatten sie auf Serpentinenwegen über die bewaldeten Pässe von Süden herbeigeschafft. Im Falle einer Reparatur wurden sie auf dem gleichen Wege nach Indien zurückgetragen. Meinem Vater kam die fremde Stadt damals jedoch modern und fremd vor. Die Basare, in denen sich die Menschen drängten, und die Statuen und kunstvollen Schnitzereien der hinduistischen und buddhistischen Tempel vermittelten ihm ein Gefühl von Zivilisation und Kultur. In der beinahe noch mittelalterlichen Stadt gab es zwar keine Hotels, doch fand er Aufnahme in einem buddhistischen Kloster beim Stupa von Bodhnath.

Die Straßen von Nepals Hauptstadt sind heute mit Autos, Lastwagen, Bussen, Motorrädern, Motorrollern, dreirädrigen Lieferfahrzeugen, Handkarren und Rikschas verstopft. Die Entwicklungshelfer aus dem Ausland und die reichen Tibeter, denen die Teppichfabriken gehören, haben mittlerweile Luxus-Geländewagen für sich entdeckt, die auch von Regierungsmitgliedern geschätzt werden. Leider dienen die Autos vor allem dem Status der Besitzer, weniger dem Transport. Der motorisierte Verkehr kriecht nur noch dahin, sodass man mit dem Fahrrad wesentlich schneller durch die Stadt kommt. Die Tempel haben die Schlacht gegen Plakatwände und Neonreklame leider verloren. Viele Jahrhunderte lang galt es in der Kultur des Kathmandu-Tals als der höchste Wert, innerhalb der knappen Lebensspanne, die uns bemessen ist, die größtmögliche geistige Entwicklung zu vollziehen. In wenig mehr als drei Jahrzehnten ist diese Tradition der Fixierung auf materiellen Wohlstand gewichen. Eine Erscheinungsform dieses Wandels ist das Verschwinden der Statuetten und Antiquitäten aus den Tempeln und heiligen Orten des Tals. Mittlerweile besitzen manche Galerien im Westen beeindruckendere Sammlungen »beweglicher« Kunst, als man sie in Nepal finden kann.

Trotzdem gibt es im Tal noch viele alte Kraftzentren – geomantische Brennpunkte göttlicher Energie, deren Segen auf ihre Besucher ausstrahlt. Zu ihnen gehört der Stupa von Swayambhunath. *Swayambhu* bedeutet »aus eigener Kraft erhoben«; der Legende nach hat sich der Berggipfel, auf dem er steht, plötzlich aus dem Bett des Sees erhoben, das heute das Kathmandu-Tal bildet. Das spitze Dach des Stupas ragt wie eine mythische Abschussrampe in den Himmel, bereit, die Menschheit ins nächste Zeitalter, den nächsten vieltausendjährigen hinduistisch-buddhistischen Kreislauf zu transportieren. Lamas und gelehrte Brahmanen sagen, dass wir nun das vierte und letzte Zeitalter der gegenwärtigen Ära erreichen – Kali-Yuga, das Schwarze Zeitalter –, das die Menschheit in einer Abwärtsspirale schließlich der völligen Vernichtung entgegenführen soll. Glücklicherweise soll damit jedoch auch eine neue Zeit beginnen, die (anfänglich zumindest) den Menschen ein langes, glückliches Leben in idyllischer Umgebung bescheren wird. Noch liegt allerdings eine beträchtliche Anzahl menschlicher Lebensspannen vor uns, bevor der große Zusammenbruch kommt.

Täglich erklimmt ein Strom von Gläubigen, Hindus wie Buddhisten, die endlosen Stufen zum Stupa, um dort zu beten und den hunderten von Rhesusäffchen und Tauben, die den Swayambhu als ihr Heim betrachten, Futter hinzustreuen. Die Mitglieder des Teams begleiteten mich, um mit mir die Gebetsmühlen zu drehen und Weihrauch abzubrennen. Dabei haben wir auch ein paar Meter Film »geopfert«. Ein Sadhu, ein heiliger Bettelmönch, gab uns seine Einwilligung, ihn zu filmen, aber jedes Mal, wenn Breashears »Action!« rief, blieb der

Sadhu einfach stehen und schaute mich an. Schließlich erklärte ich David, dass »ek chin« auf Nepali so viel wie »einen Moment noch« bedeutet.

Ich überließ mich ganz der herrschenden Spannung und Erregung, ging in der Filmarbeit auf und nutzte die Gelegenheit, Opfer darzubringen. Allabendlich rief ich Soyang an und erzählte ihr, wie weit die Vorbereitungen der Expedition gediehen waren. Langsam begann sie sich für das Abenteuer zu erwärmen. Jeden Morgen betete sie und füllte die sieben Wasserschalen auf dem Altar im Haus ihrer Eltern. Wasser sei kostenlos (sofern es nicht Mineralwasser ist), weshalb man es auch opfern könne, ohne damit irgendwelche Wünsche für eine Gegengabe zu verbinden, meinte Soyang. Sie entzündete auch Weihrauch auf der Terrasse im Obergeschoss, bevor sie für die Mönche, die herbeikamen, um Zeremonien für unseren Schutz und ein langes Leben zu zelebrieren, kochte und Unmengen von Tee zubereitete. Allmählich wuchs ihr Respekt für mein Vorhaben. Vielleicht nahm jedoch auch nur ihre Furcht zu, die Furcht vor dem, was auf dem Spiel stand.

Eines Tages, als wir gerade mit der Ausrüstung beschäftigt waren, kam Wongchu zu mir und gab zu bedenken, dass die Saison in ein sehr ungünstiges schwarzes Jahr falle, das zweite und gefährlichste Jahr in einem neunjährigen Zyklus. Aber ein schwarzes Jahr kann sich auch als eine sehr starke Zeit erweisen. Sein negativer Einfluss soll den Astrologen zufolge auch zum Guten gewendet werden können, weshalb es also nicht notwendig schlecht sein muss. Ich fragte mich, warum mich die Lamas nicht darauf aufmerksam gemacht hatten; allerdings schenken sie der Astrologie wenig Beachtung, weil sie die Menschen eher zu Spiritualität im Denken und Tun anleiten möchten. Die astrologischen Voraussagen für das Jahr waren ohnehin laut Wongchu ab dem 15. Mai günstiger, und die meisten Everest-Besteigungen finden nach diesem Datum

statt. Trotzdem hoffte ich, Soyang würde nichts von diesen ungünstigen Prophezeiungen mitbekommen.

Zehn Jahre zuvor war ich zum ersten Mal nach Lukla geflogen, in einer für achtzehn Passagiere zugelassenen Twin Otter,
einem für kurze Start- und Landebahnen ausgelegten Flugzeug, das auch in den kanadischen Wäldern weit verbreitet
ist. Als ich die winzige Piste sah, die mitten durch die Kartof-
feläcker der Stadt lief, und zwar mit einer Steigung von acht
Prozent, dachte ich unwillkürlich: Das schaffen wir nie! Das
Flugzeug setzte hart auf und machte mehrere Hüpfer, um dann
mit Vollgas bergauf zum Parkplatz zu rollen.

Der Mi-17, mit dem wir diesmal kamen, landete gleich ganz
oben auf dem Flugfeld, und zwar in einer gewaltigen Staub-
wolke – für die Nepalesen ein wundervolles Zeichen des Fortschritts. Als ich hinauskletterte, fiel mir gleich wieder auf, wie
kräftig und erfrischend, beinahe ein wenig stechend, die klare,
saubere Bergluft riecht und schmeckt – wie guter schottischer
Whisky. Wir beeilten uns, den Helikopter zu entladen, schlossen die Luke und gaben ein Klopfzeichen. Mit einer Hupe wurden Unvorsichtige und das Vieh auf der Landebahn gewarnt
und dann hob er wieder ab. Ganz in der Nähe nahmen zwei
Twin Otter sonnen- und windgegerbte Trekker auf, die diszi-
pliniert gewartet hatten, dass man sie nach Kathmandu zu-
rückflöge. Die hübsche, städtisch wirkende Stewardess schien
dankbar zu sein, die Kiespiste von Lukla hinter sich lassen zu
dürfen, die sich so wenig für hochhackige Schuhe eignete. Sie
stieg als Letzte ein und schloss die Tür.

Als man dieses Rollfeld 1964 anlegte, um Baumaterial für
ein Krankenhaus herbeischaffen zu können, hätte sich niemand
vorstellen können, dass dies einmal zum Einfallstor für einen
nicht versiegenden Touristenstrom werden könnte. Endlose Rei-
hen von Herbergen und Läden drängen sich nun entlang der

Hauptstraße, die aus der Stadt hinausführt. Die Sherpas von Lukla, die zum großen Teil noch nicht lange hier leben, haben erfolgreich verhindert, dass man mit den Hubschraubern zum Flugfeld von Syangboche weiterfliegt, das zwei Tagesreisen nördlich von Lukla auf 3650 Meter Höhe liegt, denn damit wäre es in Lukla mit dem lukrativen Geschäft vorbei gewesen.

Wongchu und ich sowie der Hochgebirgs-Sirdar Jangbu Sherpa organisierten die Tieflandträger, die sich, durch unseren Funkspruch benachrichtigt, beim Flugfeld versammelt hatten, und verteilten die Lasten. Die Träger marschierten auf bloßen Füßen, deren Farbe und Haut an Elefanten erinnerte. Sie hätten staubiger und schmutziger nicht sein können und verschmolzen praktisch mit dem Weg, auf dem sie gingen. Wir folgten ihnen über Steinplatten, in denen bloße Füße, Turnschuhe und Kletterstiefel über viele Jahre hinweg glatte, schüsselförmige Vertiefungen hinterlassen hatten. Das Basislager war nur 100 Kilometer Fußmarsch entfernt, aber wir hatten fast drei Wochen dafür eingeplant, weil wir unterwegs filmen wollten und uns akklimatisieren mussten.

Wir kamen an Gerstenfeldern vorbei und wanderten durch Kiefer- und Fichtenwälder, immer am Dudh Kosi, dem »Milchfluss«, entlang, bis zu seinem Zusammenfluss mit dem Bhote Kosi, der nahe der Grenze zu Tibet entspringt. Nachdem wir in steilem Anstieg 600 Höhenmeter überwunden hatten, erreichten wir in 3500 Meter Höhe Namche-Basar, die größte Stadt Khumbus. Sie ist das Zentrum der Sherpa-Region, des Gebiets, in dem sich unsere Vorfahren vor über 450 Jahren angesiedelt haben, nachdem sie aus dem Osten Tibets über den Himalaja gewandert sind.

Die Sherpas unterhielten in all diesen Jahren enge wirtschaftliche und kulturelle Beziehungen zu Tibet. Unsere Religion basiert im Wesentlichen auf dem tibetischen Buddhismus.

Die Sprache der Sherpas und bestimmte Bräuche haben sich teilweise entwickelt und verändert, nicht anders als in einigen abgelegeneren Gebieten Tibets auch. Die größten Veränderungen hat die Welt der Khumbu-Sherpas in den letzten dreißig Jahren jedoch als Folge der Expeditionen und des Tourismus erfahren.

Unter den gut hundert Häusern von Namche finden sich auch an die zwanzig Herbergen. Einige sind viergeschossig und haben auf dem Dach ein Restaurant mit Panoramablick. Auch ein Internet-Café gibt es. Etliche kommerzielle und nicht-kommerzielle Unternehmungen haben ihren Weg in diesen entlegenen, aber sehr lebendigen Handelsposten gefunden, und die meisten Häuser verfügen über Telefonanschluss und fließendes Wasser. Strom liefert ein kleines Wasserkraftwerk, das vom Elternhaus meines Vaters in zwanzig Minuten zu erreichen ist. In einer Zahnarztpraxis, die mithilfe der American Himalayan Foundation gegründet wurde, versorgen zwei junge, im Westen ausgebildete Sherpas die Bevölkerung mit Füllungen und Zahnprothesen. Die Dorfbewohner des Khumbu würden sich liebend gern nichts als Goldkronen einsetzen lassen, man versucht sie aber stattdessen von besserer Zahnpflege zu überzeugen.

Die Stadt sieht heute ganz anders aus als in der Jugend meines Vaters, der im nahe gelegenen Dorf Thame aufgewachsen ist. Als er 1952 mit den Schweizern in die Khumbu-Region zurückkehrte, schlossen die Einwohner von Namche rasch Türen und Fensterläden, weniger aus Furcht vor den Ausländern selbst, als aus Sorge wegen der Nyerpa, der bösen Geister und dem Unglück, das Fremde ihrer Meinung nach mit sich brachten. Mein Vater erlebte wenig, was sich zwischen 1933 und 1952 geändert hätte, lediglich das von der Regierung erbaute Schulhaus, das über ein einziges Klassenzimmer verfügte, war darunter.

Heute komplimentieren die freundlichen Sherpas aus Namche die ausländischen Trekker in ihre Hotels und Geschäfte, oft umgebaute Häuser, die bereits 1952 hier standen.

Wir brachten unsere Lasten ins Stadtzentrum zum Khumbu Lodge, wo auch schon Jimmy Carter, Robert Redford und andere Prominente abgestiegen waren. Die vielen Bergsteiger und Trekker aus aller Herren Länder haben dazu geführt, dass die Einwohner von Namche die Herkunftsländer der Reisenden oft an ihrem Aussehen und Akzent feststellen können, und sie sprechen auch meist ein paar Worte in deren Sprache. Junge Sherpas können oft besser Englisch als die europäischen Trekker. 1952 beherrschten nur wenige von ihnen überhaupt Nepali, die Nationalsprache, doch mittlerweile sind sie alle zweisprachig.

Das Angebot an Gebrauchtwaren in den Trekkingläden von Namche spiegelt das internationale Interesse am Everest wider. Die vorangegangene katalanische Expedition hatte kistenweise eingelegte Forellen und Kaninchen aus dem Basislager zurückgebracht, die russische Expedition ganze Plastikfässer voller Glasschälchen mit Kaviar vom Schwarzen Meer. »Fischeier – soll man das für möglich halten?«, hatte ihr Sherpa-Sirdar gemeint, angewidert von dem Gedanken, dass jemand das Sakrileg begehen könnte, so etwas zu essen. Sherpas und Tibeter essen keinen Fisch, nicht zuletzt wegen der vielen Eier, die Fische legen und aus denen sich ja Lebewesen entwickeln könnten.

Die Gastfreundschaft, die zur Kultur der Sherpas gehört, hat sich für sie im Geschäftsleben und in puncto Öffentlichkeitsarbeit ausgezahlt. Die Trekker sind jedes Mal überrascht und geradezu überwältigt von der Herzlichkeit, mit der sie in unsere Häuser eingeladen und in unser Familienleben aufgenommen werden. Viele schließen hier im Himalaja zum ersten Mal Freundschaft mit Menschen, die bedeutend ärmer sind als sie. Das weckt Schuldgefühle und damit den Wunsch, Gegengeschenke zu machen.

»Was können wir für euch tun?«, fragen sie dann großzügig, gewöhnlich am Ende einer Tour, wenn es an die Verteilung der Trinkgelder geht. Natürlich haben die Trekker schon bemerkt, dass die Everest-Sherpas nicht in bitterer Armut leben und ihre Häuser mit hochwertiger Trekking- und Expeditionsausrüstung gefüllt sind, die Generationen von Bergsteigern hier zurückgelassen haben.

»Wir sind arm, aber zufrieden«, antworten dann viele Sherpas. »Das Leben in den Bergen ist hart – manchmal verlieren wir einen Sohn bei Unfällen am Berg und unser Vieh ist von Raubtieren und Stürmen bedroht. Aber wir würden unsere Lebensweise um nichts in der Welt aufgeben ...« Aber dann kommen sie doch auf den Punkt: »Was uns allerdings fehlt, das sind Bildungseinrichtungen für unsere Kinder, wie es sie in Kathmandu oder in Übersee gibt ...« Die Trekker, nicht selten Ehepaare, nicken sich zu und greifen zu ihrem Scheckheft. Besonders begehrt sind Sponsoren, die den Kindern einen Aufenthalt in Amerika oder Indien ermöglichen können, aber Kathmandu tut es auch.

Ich kann die Sherpas des Khumbu in diesem Punkt nur für ihr Geschick loben, allerdings finde ich es mittlerweile an der Zeit, dass man sich dort mehr mit den Möglichkeiten beschäftigt, die in der eigenen Gemeinschaft zur Verfügung stehen. Die Khumjung-Schule, die von Sir Edmund Hillary und dem Himalayan Trust gegründet wurde, kann es mit den Privatschulen von Kathmandu durchaus aufnehmen, bietet gleichzeitig aber ein besseres Umfeld, frei von Luftverschmutzung und den zweifelhaften Einflüssen der Hauptstadt. Viele müssen zugeben, dass ihre Kinder schon nach wenigen Jahren Schulbesuch in Kathmandu Sprache und Sitten der Sherpas verlernen. Die Sherpas aus dem Khumbu würden jedoch oft gern selbst in

Kathmandu wohnen, weil sich dort mehr Geschäftsmöglichkeiten bieten.

Es ist ganz natürlich, dass Menschen anderen etwas Gutes tun wollen. Großzügigkeit ist ein edler Charakterzug. Dennoch denke ich, den Sherpas ist am besten durch Projekte geholfen, die mehr oder weniger allen Dorfbewohnern zugute kommen, seien es Schulen oder medizinische Einrichtungen wie beispielsweise die Zahnarztpraxen. Private Investitionen sind auch hilfreich, sie bedeuten allerdings ein längerfristiges Engagement. Die Ausländer beispielsweise, die in die Tourismusbranche investiert haben, haben viele Sherpas eingestellt, ausgebildet und unterstützt, und damit vielen klugen und an harte Arbeit gewöhnten Menschen Gelegenheit geboten, zu zeigen, was sie können. Dieses Erbe ist in den vielen erfolgreichen Unternehmen lebendig, die Sherpas selbst im Khumbu und in Kathmandu aufgebaut haben.

Bei einem früheren Besuch hier hatte der Bürgermeister von Namche mir gegenüber Zweifel ausgedrückt, ob Tourismus und Wohlstand immer von Vorteil für die Sherpas gewesen seien, denn sie hätten auch soziale Unruhe und Uneinigkeit in die Gemeinschaft gebracht. Zum Beispiel könne es vorkommen, dass zwei Brüder mit unterschiedlichen Gruppen losziehen, und der eine dann mit einem Geldgeber für sein Kind zurückkommt, der andere aber nicht. Solche Vorkommnisse können den Keim der Spaltung in die Familien tragen. »Habenichtse« steigen über Nacht in die Gruppe der Besitzenden auf. Das trägt einerseits zwar zur Gleichheit und Verteilung des Wohlstands bei, Werten, die im Westen hoch im Kurs stehen, jedoch belohnt die Großzügigkeit der Ausländer andererseits nicht immer nur Verdienst und Leistung. Sie erscheint oft willkürlich und übertrieben, und das kann das über Jahrhunderte gewachsene gesellschaftliche Gefüge ins Wanken bringen.

Fast täglich wird der Bürgermeister von Namche angerufen,

um Uneinigkeit und Streit zu schlichten. Die Parteien sitzen dann auf Bänken rund um den großen Versammlungsraum, während seine Frau Tee verteilt. Er nickt und macht Vorschläge. Endgültige Entscheidungen zu treffen ist schon schwieriger.

Mittlerweile ist es wenigstens einfacher geworden, die Schecks der Touristen einzulösen. Schon nehmen einige Sherpas auch Deutsche Mark, den Yen oder auf ihren Namen ausgestellte Schecks an – ein gewaltiger Fortschritt im Vergleich zur Expedition von 1953, als allein fünf Träger und zwei bewaffnete Wachen nötig waren, um die schweren Kisten mit den nepalesischen Silberrupien zu transportieren. Sie waren damals die einzige Währung des Landes, weil die Leute dem Papiergeld nicht trauten.

»Die Mikaru [›Weißaugen‹, das heißt die Menschen aus dem Westen] sind wie das Vieh«, erklärte mir eine Sherpa-Frau in Namche, mit der ich über den Erfolg der Sherpas in der Tourismusbranche ins Gespräch kam. »Sie sind zufrieden, wenn sie den ganzen Tag ziellos umherwandern können …, sie werden dauernd krank, und sobald das Gelände etwas schwieriger wird, muss man furchtbar aufpassen, dass sie nicht abstürzen … Aber wenn man sie gut füttert, dann geben sie eine Menge Milch …« Ihre Worte drückten mehr Mitgefühl als Verurteilung aus.

In ärmeren Dörfern, besonders solchen, die abseits der großen Trekkingrouten liegen, gibt es eine Menge Sherpas, die als Schmuggler zwischen Nepal, Hongkong und Singapur unterwegs sind. Einige haben auch schon mit dem Gefängnis Bekanntschaft gemacht. Ein Sherpa hat mir jedoch einmal erzählt, das Gefängnis sei gar nicht so schlimm – man habe dort freie Unterkunft und könne sich umsonst satt essen, und wenn man nach zwei, drei Jahren wieder freikomme, könne man ziemlich gut Englisch. Ist es die Tatsache, dass sie ein paar Kilometer abseits der Touristenströme leben und daher arm bleiben, die sie zu solchen riskanten Geschäften treibt? Man kann nur darüber spekulieren. Vielleicht möchten diese Sherpas nur mit jenen mithalten, die es als Träger zu Wohlstand gebracht haben.

In den Neunzigerjahren hatte es der größte Teil der Sherpas des Khumbu zu genug Wohlstand gebracht, um sich aus der Arbeit im Hochgebirge zurückzuziehen. Die meisten Sherpas, die sich heute für Gebirgstouren verdingen, kommen von weit her, beispielsweise aus dem Rolwaling-Tal im Westen, das mit dem Khumbu über einen schwierigen und gefährlichen Pass verbunden ist. Hier kann man sehen, wie die Khumbu-Region ohne Trekking und Bergsteigen geblieben wäre. In den Dörfern dort sieht es genauso aus wie im Khumbu vor vierzig Jahren: handgeschnitzte hölzerne Fensterläden anstelle von Glasfenstern, Kartoffelpfannkuchen und Tsampa (geröstetes Gerstenmehl) statt Suppe mit Yakfleisch und Reis. Das Rolwaling-Tal mag einem Trekker faszinierend und malerisch vorkommen, den Träumen eines jungen Sherpas hat es aber nur wenig zu bieten.

Mein Vater hat Thame, das Dorf seiner Kindheit, zum ersten Mal im Jahr 1932 verlassen. Er war damals achtzehn Jahre alt und auf der Suche nach Herausforderungen, Abenteuern und einem Auskommen – alles war ihm recht, was ein anderes Leben versprach, als Yaks zu hüten oder Kartoffeln und Gerste anzubauen. Er gehörte zu den ersten Sherpas aus dem Khumbu, die sich dem Westen zuwandten, den sie zunächst in Darjeeling fanden. Meinen Vater jedoch lockten dort nicht nur die Abwechslung und die vielen Möglichkeiten, sondern, so glaube ich, noch etwas von der Form eines Kegels, der Form eines Berges.

Mein Vater besuchte seine Eltern gelegentlich im Khumbu und in Thame. Als er 1953 mit den Briten durch Namche zog, kamen sie ihm, beladen mit Geschenken und Essbarem, entgegen, um ihn zu verabschieden. Hier traf meine Großmutter Kinzom auch den Expeditionsleiter, Colonel John Hunt. Sie segnete ihn und das ganze Team. Großmutter war sehr in Sorge, weil mein Vater schon so oft sein Leben auf dem Everest riskiert hatte – sechsmal bis dahin –, und sie bat ihn eindringlich, vorsichtig zu sein. Das Gleiche hatte ihm seine zweite Frau, Ang Lhamu, gesagt, als er Darjeeling verließ, und Soyang hatte es mir gegenüber praktisch wiederholt. Wenn ich an die Liebe und Fürsorge meiner Mutter und Soyangs dachte – die gleichen Gefühle, die Kinzom und Ang Lhamu gegenüber meinem Vater empfanden –, dann kam ich schon ins Grübeln, ob das Abenteuer nicht doch zu gefährlich war. Ebenso wird es meinem Vater ergangen sein. Er war nahe daran gewesen, sich nicht an der Expedition von 1953 zu beteiligen, und auch ich hätte 1996 beinahe abgesagt.

Auch meine Mutter ist in Thame zur Welt gekommen. Thame symbolisierte für mich den Rückhalt durch die Familie, es war meine Verbindung zum Khumbu. Als wir nach Namche kamen, fühlte ich mich von einer unwiderstehlichen Kraft dorthin gezogen, so wie ein heiliger Ort einen ruft, bevor man eine wichtige Sache erledigt.

Von all meinen Verwandten in Thame lebte dort nur noch mein Großvater mütterlicherseits. Er sollte bald neunzig Jahre alt werden, und um seine Gesundheit stand es schlecht. Eine Frau aus Thame, die gerade in Namche war, sagte mir, wie gern er mich sehen würde. Wenn ich mich nicht zu einem Abstecher entschloss und die drei Stunden Fußmarsch nach Thame unternahm, würde ich ihn vielleicht nie wiedersehen.

Ich machte mich kurz vor Sonnenaufgang auf den Weg. Großvater – Gaga, wie wir ihn nannten – wohnte am Nordrand von Thame, der ersten Siedlung, auf die Tibeter treffen, wenn sie über den Nangpa-La-Pass kommen. In den vergangenen drei Jahrzehnten hatte er öfter Pilger, Händler und Flüchtlinge bei sich beherbergt als Mitglieder seiner eigenen Familie, von denen die meisten mittlerweile in Darjeeling, Kathmandu oder den Vereinigten Staaten lebten.

Auch sein Haus hat nur Holzläden, aber keine Fensterscheiben, dazu die traditionell niedrige Eingangstür. Die Geister toter Verwandten können sich nicht bücken, weshalb sie auch nicht ins Haus kommen können, um Unruhe zu stiften.

Mit vorsichtig gesenktem Kopf trat ich ein und fand meinen Weg durch das dunkle Erdgeschoss. Da lagen alte Holzpflüge, erdverkrustete Hacken und mit Butter gefüllte Ballen aus Yakhaut. Hier sind auch die Yaks und Dzos untergebracht, deren Körperwärme der Küche und dem Wohnraum darüber zugute kommen. Um in den ersten Stock zu gelangen, kletterte ich eine Leiter hinauf, die aus einem Holzbalken mit Kerben bestand.

Gaga saß am Fenster. Trotz seiner Gebrechlichkeit war er noch der gütige Patriarch. Lächelnd sah er auf, ohne überrascht zu wirken, so als hätte er mich erwartet. Er bot mir eine hölzerne Schale *chang* an, dickes Gerstenbier, und ich verneigte mich. Gaga hatte jahrelang allein gelebt, bis er schließlich ein junges Waisenmädchen zu sich nahm, Ang Nimi, die ihm beim Hüten der Tiere und beim Kochen half. Sie bereiteten die Mahlzeiten immer noch meistens auf einer Steinplatte zu, selten in einer Pfanne.

Ang Nimi buk für uns in aller Ruhe Kartoffelpfannkuchen, und Gaga erzählte, wie er seit 1959 tibetischen Flüchtlingen aus China Unterschlupf gewährt hatte. Immer noch kamen sie, völlig erschöpft und zerlumpt, teilweise mit Erfrierungen, über den 5800 Meter hohen Nangpa-La-Pass in Nepal an. Nie hat er Geld von ihnen genommen.

Er besaß nach wie vor eine stattliche Yakherde, und sein ältester Sohn, ein Onkel von mir, zog immer wieder über den

Pass, hauptsächlich, um die Tiere in Tibet zu züchten. Gaga war nur ein- oder zweimal in seinem Leben in Kathmandu gewesen, sonst hatte er sein Dorf nicht verlassen, das Dorf, wo er seinem buddhistischen Glauben gemäß lebte. Einen großen Teil seines Besitzes hatte er bereits dem Kloster von Thame vermacht. Einer seiner Enkel hatte den Everest viermal bestiegen, ein anderer zweimal, ein weiterer einmal. Pemba Norbu, auch ein Enkel, ist mit der Schwester von Apa Sherpa verheiratet, der im Jahre 2000 zum elften Mal auf dem Gipfel des Everest stand, ein Weltrekord.

Mein Großvater war enttäuscht, dass seine Söhne, die alle weit weg wohnten, ihn nicht besuchten. Meine Mutter sei jedoch sein Lieblingskind gewesen, erklärte er, weshalb er sich über meinen Besuch genauso freue.

»Warum willst du hier allein bleiben?«, fragte ich ihn. »Wir besorgen dir eine Wohnung in Darjeeling, und Ang Nimi kann auch mitkommen.«

»Mir geht es gut hier, ich kenne es nicht anders«, antwortete er. »Alles, was ich mir wünsche, ist, dass mein jüngster Sohn kommt und den Hof und das Land übernimmt.«

Von meinen Everest-Plänen erzählte ich ihm nichts, weil ich wusste, dass er sich Sorgen machen würde, und das wollte ich ihm in seinem Alter nicht antun. Auf wundersame Weise fühlte ich mich in einer Aura von Großzügigkeit und Anteilnahme aufgehoben, in dieser Art Segen, den ältere Menschen allein durch ihre Gegenwart spenden.

Kaum war ich nach Namche zurückgekehrt, als Wongchu mit einer schlechten Nachricht in den Schlafraum des Khumbu Lodge platzte: Sumiyo sei in Schwierigkeiten. Die Polizei von Namche hatte in ihr die Person wiedererkannt, die drei Jahre zuvor ohne Erlaubnis auf die Ama Dablam gestiegen war und dort gefilmt hatte, und hatte ihr deshalb die Genehmigung für den Everest entzogen. Mit finsterem Blick saß sie auf einer Pritsche und erklärte, man habe ihr beschieden, sie dürfe fünf Jahre lang überhaupt nicht mehr in Nepal klettern.

David lief im Schlafraum auf und ab und überlegte angestrengt, wie wir dieses unerwartete Problem lösen könnten. Wir brauchten Sumiyo. Sie war schon in Kathmandu zusammen mit dem Team gefilmt worden, und all diese Szenen hätten neu gedreht werden müssen, wenn sie ausgeschieden wäre.

Alle Behördenentscheidungen, und auch der Widerruf derselben, überlegte ich, werden schriftlich erteilt. Papierkram hält die Bürokratie in Schwung.

Also setzten David und ich uns hin, er entwarf einen Brief auf Englisch, ich einen auf Nepali, in dem wir die Regierung für diese eine Besteigung um Nachsicht für Sumiyo baten. Wir erklärten, dass HMG (»His Majesty's Government«, immer noch die offizielle Bezeichnung, obwohl die Staatsform mittlerweile eine Mehrparteiendemokratie ist) bereits 10 000 Dollar für ihre Teilnahme angenommen habe, und wir schlugen vor, Sumiyos Strafe auf einen späteren Zeitpunkt, nach der Expedition, zu verschieben. Wir setzten darauf, dass die nepalesische Regierung, die bei all ihren Gesuchen um Hilfe aus dem Ausland stets die Armut des Landes hervorkehrte, den Wert eines IMAX-Films für die Tourismuswerbung zu schätzen wusste.

Sumiyo brach mit den Briefen nach Kathmandu auf, von wo aus sie uns über Satellitentelefon auf dem Laufenden halten wollte.

Am nächsten Tag stiegen wir bis zum Dorf Khumjung auf, das 300 Höhenmeter und eine Stunde Weg oberhalb von Namche liegt. Über dem Dorf thront Khumbi Yül Lha, der Landesgott des Khumbu, ein hagerer Gipfel aus dunklem Granit, 5500 Meter hoch. Dieser Berg und das Dorf sind in meiner Erinnerung untrennbar mit Geschichten über den Yeti verknüpft, die mir mein Vater und seine Freunde erzählt haben, als ich zum ersten Mal hier war. In ihrer Jugend, als sie Yaks an den Hängen des Khumbi Yül Lha gehütet hatten, waren sie überzeugt gewesen, dass hinter dem Gipfel der Yeti lebt, der immer dann hervorkommt, wenn der Gott, der das Schicksal des Dorfes lenkt, ihn ausschickt. Immer wenn ich durch das Khumbu getrekkt bin, und besonders in der Gegend von Khumjung, schauderte es mich, wenn ich nachts raus musste, um mich zu erleichtern. Ich hatte dann das Gefühl, irgendwo lauere der Yeti, um mich wegzuschleppen, eine ungeheure, stinkende Bestie mit nach hinten gedrehten Füßen.

Für einige Tage waren wir im Haus eines erfolgreichen Bergsteiger-Sirdars, Nima Tenzing, und seiner Frau Pema Chamji zu Gast. Ihr großer Aufenthaltsraum diente der Expedition als Schlafsaal. Er füllte sich rasch mit nassen Kleidern und Kameraausrüstung. Gastlichkeit steht im Hause eines Sherpas hoch im Kurs, und so servierte uns Pema Chamji unzählige Tassen tibetischen Tees, der zuvor unter lautem Zischen in einer großen Kanne mit Butter und Salz vermischt worden war. Nachmittags drängte sie uns immer wieder, Schalen mit Chang anzunehmen. Die Sitte verlangt, dass jede Schale mindestens zwei Mal nachgefüllt wird. Es gilt als unhöflich, wenn einem nicht irgendetwas zu trinken aufgedrängt wird, auch wenn man gar nichts will.

Neuerdings wird allerdings für Verpflegung und Übernachtung auch Geld genommen. Als die ersten Fremden in die Khumbu-Region kamen, galt es noch als Beleidigung, Geld für etwas zu verlangen, das nur Zeit und Arbeit gekostet hatte. Zumindest für wild wachsende Gemüse gilt das noch heute, Bambussprossen beispielsweise, die im späten Frühjahr kommen und mit Curry angemacht eine schmackhafte Überraschung für Gäste bieten. Da die Sprossen ohne menschliches

Zutun gedeihen, käme es Sherpas unrecht vor, dafür Geld zu nehmen.

Zum Telefonieren marschierten wir zum »Om Lhasa« hinauf, dem Hotel »Everest View«, einem von den Japanern auf einem Bergkamm in 4000 Meter Höhe erbauten Klotz. Das Hotel erinnert an ein Schiff und ist sogar mit einer Druckkammer ausgestattet, um gegebenenfalls Höhenkrankheit zu behandeln, die vor allem jenen droht, die sich direkt aus dem nur 1400 Meter hohen Kathmandu einfliegen lassen. Einmal soll ein Gast auf der Eingangstreppe einen Herzanfall erlitten haben. Das Hotel ist nie in die schwarzen Zahlen gekommen, aber die japanischen Investoren sind stolz darauf und geben es daher nicht auf.

Das Hotel ist voll und ganz auf die Flugverbindung zum nahe gelegenen Flugfeld von Syangboche angewiesen. Ich erinnere mich, wie ich einmal mit Trekkern und Freunden auf der Grasnarbe stand und eine angeregte Unterhaltung unterbrach, weil ich das Flugzeug zu hören glaubte. Wir lauschten, doch alles, was wir vernahmen, war das himmlisch-monotone Summen eines älteren Sherpas, der fünf Meter entfernt von uns stand, unentwegt seine Gebetsmühle drehte und das »Om Mani Padme Hum«-Mantra sang. Wer nur noch daran denkt, wegzukommen, für den hört sich alles wie ein Flugzeug an.

Wenn die sechssitzige Pilatus Porter in Syangboche aufsetzt, klingt das Auslaufen der Propeller in der dünnen, kristallklaren Luft wie ein dankbarer Seufzer: »Geschafft!« Lange Jahre wurde die für den Einsatz in Bergregionen konstruierte Maschine von Emil Wick geflogen, einem Schweizer Piloten, dem die Herstellerfirma Pilatus den Betrieb und die Wartung der Maschine in Nepal übertragen hatte. Sein Lieblingskunststück war es, nur wenige Meter über dem Kloster von Tengboche hinwegzuschweben – nachdem er sich zuvor zu seinen entsetzten Passagieren umgewandt und ihnen angekündigt hatte, er werde »jetzt ein paar Gebetsmühlen drehen«. Besonders in Erinnerung ist mir noch seine Behauptung, das Geräusch der Motoren könne Lawinen auslösen, wenn er nahe an schneebedeckten Abhängen entlangfliege.

1997 kam der erfahrene Pilot A. G. Sherpa beim Absturz der Pilatus Porter ums Leben. Kurz nach dem Abheben flog er im Nebel eine Kehre und zerschellte dann am Hang des Kwangde. Dieser tragische Unfall und der spätere Absturz einer größeren Twin Otter, die der ersten von Sherpas betriebenen Fluglinie gehörte, haben dem Stolz der Sherpas einen herben Schlag versetzt. Doch das hat die Sherpas nicht vom Fliegen abgehalten, und der Pilot Ang Zangbu aus einem Dorf unterhalb von Namche wird sogar auf einer Boeing 747 ausgebildet. Als Kind ist er jeden Tag 900 Höhenmeter aufgestiegen, um die Schule von Khumjung zu besuchen. Der Jugendliche verdingte sich als Träger für Trekker, und bei dieser Gelegenheit lernte er einen ehemaligen Manager von Boeing kennen, der seine herausragende Motivation und seine Intelligenz erkannte.

»Was würdest du später einmal am liebsten tun?«, fragte er ihn.

»Fliegen«, antwortete Zangbu wie aus der Pistole geschossen. Diesen Traum teilte er mit vielen anderen Sherpas, seit er als Kind die Yaks der Familie über die Weiden des Hochlands des Khumbu getrieben und dort beobachtet hatte, wie in der Ferne die Flugzeuge nach Lukla einschwebten.

Zangbus Englisch und seine Schulnoten waren gut genug für die Pilotenschule und der Manager bot ihm seine Unterstützung an. Mit siebzehn machte er sich auf den Weg nach Kathmandu, wo er zum ersten Mal in seinem Leben Motorfahrzeuge sah. Drei Jahre später hatte er eine Deutsche geheiratet und besuchte eine Flugschule in Seattle. Mit zweiundzwanzig hatte er seine Lizenz und saß am Steuer einer Twin

Otter nach Lukla – begeistert empfangen von den Sherpas, die das Rollfeld säumten und ihm mit Kata-Schals zuwinkten. Bald flog er Passagiermaschinen für die Royal Nepal Airlines Corporation (RNAC – spöttisch auch »Really Not Altogether Certain«, »eigentlich nicht so sicher«, genannt). Im kleinen Nepal ereignen sich jährlich mehr Flugzeugunglücke als in den Vereinigten Staaten, weshalb Ang Zangbu mittlerweile lieber für andere Fluggesellschaften arbeitet.

Am Morgen des 24. März, als wir von Khumjung aufbrachen, filmte mich David, wie ich im Gompa des Dorfes die Butterlampen aus Messing anzündete, dieselben, die bereits mein Vater entzündet hatte, als er auf dem Weg zum Everest durch das Dorf gekommen war.

Wir setzten unseren Weg zum Tengboche Gompa fort, dem wichtigsten Kloster des Khumbu. Als wir zur Schlucht des Imja Khola hinabstiegen, begegneten uns junge Sherpa-Frauen, jede mit einem halben Zentner Feuerholz beladen, das sie mit dem Stirnband trugen, was ihnen die Hände zum Stricken freiließ, während sie gleichzeitig noch sangen und Kaugummi kauten. »Multi-tasking« nennt man das in New Jersey, wo ich arbeitete, auf Computerisch.

Im Wäldchen am Fluss zückte ich meine Kamera, um einen Jungen und seine gesund und kräftig aussehenden Yaks mit ihrem glänzenden, schwarzen Fell zu fotografieren. Erst als er mit den Armen wedelte und mir zurief, ich solle das bitte nicht tun, fiel mir auf, dass das Holz, das die Yaks auf dem Rücken trugen, noch grün war, also noch nicht hätte geschlagen werden dürfen. Er dachte wohl, ich wollte ihn anzeigen.

Der Lama von Tengboche und die Leitung des Nationalparks sind sehr in Sorge wegen des überhand nehmenden Fällens von grünem Holz in den Wäldern unterhalb des Klosters. Die Soldaten, die dort als »Schutzpatrouille« stationiert sind, warnen die Sherpas bei jeder Gelegenheit, dass sie Befehl haben, auf jeden zu schießen, der frisches Holz schneidet, obwohl es als schweres Sakrileg gilt, jemandem in der Umgebung des Klosters Schaden zuzufügen. Das alles zeigt jedoch kaum abschreckende Wirkung. Die Holzsammler haben das Brennmaterial bitter nötig und die Drohungen der Armee sind unglaubwürdig. Und sowieso sind die Wachen die meiste Zeit in ihr Kartenspiel vertieft.

Im Zickzackkurs stiegen wir durch einen Fichtenwald bergauf, bis wir einen Hang erreichten, an dem vielfarbige Rhododendronbüsche blühten, die von da an den Weg zum Kloster säumten. Schließlich erblickten wir eine Ecke des Gebäudes, das sich auf einer sandigen Moräne 600 Meter über dem Imja Khola erhob. Bei Erreichen des Geländes passierten wir das *kani*, einen tunnelartigen Eingang. Die holzgetäfelte Decke stellt einen Pantheon buddhistischer und lokaler Gottheiten dar, teils in Meditation, teils in Levitation. Dies ist zum Schutz der Eintretenden und zur Abwehr böser Geister gedacht, die ihnen möglicherweise zu folgen versuchen. Außerdem sollen die Malereien die Klosterbesucher zu philosophischen Reflexionen anregen.

Eine alte tibetisch-buddhistische Schrift erzählt, dass einer der großen frühen Lamas des Khumbu, Lama Sangwa Dorje, in Verzückung durch seine Hingabe an Guru Rinpoche nach Tengboche flog. Er landete dort auf einem Felsen und hinterließ einen Fußabdruck, der noch heute sichtbar ist. Viele Jahre später, 1916, entstand in Tengboche das erste Gompa des Khumbu, die sich dem Zölibat verschrieb. Heute leben dort vierzig Mönche, eine Rekordzahl, die sich teilweise auch dem Wohlstand verdankt, den der Tourismus für die Sherpas gebracht hat. Das gestiegene Einkommen hat es mehr Familien ermöglicht, einen gesunden Sohn ins Kloster zu schicken, häufig den dritten, und ihn dort zu unterstützen.

Ich dagegen war froh, Familienvater und nicht Mönch zu sein, trotz all der Sorgen und Bindungen, die das mit sich bringt. Schon vermisste ich Soyang und unser Töchterchen Deki. Die Expedition hatte den Bereich verlassen, in dem es noch Kabeltelefon gab, und die Satellitentelefonate mussten aus Kostengründen beschränkt werden, also blieb mir nur, an sie zu denken und mir Sorgen zu machen – genau wie über den Berg. Ich würde mir schwere Vorwürfe machen, falls mir etwas zustieße, ganz gleich unter welchen Umständen, und wenn ich an die Gefahren dachte, die auf dem Berg lauerten, bekam ich schon im Voraus Schuldgefühle.

Der Lama von Tengboche hatte sich seit drei Monaten zu strikter Meditation zurückgezogen, also bat ich den Lopon des Klosters, den »Diamantenmeister«, um eine Schutzzeremonie.

Araceli, Ed und ich erklommen die Stufen und durchquerten den Vorhof zur großen Versammlungshalle, wobei das Dröhnen der Hörner und Trommeln immer lauter wurde. Die tiefen Töne verursachten deutlich spürbare Vibrationen. Vor der riesigen, bunt bemalten Holztür zogen wir uns die Schuhe aus. Dann schritten wir über die Schwelle.

Ich trat drei Schritte vor und betrachtete den reich geschmückten Innenraum. Vor mir am Nordende der Halle war eine imposante Statue des Buddha Shakyamuni, des Buddha der Gegenwart, über fünf Meter hoch, in sitzender Position. Seine vergoldeten Schultern und sein Kopf ragten durch ein Loch in der Decke in das Stockwerk darüber – als ob das Gebäude nachträglich seinem wundersamen, grenzenlosen Wachstum hätte angepasst werden müssen. Im Vordergrund standen kleinere Figuren in ehrerbietiger Haltung: die Bodhisattvas Chenresig und Jambayang sowie die Schüler Shariputra und Mangalputra, die Wunderkräfte besitzen. Acht Tatagathas, vollkommen erleuchtete Buddhas, scheinen hinter dem Shakyamuni im Nimbus der Statue zu schweben.

Ich blieb mit gefalteten Händen mehrere Minuten in der Eingangstür stehen und betete, dann warf ich mich dreimal nieder, streckte mich, die Stirn am Boden, aus und stand wieder auf.

Mindestens ein Dutzend Mönche saßen einem Mittelgang zugewandt und rezitierten aus umfangreichen Texten, die auf Gebetstischen aufgeschlagen lagen. Einige lasen laut, wobei sie sich langsam vor und zurück wiegten, andere, welche die Schriften augenscheinlich auswendig kannten, sahen uns mit offenem Interesse an, ohne dabei ihren Singsang zu unterbrechen.

Wie 43 Jahre vor mir mein Vater näherte ich mich dem Altar und wandte mich dann dem Lopon zu, der auf einer thronartigen Plattform saß. Schweigend überreichte ich ihm einen langen, seidenen Kata-Schal, dann gab ich ihm die Rolle mit den Gebetsfahnen, die ich auf dem Gipfel entfalten wollte.

Während er mit den anderen Mönchen weitersang, berührte der Lopon das Bündel mit einer Bhumpa-Urne und dem Dorje, dem Diamanten, einem Symbol der Leere, und ließ einige gesegnete Gerstenkörner in die Falten der Rolle rieseln. Dann hielt er inne und verfiel in tiefe Meditation, um seinen Segen unmittelbar auf die Fahnen zu übertragen. Buddhisten sagen, durch intensive Konzentration und mindestens zehnjährige Übung könne ein vollendeter Lama die Gottheiten als untrennbar verbunden mit den Gegenständen seiner Meditation wahrnehmen.

Als mein Vater 1953 auf dem Weg zum Everest durch Tengboche kam, war der Tengboche Lama, damals erst siebzehn Jahre alt, gerade nicht anwesend. Auch er hatte seinen Segen vom Lopon erhalten. Nun konnte ich die Anwesenheit meines Vaters an meiner Seite spüren, doch hatte ich das Gefühl, im

Jahr 1953 zu sein und nicht im Jahr 1996, und es kam mir so vor, als stünde ich neben ihm und wollte ihn begleiten. Sein Vorhaben kam mir ganz so vor wie mein eigenes, es ging letztlich um Selbsterkenntnis, um ein neues Verständnis der Dinge. Wir hatten einen langen Weg vor uns, ich zumindest.

Ich legte einen Kata zu Füßen der Shakyamuni-Statue nieder, zündete einige Butterlampen an und schritt dreimal im Uhrzeigersinn den Versammlungsraum ab. Dann ging ich.

Ich hinterließ dem Tengboche Lama einige Worte, die ihm ein diensthabender Mönch überbrachte. Als dieser mich später bei unserem Zeltlager aufsuchte, das wir auf einer Weide in der Nähe aufgeschlagen hatten, übergab er mir einige sorgsam eingewickelte Dinge, die der Rinpoche für mich bestimmt hatte. In einer handgeschriebenen Antwort versprach er, für uns zu beten. Ich erhielt auch in Reispapier eingeschlagene Sungdi, Segensschnüre, die für die Teammitglieder bestimmt waren. Ich verteilte sie und wir banden sie uns sofort um den Hals.

Ein Jahr zuvor hatte mich Bob Hoffman, der Leiter meiner Müllsammelexpedition, in Tengboche David Breashears vorgestellt. Er kam gerade vom Basislager zurück, wo er eine der zwei speziellen IMAX-Kameras getestet hatte, die wir nun mitführten. Ich wollte gerade in Richtung Basislager aufbrechen, um mit einigen reichen Amerikanern Müll zu sammeln.

»Wegen Ihres Vaters habe ich mit dem Bergsteigen begonnen«, erzählte mir David, als wir uns am Rand der Yakweide von Tengboche auf einem Fels niedergesetzt hatten. »Ich war acht Jahre alt, als ich zum ersten Mal das Foto von Tenzing auf dem Gipfel des Everest sah; ich war hin und weg. Ich konnte es kaum fassen, dass ein Mensch tatsächlich auf einen solchen Berg steigen kann, und ich habe mir das Bild lange angeschaut, wollte alles über die Ausrüstung wissen, die er benutzt hatte, seine Kleidung, die Berge, die er um sich herum sah. Auch heute noch, nachdem ich selbst mehr als einmal auf dem Everest gewesen bin, betrachte ich manchmal dieses Foto und denke über diese einfache Sauerstoffmaske nach, die Wickelgamaschen aus Leinen, die er um die Fesseln trug, die Fähnchen an seinem Eispickel, und an den Triumph und die Erschöpfung, die aus dieser heroischen Pose sprechen. Für mich ist es der vielleicht größte Augenblick in der Geschichte des Bergsteigens.«

David sah mich ernst und freundlich an. Er hatte meinen Vater 1981 in Lhasa getroffen, und er meinte, ich sei ihm vom Aussehen und der Art her sehr ähnlich. »Dieser Berg gehört Ihnen und Ihrem Vater«, meinte David. Er habe einen Vorschlag für mich. Ob ich schon Pläne für das folgende Frühjahr habe, wollte er wissen.

Miyolangsangma, die Schutzgöttin des Everest, kam mir in den Sinn. Mein Vater glaubte, dass sie ihn geführt und ihn auf dem Weg zum Gipfel beschützt hatte. Ihr Thangka, ihr Rollbild, ist das Zentrum des Gebetsraums unseres Hauses in Darjeeling. Ihre strahlende Erscheinung reitet dort wie selbstverständlich auf einer milchgebenden Tigerin, ihr Haar ist mit wunscherfüllenden Edelsteinen geschmückt. Ein Füllhorn mit göttlicher Nahrung in ihrer rechten Hand steht für Glück, während ihre Linke eine Geste des Schenkens macht. Miyolangsangma ist untrennbar mit ihrem Wohnort, dem Chomolungma, verbunden, ja, sie ist mit ihm gleichbedeutend. Buddhistische Texte berichten, dass Miyolangsangma eine der »Fünf Schwestern des langen Lebens« ist, die dem Khumbu und den benachbarten Tälern Schutz und geistige Nahrung versprachen. Sie und ihre Schwestern, die auf nahen Berggipfeln wohnen, waren in vorbuddhistischer Zeit Dämoninnen, wurden aber von Padmasambhava, dem großen »lotosgeborenen« Heiligen, der als Guru Rinpoche bekannt ist, gebändigt und zu einem buddhistischen, den guten Taten gewidmeten Pfad bekehrt.

Mein Vater verehrte Miyolangsangma. Als Kind stand ich oft in der Tür und sah, wie er sich vor ihr auf den Boden warf, während sie in ruhiger Gnade auf ihn hinabsah. Nun konnte ich sehen, wie ihre heitere, machtvolle Gestalt in aller Ruhe von ihrer Tigerin abstieg und mir die Hand entgegenstreckte, um mich zu führen, wie sie einst meinen Vater geführt hatte.

Davids Angebot, den Everest mit ihm zu besteigen, beschämte mich und machte mich zugleich stolz. Ich wollte jedoch sichergehen, dass er es nicht vielleicht bereuen würde. »Ich habe Leute im Fels- und Eisklettern unterrichtet, und ich bin kräftig«, sagte ich. »Aber ich habe wenig Erfahrung in großen Höhen.«

Irgendwie muss Breashears wohl gespürt haben – als Everest-Veteran konnte er das wohl besser beurteilen als ich –, dass ich dem Berg gewachsen war. Mein Vater hatte es schließlich geschafft und ich war ein Sherpa. Und sicher hat er auch das Leuchten in meinen Augen gesehen. Er glaubte an mich.

Dankbar nahm ich das Angebot an. Ich fragte mich, ob Breashears mich nicht einfach deswegen haben wollte, weil die Teilnahme des Sohns von Tenzing eine gute Werbung für seinen IMAX-Film war. Das würde bedeuten, dass ich nicht nur meinem Vater beweisen musste, dass ich es schaffen konnte. Ich musste es auch Breashears und den anderen Mitgliedern der Expedition beweisen.

Voller Hoffnung schrieb ich ihm einen kurzen Brief und teilte ihm mit, dass ich interessiert sei – dann hatte ich wieder Zweifel, ob ich mich nicht vielleicht doch zu selbstsicher gegeben hatte. Aber das war offensichtlich nicht der Fall. Am 16. November 1995 rief er mich um zwei Uhr morgens in Darjeeling an, um mir mitzuteilen, dass die Produzenten den größten Teil des Geldes beisammen hätten und der Expedition nichts mehr im Wege stehe. Nun konnte er mir auch eine offizielle Einladung zur Teilnahme schicken.

Breashears wollte mich auch als Verbindungsmann zu den Sherpas, ich sollte sicherstellen, dass alles glatt lief. Das war eine wichtige Position, die auch mein Vater innegehabt hatte und die auf einer großen und komplizierten Expedition nicht einfach zu erfüllen ist. Mein Vater hatte mir erzählt, dass er beinahe doch noch auf die Teilnahme an der Expedition verzichtet hatte, nachdem er während der Frühjahrs- und Herbstsaison 1952 mit den Schweizern beim Aushandeln des Lohns für die Träger, Sherpas und Nepalesen so viel Ärger gehabt hatte. Die Briten meinten jedoch, es sei gerade seine Fähigkeit, »mit den Leuten klarzukommen«, die seine Teilnahme unentbehrlich mache.

Irgendwie hatte auch unsere IMAX-Expedition etwas von derjenigen des Jahres 1953. Colonel Sahib – wie die Sherpas John Hunt, den Leiter, nannten – führte sie mit geradezu militärischer Strenge, doch war er dabei umsichtig und fair. Einen Großformatfilm zu drehen erfordert ebenfalls einen hohen Grad an Organisation, Disziplin und Fairness, und Breashears war Hunt nicht unähnlich. Mehr als dasjenige von 1953 bildeten wir jedoch ein zusammengehöriges Team, in dem Sherpas und Leute aus dem Westen gleichberechtigt waren – ein Ergebnis jahrzehntelangen gemeinsamen Bergsteigens im Himalaja und der gegenseitigen Einsichten in die jeweils andere Kultur.

Aracelis gute Laune gab die Stimmung für den Anmarsch vor. Ihr gegenüber fühlte ich mich wie ein älterer Bruder, der sich überflüssigerweise um ihr Wohlergehen sorgte. Zweifellos war sie die Lebhafteste von uns. Sie setzte ihre Kopfhörer auf und tanzte zu ihrer katalanischen Musik regelrecht den Berg hinauf, summte und sang vor sich hin, manchmal auch laut und falsch. Mit Handbewegungen, die an Mudra erinnerten

– eine Gestensprache, mit der Gebete begleitet werden –, schien sie ihre eigene Welt zu dirigieren. Wir folgten ihrem Tanz in die mächtigen Arme der allwissenden, gnadenreichen Göttin des Everest, Miyolangsangma.

3

Zu Füßen der Göttin

*Eispickel und Kletterausrüstung werden im Basislager
vor dem Altar des Lhap-so gesegnet.*

Als wir am frühen Morgen von Tengboche aufbrachen, blickten wir respektvoll zum schroffen Doppelgipfel der Ama Dablam empor, dem »Amulettkästchen der Mutter«, und dem unverwechselbaren hängenden Gletscher unterhalb des Gipfels, der das eigentliche Zauberkästchen bildete.

Am Weg jenseits des Klosters liegt auf einer Felsplatte oberhalb des Imja Khola ein Wäldchen aus uralten Wacholderbäumen, die dort wie in der Stille eines Zen-Gartens wachsen. Zwischen den knorrigen Bäumen stehen Steinhäuser, die aussehen, als hätten die Bewohner sie längst verlassen. Die Dächer sind undicht und notdürftig ausgebessert. Von dem traditionellen Kalkanstrich der Sherpas ist kaum noch etwas übrig. Es ist das Kloster Dewoche, wo elf ältere Nonnen im Schatten des besser ausgestatteten und gepflegten Klosters Tengboche ihr Dasein fristen.

Vor einem Dreivierteljahrhundert hatte Lhamu Kipa, eine der älteren Schwestern meines Vaters, ihr Heimatdorf Thame verlassen, um als Nonne in Dewoche einzutreten. Sie hatte sich wie eine Mutter um meinen Vater gekümmert, und immer wenn er durch Dewoche kam, brachte er ihr Lebensmittel mit. Schließlich lernte sie einen Mönch aus Tengboche kennen, und beide traten aus dem Kloster aus, um zu heiraten – ein Vorgang, der wegen der Nachbarschaft der beiden Klöster nicht selten vorkam. Auch als Laien praktizierten sie weiterhin den Dharma und zogen später mit ihren Kindern nach Darjeeling. Einer von Lhamu Kipas Söhnen ist mein Cousin Gombu, der an der Everest-Expedition von 1953 teilnahm und schließlich als erster Mensch den Everest zweimal bestieg. Erstaunlicherweise arbeitet Gombu noch heute, immerhin mit Mitte sechzig, im Sommer als Bergführer auf dem Mount Rainier im US-Bundesstaat Washington.

Ich machte einen kleinen Abstecher, um eine Spende für die Nonnen abzugeben. Als ich inmitten der Bäume vor dem kleinen Tempelhof von Dewoche stand, überkam mich eine Ruhe, wie ich sie seit meinem letzten Besuch ein Jahr zuvor nicht mehr erlebt hatte. In dem winzigen Hof herrschte vollkommene Stille, nur aus dem Eingang zur Küche drangen dünne Rauchfahnen. Leise näherte sich Ngawang Doka, die Vorsteherin. Ich sagte ihr, dass ich gern die Versammlungshalle sehen wolle. Sie zog einen großen Schlüssel aus den Falten ihres Gewandes und sperrte vornübergebeugt das massive Schloss auf, das die Türblätter an der Schwelle sicherte.

Die schweren Flügel öffneten sich ächzend, jedes Knarren stand für ein Jahrzehnt. Im Lichtkegel eines kleinen Dachfensters tanzten Sonnenstäubchen, sodass der Altar für einen Augenblick unsichtbar blieb. Nachdem sich meine Augen an das Dämmerlicht gewöhnt hatten, sah ich, wie die Gottheiten an den Wänden, unter ihnen die liebevolle und friedliche Miyolangsangma, zum Leben erwachten. Sie erzählten von einer anderen Zeit.

Kein Wunder, dass Miyolangsangma und der Schatz von Früchten und kostbaren Edelsteinen, den sie darbot, dem Kloster keinen Wohlstand brachten – sie war eingesperrt, verborgen in Dunkelheit und Staub. Wenn meine Mutter hier gewesen wäre, hätte sie die zerschlissenen Vorhänge vom Dachfenster gerissen, die Sitzkissen zum Lüften nach draußen gezerrt und gründlich sauber gemacht.

Traditionell erhalten Nonnen – anders als Mönche – kaum Unterstützung seitens ihrer Familie oder der Gemeinde. Ohne Lama, und damit ohne Lehrer, ist Dewoche zu einem Haus geworden, das auf der Schwelle zwischen dem Dharma und dem nächsten Leben steht. Die Nonnen sind im Durchschnitt über sechzig Jahre alt, und nur wenige haben noch die Kräfte oder das Geld, regelmäßig eine Reise anzutreten, um sich von dem hochgeachteten Trulshig Rinpoche unterweisen zu lassen, der in einem Bergkloster in der Sherpa-Region Solu lebt, drei Tagesmärsche südlich von Khumbu. Durch Unterstützung von außen konnte inzwischen etwas Abhilfe geschaffen werden, und die American Himalayan Foundation, eine Stiftung, deren Entwicklungsabteilung von meinem Bruder Norbu geleitet wird, hat bescheidene Stipendien und einen ortsansässigen Lehrer für die Nonnen bereitgestellt.

Noch fünf Minuten vorher hatte ich mit David über Solarzellen und Mobiltelefone geplaudert. Welche kulturellen Entfernungen sich doch innerhalb weniger Augenblicke überwinden ließen! Ich fragte mich, ob ich mich, vereinnahmt von der Geschäftigkeit der Expedition, zu sehr von modernen, weltlichen Dingen hatte ablenken lassen – inhaltslosen Tätigkeiten, die jede geistige Entwicklung, die mir am Herzen liegen mochte, behinderten. Gleichzeitig bereitete es mir Sorge, dass Dewoche so rückständig wirkte. In früheren Zeiten mochte es ausgereicht haben, dazusitzen und einfach zu beobachten und die Lebenszyklen fortbestehen zu lassen, zu beten und zu meditieren, zu essen und zu schlafen. Aber nach dem Verständnis der modernen Zeit musste man es als Rückwärtsentwicklung deuten.

Bevor ich aufbrach, um mich wieder dem Team anzuschließen, drehte ich die riesige Gebetsmühle des Klosters, die in einem eigenen Raum untergebracht war. Es heißt, dass diese Räder – beladen mit hunderten von Reispapierrollen, auf denen mit Holzschnittlettern Gebete und Mantras aufgedruckt sind – mit jeder Umdrehung die Bitten der Gläubigen himmelwärts befördern.

Während der Probeaufnahmen, die David ein Jahr zuvor gemacht hatte, wollte er die Ama Dablam von einer Stelle unweit
der Pangboche-Brücke aus filmen, einer wackeligen Fußgänger-
brücke, die sich in 30 Meter Höhe über den Fluss Imja Khola
spannt. »Die Aufnahmen fliegen uns nicht von selbst zu«, sagte
er grinsend, als wir in die steilwandige Schlucht spähten. Dann
erzählte er, wie er und die IMAX-Kamera an Seilen hinunterge-
lassen wurden, um einen guten Bildwinkel für eine Aufnahme
der Brücke, der Schlucht und der Ama Dablam zu bekommen.

Robert und die Sherpas bereiteten Verankerungen hoch oben
an den beiden Flussufern vor. Von einem Baum am gegenüberliegenden Ufer warfen die Sherpas ein Seil herüber und
David klinkte sich daran fest. Die Sherpas ließen ihn mithilfe
eines Systems von Sicherungen hinunter, dann folgte ganz
behutsam die Kamera. Mit einem anderen Seil zogen die Sherpas am gegenüberliegenden Ufer David dann hoch, bis er in
einem gefährlich aussehenden »V« über dem Fluss hing. Wenn
sie dieses Seil losgelassen hätten, wäre David frei in der Luft
gependelt und wie eine reife Tomate aus 30 Meter Entfernung
gegen die Wand der Schlucht geprallt.

Dieses Jahr wollte er Yaks in der Szene. Über Walkie-Talkie
verständigten David und ich uns über den Zeitpunkt, an dem
eine Yakkolonne, gefolgt von Bergsteigern, die Brücke überqueren würde. Ich wusste nur allzu gut, dass Yaks immer stehen bleiben, wenn sie sich einer Brücke nähern, und mindestens eines dreht sich um und reißt aus. Die Höhe schreckt sie
nicht, aber wenn sie je mit ihrer Last im Maschendraht einer
Brücke hängen geblieben sind, scheuen sie eine Wiederholung
dieses Erlebnisses. In ihrer Panik verletzen sich die Yaks häufig und beschädigen die Brücke und ihre Last. Einmal blieb ein
Yak mit einem seitlich angeschnallten Korb mit gut zwölf Dutzend Eiern an dieser Brücke hängen. Noch Tage danach war
die Brücke gelb und glibberig.

Es brauchte einige Aufnahmen mit dem teuren IMAX-Film, unter eifrigem Winken und Rufen von David, bis sie es alle bis zum anderen Ufer geschafft hatten. Yaks sind nun mal nicht zu Schauspielern geboren.

Die Brücke war ein bevorzugter Ort für Gebetsfahnen. Der unablässige kräftige Wind, der sich in der Schlucht wie in einem Kamin fängt, beförderte die Gebete mit Leichtigkeit nach oben. Ich entrollte Musselinfahnen in fünf Farben und knüpfte sie neben anderen zerfetzten »Windpferden« an das Brückengeländer.

Ich spähte zur Ama Dablam empor, die viele für den schönsten Berg der Welt halten. Sie wurde 1960 von zwei Neuseeländern, einem Briten und dem Amerikaner Barry Bishop erstmals bestiegen. 1963 beteiligte sich Bishop mit meinem Cousin Gombu an der ersten erfolgreichen amerikanischen Everest-Expedition. Am Fuß der massiven Westwand der Ama Dablam sah man das Felsgesims, wo Sir Edmund Hillary und andere Neuseeländer und Briten gemeinsam mit Sherpas die erste Landebahn des Khumbu freigeräumt und freigegraben hatten, in über 5000 Meter Höhe eine der höchsten Pisten der Welt. Die Landebahn wurde Anfang der Sechzigerjahre vom Roten Kreuz benötigt, um Getreide, Kleidung und Rettungsgüter für die tibetischen Flüchtlinge einzufliegen, die nach der chinesischen Besatzung Tibets nach Nepal entkommen waren.

Bei den Arbeiten legten die Sherpas ihren bekannten Einfallsreichtum an den Tag: Zur Beseitigung eines mehrere Tonnen schweren Findlings gruben sie einfach neben dem Felsen ein breites tiefes Loch und rollten ihn hinein. Die Landebahn einzuebnen war noch einfacher. Sie tranken krügeweise Chang, dann hakten sie sich unter und belustigten sich mehrere Stunden lang mit einem traditionellen Sherpa-Tanz – was für den Nichteingeweihten wie synchronisiertes Stampfen aussieht. So zogen sie kreuz und quer über die Bahn, bis alles flach war.

Nebel zog auf, und wir wanderten vorbei an schlichten Steinhäusern und windgepeitschten Wacholderbäumen, bis die Vegetation Felsen und Flechten Platz machte. Zu unserer Linken erhoben sich Mani-Mauern, aufgeschichtete Steintafeln mit dem eingravierten Mantra »Om Mani Padme Hum«, dem Mantra des Avalokiteshvara, des Bodhisattvas der Barmherzigkeit. Sie sollen unsere Achtsamkeit fördern und wurden offenbar genau in den Abständen am Wegesrand aufgebaut, in denen der im Samsara befangene Verstand zu habgierigen, ichbezogenen Gedanken abschweift.

Auch Yaks können dem Unachtsamen auf die Sprünge helfen. Araceli wurde einmal auf einem steilen Wegstück den Hang hinaufgejagt, als sie es versäumte, einem der zotteligen Biester rechtzeitig auszuweichen. Yaks und Dzos greifen selten an, aber wenn es bergab geht, schwingen sie ihre Hörner recht bedrohlich in Taillenhöhe.

Wir machten einen Abstecher zu den Yakweiden von Dingboche, einer kleinen Siedlung, die aus ehemaligen Hütten der Sommerhirten besteht, die zu solarenergiebetriebenen Trekking-Lodges mit Einzelzimmern und zweiseitiger Speisekarte umgebaut worden sind. Der Luxus war angenehm, aber ich wurde den Verdacht nicht los, dass die Nationalparkverwaltung die willkürlichen, ungeplanten Hotelbauten in abgelegenen Regionen des Khumbu wohl nur schwer in den Griff bekam. Auf die Frage, was er von diesen kommerziellen Auswüchsen halte, antwortete der Lama von Tengboche: »Ihr von der Tourismusindustrie tragt selbst die Verantwortung dafür: Ihr stellt Zelte auf, grenzt Plätze mit Felsen ab, und die Wanderer nutzen sie dann Jahr für Jahr. Dort zu campieren wird zum Gewohnheitsrecht. Es ist doch ganz naheliegend, dass schließlich jemand ein behelfsmäßiges Dach baut, aus dem dann ein Haus und schließlich ein Hotel wird.« Es war eine Tatsache, dass die unterbezahlten Mitarbeiter des Nationalparks, die aus anderen Regionen stammten, sich nie gegen einen wohlhabenden Lodge-Besitzer durchsetzen konnten. Und das hieß wiederum, dass die Vorschriften nur sporadisch, wenn überhaupt, angewendet wurden.

Es war auch einleuchtend, dass so viele Herbergen gebaut wurden: In Nepal gibt es kaum vertrauenswürdige Investitionsmöglichkeiten wie etwa einen boomenden Aktienmarkt. Die nepalesische Rupie ist zudem beileibe keine harte Währung. Wer Rupien einnimmt, steckt sie folglich möglichst rasch in Sachwerte wie Gebäude und Grundstücke.

Ein paar Tage in Dingboche in 4300 Meter Höhe würde das Team auf den zweitägigen Aufstieg zum Basislager auf 5400 Metern vorbereiten. Trekker sollten nicht mehr als 300 Höhenmeter pro Tag aufsteigen, aber wegen der Filmaufnahmen kamen wir im Durchschnitt langsamer voran. Ein Aufenthalt von einem Monat im Basislager würde die bestmögliche Akklimatisierung garantieren, durch die wir etwa neunzig Prozent der Leistungsfähigkeit auf Meereshöhe erreichen würden. Oberhalb des Basislagers würde dieser Prozentsatz sinken.

Menschen gewöhnen sich unterschiedlich schnell an unterschiedliche Maximalhöhen. Es lässt sich im Einzelfall nur schwer vorhersagen, wie jemand reagiert, aber Physiologen glauben, dass Sherpas und Tibeter ein Gen besitzen, das eine bessere Sauerstoffausnutzung in großen Höhen ermöglicht. Die »Sherpa-Meereshöhe« liegt bei 1800 bis 2000 Metern, was ihnen gegenüber Flachlandbewohnern einen erheblichen Vorsprung verschafft. Dennoch finde ich es erstaunlich, in welchem Maße sich Menschen ganz allgemein an Höhenlagen anpassen können. Ohne zusätzlichen Sauerstoff würde jemand, den man von Meereshöhe plötzlich in eine Höhe von 6000 Metern versetzen würde, innerhalb einer halben Stunde zusammenbrechen und hätte nicht mehr lange zu leben. Auf dem Gipfel des Everest beträgt der Sauerstoffgehalt im Vergleich zur Meereshöhe nur noch ein Drittel.

Ab Dingboche gingen Ed Viesturs, Jangbu und ich voraus, um den Zustand des Wegs zu prüfen. Wir hatten gehört, dass zwischen der Siedlung Lobuche und dem Basislager Neuschnee gefallen war, der den letzten Wegabschnitt für Yaks unpassierbar machte. Die Yaktreiber weigerten sich, ihre Tiere durch die tiefen Schneeverwehungen zu führen. Sherpas lassen sich zuweilen von einer Risikozulage locken, aber sie würden um keinen Preis der Welt ihre Yaks einer Gefahr aussetzen. Wir hatten annähernd hundert Tiere dabei, deren Lasten nun von Lastenträgern übernommen werden mussten.

Nur dass es keine gab. Während sich Ed weiter zur vorgesehenen Stelle des Basislagers vorkämpfte, um dort unsere Zelte aufzustellen, blieben Jangbu und ich in Lobuche zurück, um nach Trägern Ausschau zu halten, obwohl es oberhalb der höchsten festen Ansiedlungen in mehr als 4000 Meter Höhe auch zu den besten Konditionen schwierig ist, Träger anzuwerben. Wir brachten Wollpullover und zusätzliche Kleidung für sie mit, aber da alle derzeitigen Expeditionen einen erhöhten Transportbedarf hatten, zeigten die Träger größeres Interesse an Geld als an Ausstattung. Ich fand es beeindruckend, wie die Hand voll Träger in Lobuche mit ernsten Mienen von Camp zu Camp zogen und feilschten. Offensichtlich machte es ihnen Spaß, die Expeditionen gegeneinander auszuspielen. Ihre Löhne erreichten bald Rekordhöhen.

Zwei Rai-Träger, deren kräftige Beinmuskeln sich unter ihrer abgetragenen, schäbigen Kleidung wölbten, kamen in unser Lodge in Lobuche, um mit uns zu verhandeln – wobei sie darauf achteten, nicht auf den Fußabstreifer zu treten, damit er nicht schmutzig wurde. Gegen einen hohen Aufpreis sicherten wir sie uns und einige ihrer Freunde, um die dringendsten Lasten befördern zu können. Mir fiel auf, dass zur

Zeit meines Vaters alle Lasten von Sherpas (und einer Hand voll Yaks) getragen wurden, dass aber innerhalb von einer Generation unsere ethnische Gruppe eine Sprosse auf der sozioökonomischen Leiter nach oben geklettert war. Inzwischen stellten die Rai und Tamang den größten Teil der Lastenträger. Diese tibetischen Stämme, die aus Himalaja-Tälern östlich und westlich des Khumbu stammen, haben kulturelle Gemeinsamkeiten mit uns Sherpas – nur sind sie bisher nicht wie wir durch Bergsteigen zu Wohlstand gelangt.

Am nächsten Morgen brach ich in aller Frühe mit einer Gruppe Sherpas und Trägern zum Basislager auf, um mit Eispickeln einen Weg durch Eis und Schnee zu bahnen, der für Träger und hoffentlich auch für Yaks passierbar sein würde. Im Lauf von drei Tagen legte ich den Weg mehrmals zurück, Jangbu war sogar zwölfmal unterwegs und auch die anderen Sherpas sprangen als Träger ein. Wir marschierten mit unseren Lasten neben den Trägern her, und in der Hoffnung, unsere gute Laune würde abfärben, setzten wir alles daran, sie aufzumuntern, aber Träger sind nun mal ein widerspenstiger Menschenschlag.

Die Träger hatten darauf bestanden, dass die Lasten nicht mehr als 30 Kilogramm wogen. Sobald wir uns darauf eingelassen hatten, schulterten einige von ihnen prompt das Doppelte und verdienten sich auf diese Weise an einem einzigen Vormittag einen guten Wochenlohn. Sie hatten auch um einen Vorschuss gebeten, um unterwegs die Verpflegungskosten zu decken, aber ich wusste aus Erfahrung, dass es besser war, ihnen nicht zu viel zu geben, bevor die Lasten an Ort und Stelle abgeliefert waren. Andernfalls konnte es vorkommen, dass sie mit dem Gepäck um die nächste Ecke verschwanden, es dort fallen ließen und sich aus dem Staub machten.

Die Strapazen der Everest-Besteigung hatten begonnen. Der für die Jahreszeit untypische Schneefall würde wenigstens den Aufstieg erleichtern, weil es sich auf Fels leichter klettert, wenn er mit Schnee bedeckt ist. Aber damit wuchs auch das Lawinenrisiko. Ich erinnerte mich an die tragischen Lawinenunglücke vom vergangenen November. Mehr als 60 Menschen waren umgekommen, weil ein Wirbelsturm im Golf von Bengalen nordwärts zum Himalaja drehte und in kaum zwei Tagen drei Meter Schnee ablud. Im benachbarten Gokyo-Tal, das wegen seiner türkisblauen Seen und der atemberaubenden Aussichten viele Trekker anzieht, wurde ein Teehaus von einer Lawine begraben, wobei 13 japanische Trekker, ihre Sherpa-Führer und das Küchenpersonal umkamen, insgesamt 26 Menschen. Am Südhang der Bergkette wurden über 500 von der Außenwelt abgeschnittene Trekker und Dorfbewohner von Hubschraubern evakuiert.

Als wir Lobuche erreichten, litten bereits die meisten Teammitglieder und auch einige der Sherpas unter einem bronchitisartigen Husten, es gab aber auch gute Nachrichten: Sumiyo war zurück. Die nepalesische Regierung hatte ihr eine Gnadenfrist eingeräumt und so durfte sie sich wieder dem Team anschließen.

Nach den umständlichen Vorbereitungen war es aufmunternd, endlich im Basislager anzukommen, und ich stand da und ließ den Blick über die wüste Landschaft aus Quarzitfelsen und Schutt schweifen, die den Rand des Gletschers umgibt. Hier würden wir für die nächsten zwei Monate zu Hause sein. Für meinen Vater war hier Camp I gewesen. 1953 hatte die Expedition meines Vaters ihr Basislager einige Stunden Fußmarsch weiter unten auf derselben Seite des Khumbu-Gletschers aufgeschlagen. Der Ort heißt Gorak Shep und heute befinden sich dort ein paar Teestuben und einfache Lodges.

Die Träger luden ihre letzten Lasten auf einem rasch wachsenden Haufen ab und stellten sich dann zur Bezahlung der Reihe nach auf. Mithilfe des Stempelkissens, das ich immer bei mir trug, quittierten sie mit Daumenabdruck meine handgeschriebenen Lohnzettel. Ich fragte mich, wo in aller Welt ich im Falle eines Falles einen Experten für Daumenabdrücke finden würde und ob ein solcher dann auch tatsächlich hilfreich wäre. Wahrscheinlich nicht viel, wenn man bedachte, dass die Träger ihren Daumen mit aller Kraft auf das Papier drückten und ihn dann abrollten. Was ich ihnen sonst noch schuldete, verrieten sie mir immer erst, nachdem sie unterschrieben und ihr Geld kassiert hatten. An diesen Eigentümlichkeiten des Reisens im Himalaja hat sich also seit der Zeit meines Vaters nichts geändert.

Ich schlug mein Zelt in einiger Entfernung vom Küchenzelt und den anderen Bergsteigern auf, da ich wusste, dass es im Basislager manchmal ziemlich laut zugehen konnte. Immer mehr Träger und Trekker gesellten sich zu den bereits hier ansässigen Sherpas, Bergsteigern und Verbindungsleuten. Ich bereitete eine Felsplatte für mein Zelt vor und achtete dabei darauf, dass es so ausgerichtet war, dass ich nicht etwa mit meinen Füßen in Richtung Gipfel schlief, was respektlos gewesen wäre und nur Pech gebracht hätte.

Wir brauchten eine Woche, um unsere Ausrüstung in Ordnung zu bringen und Aufnahmen zu machen, bevor wir zum Gipfel aufbrechen konnten. Die erste Etappe führte zum gefürchteten Khumbu-Gletscherbruch – die unstabile Eismasse des Khumbu-Gletschers, der sich bedrohlich aus dem Hochtal zwischen Lhotse und Everest herauswindet. Ich ließ den Blick über das hoch aufragende Ungeheuer schweifen und überlegte, in welchem Zustand die Route in diesem Jahr wohl sein mochte.

Yakhirten haben den Khumbu-Gletscherbruch jahrhundertelang vor Augen gehabt und wären nie auf die Idee gekommen, dass Menschen versuchen könnten, ihn zu durchsteigen. Das Leben am Rande der Vegetationsgrenze war hart genug – warum es sich noch schwerer machen? Sogar die ersten Ausländer, die im Jahr 1950 den Gletscherbruch von einem guten Ausgangspunkt an der Südseite zu Gesicht bekamen, erklärten, ein Aufstieg sei sehr gefährlich und schwierig, wenn nicht unmöglich.

Mein Vater war nicht der Einzige, der zunächst fand, die Südroute sei zu riskant. Ang Tharkay, sein Vermieter in Darjeeling und einer der »Großen Tiger des Schnees«, war 1951 Sirdar für Eric Shiptons britische Erkundungsexpedition gewesen. Selbst er hatte sich geweigert, sich dem ersten ernsthaften Angriff von der Südseite her anzuschließen, den die Schweizer 1952 unternahmen. Er wettete mit meinem Vater um zwanzig Rupien, dass es den Schweizern genauso wenig wie Shipton und seinem Team gelingen würde, den Khumbu-Gletscherbruch und die gewaltige Gletscherspalte droben auf dem Kamm zu überwinden, die damals den Gletscher von Felswand zu Felswand durchzog.

Aluminiumleitern und verbesserte Kletterausrüstung erleichtern uns heute den Aufstieg durch den Gletscherbruch. Steigeisen mit Frontalzacken ermöglichen es den Kletterern, nahezu senkrechte Eisbarrieren zu überwinden. In Russland hergestellte, wieder auffüllbare Hochdrucksauerstoffflaschen wiegen nur ein Viertel der früheren Modelle, liefern aber mehrere Stunden länger Sauerstoff.

Satelliten ermöglichen einigermaßen zuverlässige Wettervorhersagen, die den Bergsteigern unterwegs rasch übermittelt werden. Das alles hat neben Daunenkleidung, Polypropylenunterwäsche, Leichtgewichtzelten, spezieller Nahrung und Funkgeräten dafür gesorgt, dass der Everest heute ein anderer und gewissermaßen leichterer Berg ist als der, vor dem noch mein Vater stand.

In dieser unwirtlichen Landschaft standen bereits Zelte von fünf unterschiedlichen Expeditionen und sieben weitere Gruppen wurden erwartet. Einige waren geführte kommerzielle Expeditionen, für die Kunden zwischen 30 000 und 65 000 Dollar oder mehr hinblättern mussten. Die Kosten für eine große Expedition können sich auf über eine halbe Million Dollar belaufen. Aus diesem Grund nehmen Bergsteiger, die an chronischem Geldmangel leiden, gern Kunden an, um ihre Everest-Obsession auszuleben.

Im Frühjahr 1993 wurde mit 17 Expeditionsgenehmigungen für die Südseite des Everest ein Rekord erreicht. Damals erhöhte die nepalesische Regierung die Gebühr auf 50 000 Dollar pro Expedition mit Zusatzzahlungen für weitere Teilnehmer, Verbindungsleute und Umweltbeauftragte; plus eine Kaution, die nur bei Rücklieferung einer bestimmten Müllmenge erstattet wurde. Die Klettergebühren sind für die nepalesische Staatskasse zu einer wichtigen Einnahmequelle geworden: 800 000 Dollar jährlich allein vom Mount Everest sind für ein Entwicklungsland nicht zu verachten. Allerdings ist es ein Ärgernis, dass nur ein symbolischer Anteil dieser Gelder der ortsansässigen Bevölkerung, der Sicherheit der Bergsteiger und dem Umweltschutz zugute kommt. Mit den chinesischen Behörden in Tibet hat man sich anscheinend abgesprochen: Auf der Nordseite sind die Gebühren plus die Kosten vor Ort ähnlich hoch wie auf nepalesischer Seite. Aber auch in Tibet wird von offizieller Seite wenig für Mensch und Umwelt getan. Beide Regierungen verschachern den Heiligen Gral der Bergsteiger meistbietend und stecken die Einnahmen in die eigene Tasche.

Die soziale Dynamik im Basislager erinnerte mich ans College. Diese improvisierte Stadt an der Flanke eines zuweilen feindseligen Berges war wie ein Rekrutencamp ohne »Einschleifer« oder wie eine boomende Stadt ohne Bürgermeister.

Es ging über meinen Horizont, warum die westlichen Bergsteiger so viel an materiellen Annehmlichkeiten brauchten. Jedes Expeditionscamp verfügte über eine restaurantartige Küche, geräumige Speisezelte, Kommunikationszelte mit abendlichen Videovorführungen und einen Landeplatz für Hubschrauber.

Nachdem sich die anderen Teams im Basislager eingerichtet hatten, war die Anzahl der Leute auf 400 angewachsen. Mir wurde allmählich klar, dass wir alle auf das schmale Zeitfenster stabiler Wetterverhältnisse warteten, das sich im Frühling meist Mitte Mai öffnete, manchmal nur für kurze Zeit. Allein die beiden größten Gruppen, geführt von dem Amerikaner Scott Fischer und dem Neuseeländer Rob Hall, würden 22 Bergführer und Kunden und fast ebenso viele Sherpas als Gipfelbegleiter auf ein und derselben Route den Berg hinaufschicken.

Mir wurde mulmig, wenn ich die ausländischen Bergsteiger vom Gipfel reden hörte und wie viel es ihnen bedeutete, ihn zu erreichen, als wäre ihr Erfolg eine ausgemachte Sache. Und häufig waren jene, die am meisten davon sprachen, zugleich die, die am wenigsten arbeiteten und am schlechtesten vorbereitet waren. Bei den Sherpas heißt es, dass Leuten, die prahlen oder über Nacht reich werden, das Glück nicht treu bleibt, wie dem Ehepaar aus dem Dorf Pheriche, das plötzlich zu Wohlstand kam, worauf einer von ihnen an Syphilis starb. Schwelge nicht in deinem Glück, heißt es bei uns, denn zweifellos wirst du es eines Tages verlieren. Manchmal sind die Früchte des Karmas vorhersehbar, meist aber nicht, und in welcher Weise sie heranreifen, kann man nie wissen.

Je länger ich das protzige Gehabe und den Individualismus einiger Mitglieder der ausländischen Teams beobachtete, umso deutlicher wurde meine Vorahnung, dass sie das Glück herausforderten. Ich hielt mich lieber von ihnen fern. Sherpas wie mein Vater hatten immer davon gesprochen, dass man sich dem Everest mit einer Haltung des Respekts und der Achtsamkeit, der Demut und Hingabe nähern müsse. Wenn diese Bergsteiger die Kultur, die Geschichte, die Werte und den Glauben der Menschen besser verstehen würden, die seit Jahrhunderten im Schatten des Everest gelebt haben, dann würden sie auf dem Berg vielleicht nicht so leicht in Not geraten. Ihr Verlangen nach dem Gipfel – koste es, was es wolle – zehrt ihre Energie auf und bringt ihnen kein Glück.

Was suchen diese Ausländer beim Klettern? Warum sind sie hier? Für die Sherpas und die kommerziellen Bergführer ist das Klettern ein Beruf. Manche suchen die Herausforderung; sie wollen auf dem Berg ihre Grenzen erfahren – auch wenn das vielleicht eine Ersatzhandlung für die geheimnisvollere Aufgabe ist, sich den eigenen inneren Dämonen zu stellen. Andere klettern, weil sie jemandem etwas beweisen wollen oder weil sie um Anerkennung ringen. Letztere sind häufig arrogant und bei den Sherpas nicht gerade beliebt. Viele andere haben Gründe, die komplizierter und schwerer zu durchschauen sind; sie verfolgen einen inneren Weg und suchen etwas jenseits der körperlichen Herausforderung und des Ruhms. Die meisten aus dieser Gruppe, zu der auch ich gehöre, wissen nicht recht, was sie finden werden, abgesehen von einem flüchtigen Blick auf die Vergänglichkeit und die Brüchigkeit der Conditio humana. Wenn nur das wirklich gelänge und wir nur so viel begriffen, dann wäre es den Versuch absolut wert.

Erstaunt beobachtete ich, dass einige Teams für weniger erfahrene Teilnehmer Kurse in Leiterüberquerung abhielten, um sie auf die Gletscherspalten im Gletscherbruch vorzubereiten. Manche dieser Bergsteiger wussten nicht einmal, wie sie ihre Steigeisen anschnallen sollten, und hatten Schwierigkeiten, richtig damit zu gehen. Ein junger Taiwaner hatte buchstäblich keinen blassen Schimmer vom Bergsteigen.

Es erschien mir ein bisschen spät, jetzt erst Klettertechniken zu erlernen, und ich ermahnte die unerfahrenen Bergsteiger bei jeder Gelegenheit, vorsichtig zu sein. Im Gebirge wird das jedoch oft nur als zwanglose Begrüßungsfloskel aufgefasst. »Um den Everest zu besteigen«, bemerkte unser Kameramann Robert Schauer, »brauchst du Erfahrung, und die kriegt man auch für 65 000 Dollar nicht mitgeliefert.« Ich konnte gut verstehen, warum sie so darauf erpicht waren, klettern zu üben. Auch ich würde zum ersten Mal den Gletscherbruch durchqueren, auch ich war nervös. Ständig hört man von den Gefahren, die dort lauern, von den Leuten, die dort ums Leben gekommen sind.

Die Teams aus Taiwan und Südafrika waren die ersten ihres Landes, die sich am Everest versuchten, und sie stellten stolz ihre Nationalflagge zur Schau. Die Südafrikaner hatten anscheinend sogar noch größere Schwierigkeiten als die Taiwaner, insbesondere nachdem sich ihr wichtigster Sponsor, die südafrikanische *Sunday Times*, zurückgezogen hatte. Ihr Expeditionsleiter, Ian Woodall, war militaristisch bis zur Rohheit, und auf dem Weg zum Basislager hatten bereits drei ihrer erfahrensten Bergsteiger den Rückzug angetreten, weil sie »tiefes Misstrauen gegen [Ian Woodalls] Entscheidungen als Leiter« empfanden und sie ihm »fortgesetztes unverantwortliches und irrationales Verhalten« vorwarfen. Sie hatten den Eindruck gewonnen, dass eine Fortführung der Expedition unter seiner Leitung lebensgefährlich wäre. Sie wurden von anderen Bergsteigern gesehen, wie sie an der Landebahn von Syangboche auf eine Maschine warteten.

Meine Neugier war aber größer als meine Sorge – bis wieder einmal vom Lho La unterhalb des Everest-Westgrats eine Lawine abging. Ich konnte beobachten, wie sie an Geschwindigkeit zulegte und gut 1000 Meter unterhalb des Grats donnernd zum Stillstand kam. Sekunden später fegte ein Windstoß über das Basislager, der an den Zelten rüttelte und alles in

Schneegestöber hüllte. Es sah immer so aus, als würden Lawinen dieser Art das Basislager überrollen und uns alle ins Tal reißen.

Der amerikanische Expeditionsführer Scott Fischer kannte meine Mutter, und ich mochte ihn. Er fühlte sich überall im Basislager zu Hause, und sein Optimismus und seine heitere Gelassenheit wirkten ansteckend, durch und durch amerikanisch eben. Scott hatte 1992 mit Ed Viesturs den K2 bestiegen. Er war es auch gewesen, der bei Eds und Paulas Hochzeit ein paar Wochen zuvor die Fotos gemacht hatte. Auf dem Everest war er zweimal gewesen, einmal 1987 von der tibetischen Seite aus und das zweite Mal 1994, wo er den Gipfel ohne Sauerstoff erreichte. Dieses Jahr hatte sein in Seattle ansässiges Unternehmen, Mountain Madness, mehrere Kunden angenommen, darunter die reiche New Yorkerin Sandy Hill Pittman. Für Pittman war der Everest der letzte Gipfel in ihrer Sammlung der »Sieben Gipfel«, der höchsten Erhebungen aller sieben Kontinente (wenn man die Antarktis mitzählt und Nord- und Südamerika unterscheidet). Ein weiterer Kunde von ihm war Pete Schoening, der als Held galt, seit er 1953 auf dem K2 sechs Teamkameraden das Leben gerettet hatte. Wenn Schoening den Gipfel erreichte, wäre er mit seinen achtundsechzig Jahren der älteste Mensch, der je den Everest bestiegen hat.

Der neuseeländische Expeditionsleiter Rob Hall war das genaue Gegenteil von Fischer: Er war ein akribischer Organisator, plante alles im Voraus und bedachte gründlich alle möglichen Unwägbarkeiten. Er war zielstrebig und ehrgeizig. Hall hatte bisher 22 Menschen auf den Gipfel des Everest geführt – mehr als die Gesamtzahl der Everest-Besteiger in den ersten fünfundzwanzig Jahren nach der Erstbesteigung durch meinen Vater 1953. In diesem Jahr hatte er acht Kunden zu betreuen, und er fühlte sich verpflichtet, alles zu tun, was in seinen Kräften stand, um sie zum Gipfel zu bringen.

Alle Expeditionsleiter waren sich darüber im Klaren, dass im oberen Bereich des Bergs großer Andrang herrschen würde. Fischer und Hall wollten die Zeitplanung für den Gipfelangriff ihrer Teams absprechen, weshalb sie eine Versammlung einberiefen. Anfangs beabsichtigte Fischer, sein Team am 9. Mai, einen Tag vor Halls Team, zum Gipfel zu schicken. Hall hatte, noch bevor er das Basislager erreichte, ins Auge gefasst, am 10. Mai auf den Gipfel zu gehen; er hatte auch in früheren Jahren dieses Datum gewählt und hielt es für seinen Glückstag. 1994 hatten beinahe alle seine Kunden am 10. Mai den Gipfel erreicht. 1995 hingegen war es ihm andererseits nicht gelungen, auch nur einen einzigen auf den höchsten Punkt der Welt zu führen.

Da die Saison voranschritt, gerieten Fischer und Hall allmählich in Zeitnot und mussten mit einer Verknappung der Arbeitskräfte rechnen, die benötigt wurden, um die Route hoch oben am Berg vorzubereiten. Schließlich kamen sie überein, es sei am besten, wenn ihre beiden Teams oberhalb von Camp IV auf dem Südsattel am 10. Mai gemeinsam einen Gipfelversuch unternehmen würden. Sie benachrichtigten die anderen Expeditionsleiter und baten sie, entweder etwas früher oder etwas später zum Gipfel aufzubrechen. Sie unterstrichen dabei, dass allerdings die Teams, die ihnen später folgen würden, von den Seilen profitieren könnten, mit denen sie den Hillary Step und den Gipfelgrat sichern wollten.

Unser IMAX-Team würde oberhalb des Südsattels auch ohne Fixseile auskommen, also wählten wir den 9. Mai, einen Tag vor dem Termin der beiden großen Gruppen. Um in Ruhe filmen zu können, aber auch aus Sicherheitsgründen, lag David daran, dass unser Team am Gipfeltag weitgehend ungestört blieb. Aus meiner Sicht stand der 9. Mai unter einem günstigen Stern. An diesem Tag war vor zehn Jahren mein Vater gestorben. Sein Geist würde uns begleiten. Ich wünschte mir, vielleicht ja vergebens, dass er nach seinem Tod noch mehr für mich da sein würde als schon zu Lebzeiten.

Als ich noch in Darjeeling zur Schule ging, hatte ich mich den Wünschen meines Vaters gefügt und alles danach ausgerichtet, einmal aufs College zu gehen, obwohl mir das oft nur wie eine Unterbrechung auf dem Weg zur Verwirklichung meines Traums erschien.

St. Paul's – von manchen orthodoxen Hindus als »Kuhfresserschule« gescholten – ist zwar eines der besten Internate in Asien, aber die erstickende Enge dort bestärkte nur meinen Wunsch, zu reisen und Abenteuer zu erleben. Und die Reise hinaus in die Welt konnte ich nur mit ganzem Herzen antreten, so meinte ich damals, wenn ich mit meinen Eltern und den starren Regeln der althergebrachten asiatischen Bräuche und religiösen Vorstellungen brach. Die christlichen Lehrer in St. Paul's versuchten keineswegs, ihre Schüler zu bekehren – vielleicht dachten sie, dass eine umfassende geisteswissenschaftliche Schulbildung ausreichte, um den Einfluss durch buddhistisches Gedankengut und den Rat der Lamas zu begrenzen. In meinen letzten Schuljahren begann ich den Buddhismus infrage zu stellen, gerade als meine Eltern sich verstärkt dem Glauben zuwandten und immer größere Summen für ihre Religionsgemeinschaft spendeten. Sie hatten die Welt bereist und sich vermutlich selbst ein Urteil darüber gebildet, was sie glauben wollten, warum sollte ich das nicht auch so halten?

In Darjeeling hatte ich viele amerikanische Kriegsfilme gesehen und mir genau angeschaut, wie die amerikanischen Soldaten gingen und sprachen. Besonders faszinierend fand ich, wie lässig die Helden mit schwierigen Situationen fertig wurden. Sie waren sensibel und menschlich, hatten ihr Leben aber fest im Griff. Sie gingen ganz unbekümmert an das Leben heran, ließen sich aber gleichzeitig durch feste Prinzipien und ihr

Bewusstsein für Recht und Unrecht lenken. Folglich war ich neugierig, welcher Menschenschlag die Vereinigten Staaten aufgebaut hatte, ein Land, dessen Name allein schon Staunen und Respekt auslöste.

Das Northland College in Wisconsin hatte meinem Vater die Ehrendoktorwürde verliehen, und die entsprechende Urkunde, die in seinem Büro an der Wand hing, hatte mich schon immer beeindruckt. Also bewarb ich mich in Northland und erhielt auch prompt einen Studienplatz. Meine alles verzehrende Leidenschaft für den Everest und die aufkeimende Beziehung mit Soyang mussten warten.

Als ich dann mit meinen achtzehn Jahren in die Vereinigten Staaten kam, um mich einzuschreiben, versetzte mir jedoch die Disziplinlosigkeit, die dort am College herrschte, zunächst einen Schock. Mir schien, als gäbe es in Amerika kaum soziale Hemmschwellen, die regelten, was man tun und sagen durfte. Meine Mitstudenten waren von persönlichem Eigentum in Hülle und Fülle umgeben. Sie hatten Fernseher, Computer, überdimensionale Stereoanlagen mit Lautsprechern, ja sogar ihre Teddybären mitgebracht. Und dann hörte ich, wie sie ihren Eltern am Telefon etwas vorjammerten, weil sie so weit weg von zu Hause waren, und sie baten, Geld für Bier zu schicken. In meiner ersten Vorlesung legte ein Student die Füße auf den Stuhl vor sich, sodass die Schuhsohlen auf den Professor deuteten. Für uns ist das ein erschütterndes Zeichen von Respektlosigkeit, ja sogar eine Beleidigung, weil man mit den Schuhen Insekten tötet und auch auf mancherlei Unrat tritt. Auch überraschte es mich, dass Studenten ihre Professoren teilweise mit dem Vornamen anredeten. Selbst die Verwaltung des College schien sich die lässige Einstellung der Studenten zu Eigen gemacht zu haben. Vielleicht war es ja auch umgekehrt.

Gelegentlich musste ich ähnlich respektloses Verhalten auch bei Ausländern in Nepal und Darjeeling beobachten. Als meine

Mutter starb, empfand ich es geradezu als beleidigend, dass eine kleine Touristengruppe, als würden sie einem Volksfest beiwohnen, Fotos von ihrer Bestattungsprozession und ihrem Leichnam machte, der auf einem Wagen mitgeführt wurde. Ich empfand das als Verletzung meiner Privatsphäre. Ich glaube kaum, dass diese Leute in ihrem eigenen Land einfach auf der Beerdigung eines Fremden auftauchen würden, um dort zu fotografieren.

Welcher Student braucht mehr als vier Hemden? Einer meiner Zimmergenossen besaß deren dreißig. Ich habe zehn Jahre lang in den Vereinigten Staaten gelebt und meine ganze Habe passte während dieser Zeit in zwei Koffer. Ein Leben im Überfluss mag entschuldbar sein, aber wo blieb die Dankbarkeit? Viele meiner Mitstudenten bekamen einfach nie genug.

Eine Stärke der Sherpas ist unsere Fähigkeit, uns neuen, veränderten Bedingungen anzupassen und Unbequemlichkeiten zu ertragen. Mein Vater wusste, was ein hartes Leben bedeutete, und das wollte er auch mir und meinen Geschwistern nahe bringen. Auf den Expeditionen mit den Briten studierte er aufmerksam ihr System von Befehl und Gehorsam. So sah er, was funktioniert und was nicht, und vor allem erkannte er, was sich durch Disziplin erreichen ließ.

»Macht eure Hausaufgaben«, befahl er uns zu Hause. »Esst nicht mit den Händen. Setzt euch gerade hin. Steht auf und spült das Geschirr.« Das Anerbieten, das Geschirr zu spülen, war ein Brauch, den er aus Amerika mitgebracht hatte, und er wollte, dass wir es auch taten. Wir hatten zwar eine Haushaltshilfe, die bei uns wohnte, aber er sagte immer: »In diesem Haus gibt es keine Diener.« Auf dem Berg, wo er es war, der die Befehle erteilte, sprang er oft ein und half den anderen Sherpas beim Aufbau der Zelte und beim Tragen der Lasten. Bei aller Strenge war mein Vater gutmütig und heiter.

In Amerika, wo ich nach einem Essen mit Freunden oft das

Geschirr spülte (was die meisten gebildeten Inder und Nepalesen dort als unter ihrer Würde empfanden), stand ich immer zwischen zwei Kulturen. Mir war zumute, als befände sich mein Körper auf dem einen Kontinent und mein Kopf auf dem anderen. Fröhlich hatte ich den Sprung gewagt und war mit beiden Beinen mitten im wilden, freien Amerika gelandet, wo sich so viele Möglichkeiten boten, aber schließlich dachte ich immer öfter an meine Eltern und an das, was sie mir beigebracht hatten. Ich brauchte einen Anker in Amerika, und alles, worauf ich zurückgreifen konnte, waren die Werte, die sie mir vermittelt hatten.

Scheidungen sind in Amerika an der Tagesordnung, und ich stellte mir oft die Frage, ob das auf die Erwartungen zurückzuführen ist, welche die Menschen einander stellen, wenn sie eine Ehe schließen. Als ich in den Himalaja zurückkehrte, haben Soyang und ich aus Liebe geheiratet; die »Liebesheirat«, im Westen der Normalfall, ist inzwischen auch in Asien keine Seltenheit mehr. Mir ist allerdings aufgefallen, dass die bei uns traditionell üblichen arrangierten Ehen langfristig meist genauso erfolgreich sind. Sherpas haben eine praktische Lebenseinstellung und finden sich mit ihrem Schicksal ab, sodass wir uns ohne weitere Umstände unseren Aufgaben in der Kindererziehung und im Familienleben widmen können. Und die Liebe wächst dann als Ergebnis dieser geteilten, echten Lebenserfahrung.

Soyang und ich kannten uns von Kindheit an, und ich wusste schon recht früh, dass ich sie irgendwann einmal heiraten würde. Ich bin froh, dass sie meinen Antrag angenommen hat, denn sicher hatten noch einige andere junge Männer ein Auge auf sie geworfen. Die traditionelle Hochzeitszeremonie wurde für uns gleich zweimal abgehalten, einmal in Darjeeling und einmal in Kathmandu. Das Hochzeitsessen wurde nach Rezepten aus alten Texten zubereitet, in denen die Anzahl der Zutaten genau vorgeschrieben ist. Auch die vorgeschriebene Reihenfolge der gut zwanzig Gänge wurde streng eingehalten.

Hätten meine Eltern doch nur dabei sein können. Während der Feier in Darjeeling versicherte ich ihnen im Flüsterton, wie dankbar ich für ihre Liebe und Führung sei und bat sie, sich um mich und meine Geschwister keine Sorgen zu machen. Ich wusste, sie wären stolz darauf gewesen, dass wir nun alle erwachsen waren und unser Leben selbst in die Hand nahmen.

Wongchu hatte vom Basislager aus einem alten Mönch aus Pangboche geschrieben, und in der durch Boten übermittelten Antwort nannte der Lama für unseren Puja, eine Opferzeremonie, ein günstiges Datum aus dem tibetischen Kalender.

Sherpas besteigen keinen Berg, solange nicht der Puja abgehalten wurde, und die westlichen Bergsteiger respektieren diesen Brauch. Bei diesem Ritual werden die Götter um Erlaubnis für den Aufstieg ersucht und es wird um gutes Wetter und sicheres Geleit gebetet. Im Grunde hat der Puja jedoch eine noch umfassendere Bedeutung: Sie ist eine Form der *ser-kyim*-Zeremonie (»Goldenes Trankopfer«). Jede neue Unternehmung – wie der Bau eines Hauses oder eben auch die Besteigung eines Bergs – erfordert, dass zunächst die Gottheiten durch einen Lama, der sie um Verständnis und Duldsamkeit bittet, günstig gestimmt werden.

Am Tag vor dem Puja leitete ein junger Sherpa aus unserem Team, der in einem Kloster geschult worden war, den Bau eines schlichten, aber schönen Monuments an, das einer Stupa glich. Es war etwa zweieinhalb Meter hoch und sollte als Zentrum des *lhap-so*, der Andachtsstätte, dienen.

Früh am nächsten Morgen traf der Lama ein, gefolgt von einem Träger mit einem großen Plastikfass Chang, denn bei einem solchen Anlass geht es nicht nüchtern zu. Jangbu errichtete einen *tharshing*, einen hohen Fahnenmast, und sicherte das Fundament mit Steinen. (Nach Sherpa-Brauch müssen die Eltern desjenigen, der diese Aufgabe übernimmt, beide am Leben sein.) Sieben farbenprächtige Gebetsfahnen (es muss eine ungerade Anzahl sein) liefen wie Speichen eines Rades von der Spitze des Fahnenmasts aus, und ihre Enden wurden ringsum befestigt. Wir glauben, dass uns das Glück verlässt, wenn der Tharshing abbricht oder niedergerissen wird. Wenn sich aber ein Rabe auf dem Wacholderzweig niederlässt, der oben an den Mast gebunden wird, steht dem Erfolg einer Expedition nichts im Weg.

Am Vormittag hatte sich das ganze Team am Lhap-so versammelt und Opfergaben wie Getreide und Kartoffeln, aber auch Exquisites wie Energieriegel, Schokolade und Whiskey mitgebracht. Der Lama las, mit gekreuzten Beinen auf einem Kissen sitzend, während ihm zwei Sherpas Tee einschenkten und für sein Wohlbefinden sorgten.

Singend beschwor der Lama die Anwesenheit von Gottheiten, die acht Kategorien angehörten, unter anderem den Guru, die Verteidiger der Lehre, die Schutzgottheiten, die Landesgötter, die engelhaften (aber zuweilen erzürnten) Dakinis und Miyolangsangma, die großzügige Beschützerin des Everest, sowie zwei weitere der fünf »Schwestern des langen Lebens«. Ein Bild des Guru Rinpoche – Padmasambhava, des »lotosgeborenen« Heiligen, der den Buddhismus nach Tibet brachte – war mit Paketklebeband am Altar befestigt worden.

Trotz der traditionellen Ungezwungenheit, mit der Sherpas solche Versammlungen angehen, meditierten und beteten die Sherpa-Gipfelbegleiter sehr konzentriert. Wir meinen, dass die überwältigende Orientierungslosigkeit, die uns im Augenblick des Todes begegnet – und auf die uns die praktischen Übungen des Buddhismus vorbereiten sollen –, weit mehr ablenkt als ein noch so störender Hintergrundlärm. Lamas betonen sogar immer wieder, dass für erfahrene Übende Lärm und Unordnung zur Konzentration beitragen können.

Auch ich betete mit den Sherpas. Ein paar westliche Bergsteiger schlossen sich uns an, entweder aus Respekt für die Sherpas oder weil sie mit dabei sein wollten. Einige hatten sich eingehend mit der buddhistischen Lehre befasst, andere waren vielleicht einfach abergläubisch.

Unsere Kletterausrüstung, also unser Handwerkszeug, musste auch gesegnet und gereinigt werden, bevor wir es auf den Berg mitnahmen. Ein Sherpa legte Wacholderzweige auf den Altar und zündete sie an. Die Teilnehmer und die Sherpas hielten dann ihre Seile, Steigeisen, Eispickel und andere Gegenstände in die Rauchschwaden, damit sie mit dem schützenden Weihrauch in Kontakt kamen. So wie der aromatische Duft schlechte Gerüche tilgt, vertreibt der Rauch spirituellen Schmutz und ebnet den Weg für die Gunst der Götter.

Wongchu verteilte Tsampa an alle, und als letzte Weihehandlung hoben wir alle die rechte Hand und sangen dabei im Chor immer lauter werdend den Laut: »SwööööÖÖÖ!« (Steige auf – möge das Glück kommen!) Wir wiederholten es, und beim dritten Mal warfen wir das Mehl in unserer Hand himmelwärts. In fröhlichem Durcheinander riefen wir: »*Lha Gyalo!*« (Mögen die Götter siegreich sein!) und schmierten uns das in der Hand verbliebene Mehl gegenseitig in die Haare und auf die Wangen, als Ausdruck der Hoffnung, dass wir alle leben mögen, bis unsere Haare und Bärte weiß geworden sind. Dann schenkte der Lama an alle Chang aus. Ich ließ mir ein wenig in die rechte Hand gießen und hielt die linke respektvoll darunter, wie ich es mit dem heiligen Wasser von Geshe Rinpoche getan hatte. Dann trank ich einen Schluck und ließ den Rest über mein Haar laufen, um den Segen ganz aufzunehmen. Die Opfergaben wurden schließlich zum Essen verteilt, und alle achteten darauf, nicht zu viel zu nehmen.

Nun stand dem Aufstieg nichts mehr im Wege.

Nach Monaten der Vorbereitungen hatte ich nun endlich meine Steigeisen angeschnallt und stand am Rande des Khumbu-Gletscherbruchs, unterwegs zu Camp I. Geshe Rinpoche hatte mir einen genauen Zeitpunkt genannt, an dem ich mit dem Klettern beginnen sollte. Die Lamas anderer Sherpas hatten ihnen ebenfalls Empfehlungen gegeben, wann der Khumbu-Gletscherbruch betreten werden solle – meist zwei Tage vor dem in unserem Zeitplan vorgesehenen Datum. Mit mehreren Sherpas unserer Gruppe hatte ich tatsächlich zwei Tage zuvor schon die Ausrüstung angelegt und mich der Form halber in den Gletscherbruch begeben. Wir waren bis zur ersten Gletscherspalte aufgestiegen und dann wieder ins Basislager zurückgekehrt. Rituelle Vorschriften in dieser Weise zu erfüllen ist völlig in Ordnung, und die Lamas wissen, dass wir es so halten.

Der Morgen des ersten Tags einer Klettertour ist für Sherpas von entscheidender Bedeutung. Zunächst wenden wir uns nach Süden und rezitieren dabei unsere Mantras. Jeder für sich beginnt, sich zu konzentrieren, und beschwört die drei Elemente, die uns leiten und schützen: die Gottheiten, unseren Lama und unsere Eltern. Damit das wirksam und aufrichtig geschieht, sollte, wie die Lamas sagen, der Geist entspannt und die Meditation nicht gezwungen sein. Es geht nicht darum, den Geist aktiv zu leeren, sondern vielmehr loszulassen, die äußerlichen und beunruhigenden Gedanken ziehen zu lassen, um Raum für diese drei Elemente zu schaffen.

Der Gletscherbruch ist ein Labyrinth aus haushohen Eisblöcken, hoch aufragenden Eistürmen, den so genannten Seracs, und klaffenden Gletscherspalten, die allesamt aussehen, als wären sie mitten im Schöpfungsprozess erstarrt, Skulpturen, in denen Willkür und kosmische Ordnung zu einer künstlerischen Einheit finden. Die Farben variieren zwischen weiß, glasklar und türkis und verändern sich, während man vorübergeht, wie das Mosaik gebrochenen Lichts auf dem Boden eines Swimmingpools. Trotz der hypnotischen Wirkung dieses Irrgartens ist Konzentration geboten. Eisklumpen, die hunderte von Tonnen wiegen, können sich ohne Vorwarnung in Bewegung setzen und herabstürzen – Chomolungmas Variante des russischen Roulettes. Im Lauf eines Tages können sich tiefe Spalten auftun und wieder schließen, während sich der Gletscher auf seinem gemächlichen, aber unaufhaltsamen Abwärtsmarsch dreht und krümmt, ächzt und kracht. Manche Bereiche neigen stärker zu Verschiebungen und Einbrüchen, aber niemand kann vorhersagen, wann es dazu kommt. Die Bergsteiger durchqueren den Gletscherbruch nur am frühen Morgen, wenn die Eisbrücken und Seracs von der Nacht her noch gefroren sind, zumindest großteils. »Einstürze im Gletscherbruch kommen so schnell«, erzählte mir der Himalaja-Veteran Pete Athans, »dass die Wahrscheinlichkeit, sie zu vermeiden, genauso groß ist wie die, mitten hineinzulaufen.« Die britische Expedition von 1953 hatte besonders heiklen Stellen Namen wie »Höllenfeuergasse« oder »Atombombe« gegeben.

An den exponierten Stellen des Gletscherbruchs werden die Kletterer durch Fixseile gesichert, lange, in Schnee und Eis fest verankerte Seile, die auch die Gletscherspalten entlang der Leitern überbrücken. Zur Sicherheit und als Kletterhilfe benutzen wir eine ovale Vorrichtung, die Steigklemme, auch Jumar genannt, die mit einer Schlaufe an unserem Klettergurt befestigt ist. Mit der Steigklemme klinken wir uns in das Fixseil ein und schieben sie am Seil weiter, während wir aufsteigen. Sobald wir uns zurücklehnen – oder abstürzen – rastet die Sperrmechanik ein, und wir werden vom Seil gehalten.

Bevor ich einen bedrohlich überhängenden Eisblock passierte, hielt ich an und holte aus einem Baumwollbeutel einige der gesegneten Gerstenkörner, die mir Geshe Rinpoche mitgegeben hatte. Ich warf sie auf den über mir liegenden Weg, wobei ich kurz überlegte, was die Bergsteiger hinter mir wohl denken mussten, wenn sie mich beobachtet hatten.

Der Gletscherbruch hat mehr als zwanzig Menschenleben gefordert, die Mehrheit von ihnen Sherpas. Die meisten westlichen Bergsteiger – wenigstens die Kunden – spazieren nur drei oder vier Mal durch den Gletscherbruch und lassen dann Camp I links liegen, um sich im besser ausgestatteten Camp II zu erholen, dem Advance Base Camp oder ABC. Dass Sherpas praktisch sämtliche Lasten durch diesen gefährlichsten Abschnitt des Berges befördern, wissen sie kaum zu würdigen. 1953 trugen 17 Sherpas sieben Zentner Lebensmittel und Ausrüstung zum Südsattel in 7900 Meter Höhe, eine Leistung, auf die mein Vater sehr stolz war – auch ich bin es noch, wenn ich heute daran denke. Ohne sie wäre die britische Expedition wohl kaum über das Basislager hinausgekommen – oder nicht einmal so weit.

Für einen Augenblick vergaß ich die Gefahr durch das befreiende Gefühl, zu klettern, mich über die Schneedecke zu bewegen, mich verletzlich und menschlich, aber auch voller Energie zu fühlen, das Adrenalin zu spüren, das durch die Adern kreist, wenn Glaube und Hoffnung auf die äußerste Probe gestellt werden. Beim Klettern sollte man lieber nicht an den Tod denken und keine Angst zulassen. Angst führt zu Fehlern. Und doch lässt uns die Angst auch Hochachtung vor dem Berg empfinden.

Erfahrung ist das beste Mittel gegen Angst. Ein unerfahrener Bergsteiger weiß nicht, ob er einem münzgroßen Tritt trauen kann, wohingegen der erfahrene Kletterer sich darauf genauso sicher fühlt wie in einem mit Teppichboden ausgelegten Flur.

Während ich darauf wartete, dass Araceli eine Leiter überquerte, betrachtete ich die Schneeschichten, die Jahr für Jahr
auf der anderen Seite der Gletscherspalte niedergegangen waren und die sich wie Jahresringe eines Baums voneinander
abhoben. Ich zählte dreiundvierzig Schichten nach unten und
folgte mit den Augen dem Serpentinenband der Ablagerung.
Dieser Schnee war im Jahr der Erstbesteigung gefallen, mein
Vater war über ihn gewandert.

Jetzt war ich an der Reihe, auf vier mit Plastikseilen aneinander gebundenen Aluminiumleitern die Kluft zu überqueren.
Behelfsbrücken von dieser Länge beginnen ziemlich beunruhigend zu wippen, wenn man sich der Mitte nähert. Demütig
auf allen vieren hinüberkriechend, hat man Zeit, in den schier
bodenlosen blauschwarzen Schlund der Gletscherspalte zu
schauen – »nach Amerika zu schauen«, wie die Sherpas sagen.
An einer solchen Stelle abzustürzen, nennen wir »ein Visum
für die Vereinigten Staaten bekommen«.

Die Leitern müssen wegen der Gletscherbewegungen fast
täglich neu justiert werden, vor allem später in der Saison,
wenn es wärmer wird. Dann schmelzen die Verankerungen
aus, Schrauben lösen sich, die Gletscherspalten weiten sich,
Teile des Gletschers stürzen ein und zerstören ganze Weg-
abschnitte. Auf früheren Expeditionen mit den Briten und
auch schon zuvor mit den Schweizern hatte mein Vater die
Gletscherspalten vor allem auf Stämmen überquert – ganzen
Bäumen, die Sherpas in niedrigeren Lagen gefällt, entastet und
zum Gletscherbruch hinaufgeschleppt hatten. 1953 brachten
die Briten dann eine einzige ausziehbare Aluminiumleiter mit,
die sie je nach Bedarf von Kluft zu Kluft befördern wollten.
Die Erfahrung meines Vaters mit den Schweizern hatte ihn
jedoch gelehrt, dass zur Bewältigung des Verkehrs in beide
Richtungen eine durchgängig präparierte Route durch den
Gletscherbruch vonnöten war. Schließlich überzeugte er die

Briten, die Sherpas etliche Kiefern fällen und sie zum Gletscher befördern zu lassen.

Eines Nachmittags durchkletterten mein Vater und Hillary, durch ein Seil miteinander verbunden, den Gletscherbruch. Hillary ging voraus. Während sich mein Vater einen steilen Abhang hinunterkämpfte, sah er plötzlich, wie Hillary stürzte, sich drehte und seinen Eispickel hob, und hörte ihn »Tenzing!« schreien. Hillary war von einer verborgenen Gletscherspalte verschluckt worden, einer Gletscherspalte, auf die er selbst Tenzing noch am selben Morgen beim Aufstieg aufmerksam gemacht hatte. Mein Vater schlug sofort seinen Eispickel in den Schnee und wickelte das Seil darum, um eine Verankerung für sich selbst und Hillary zu schaffen.

Hillary war etwa fünf Meter abgestürzt, bevor er abgebremst wurde, und war in Gefahr, noch weiter in die Tiefen der Gletscherspalte abzugleiten. Mein Vater, der sich einen festen Halt gesucht hatte, konnte ihn ganz langsam bis zum Rand der Spalte hochziehen, wobei Hillary, so gut er konnte, mit einem Fuß nachhalf. Er hatte beim Sturz seinen Eispickel und ein Steigeisen verloren.

Tenzing wusste, dass es nahezu unmöglich war, ohne Unterstützung einen Mann über den Rand einer Gletscherspalte zu ziehen, aber mit einer ungeheuren Kraftanstrengung konnte er seinen Weggefährten doch so weit hochzerren, dass Hillary oben Halt fand und mithelfen konnte.

Beide waren von dem Kraftakt, bei dem die Handschuhe meines Vaters durch das Seil ganz zerschlissen wurden, völlig erschöpft. Der Zwischenfall vertiefte die Freundschaft zwischen den beiden Bergsteigern, und im Basislager erzählte der dankbare Hillary den Teamkameraden, dass er ohne Tenzing verloren gewesen wäre. Natürlich war mein Vater stolz darauf, dass er Hillary das Leben gerettet hatte, aber er versicherte mir, es sei eigentlich nichts Besonderes dabei gewesen, er habe nur so rasch und entschlossen gehandelt wie jeder andere internationale Bergsteiger.

Im Gletscherbruch ebenso wie auf dem Berg hoffen wir, dass wir genügend *tsin-lap* aufgenommen haben, um mit jeder Situation fertig zu werden. Tsin-lap heißt grob übersetzt »Segen«, aber eigentlich bedeutet es die mentale Fähigkeit und Stärke, zuzulassen, dass unser Geist zu vollkommener Aufmerksamkeit fähig wird. Wenn wir zu den Gottheiten der Weisheit, den Buddhas, beten, bitten wir um diesen Tsin-lap. Man glaubt, dass er bis zu einem gewissen Grad durch Einnahme heiliger Substanzen gefördert werden kann; meist handelt es sich dabei um Pillen oder Flüssigkeiten, die ebenfalls als Tsin-lap bezeichnet werden und die vom Lama durch Gebete, Mantras und Visualisierungen geweiht werden. Manche von ihnen enthalten in winzigen Mengen Körperbestandteile des Buddha oder hoher Lamas, kombiniert mit hunderten von Heilkräutern aus dem Himalaja und anderen gesegneten Dingen.

Tsin-lap zu erhalten bedeutet, eine Verbindung herzustellen, und jede solche Verbindung ist positiv. Zum Beispiel sagen wir, dass man selbst dann, wenn man den Buddha als Feind betrachtet, schon allein durch diesen Standpunkt eine Verbindung hergestellt hat, die die Erleuchtung beschleunigt.

Natürlich geht es auf dem Everest nicht nur um geistige oder spirituelle Fragen. Körperlich erfordert eine Besteigung die Kraft und die Ausdauer eines gut trainierten Sportlers, und Sportler erlangen ihre Fähigkeiten unter anderem durch unablässigen Drill. Ich betrachtete jeden Tag als eine Art Training, und ich zwang mich, in gleichmäßigem Tempo hart zu arbeiten, mich nicht zu überanstrengen, nicht zu viel zu essen, aber viel Wasser zu trinken, um Flüssigkeitsmangel, die so genannte Dehydration, zu vermeiden. Mir war es noch nicht passiert, aber ich hatte schauerliche Geschichten über die Folgen des

Wassermangels gehört, die Bergsteiger in großen Höhen befallen können – schwere Verstopfung, die es erfordert, dass man mit dem Finger nachhelfen muss. Nikotin hat abführende Wirkung, also überlegte ich mir, dass Rauchen wahrscheinlich präventiv wirkt. Ich hatte zwar vorgehabt, damit aufzuhören, organisierte mir aber ein paar Zigaretten bei Bijaya, unserem nepalesischen Verbindungsmann. Wir nannten das »Sherpa-Sauerstoff«.

Um den Aufstieg möglichst effizient zu organisieren, trugen wir unsere Lasten zu immer höher gelegenen Camps und stiegen zum Schlafen dann wieder ab, bis wir uns stark genug fühlten, um in größeren Höhen zu übernachten – und ein ausreichender Vorrat nach oben befördert war, um weitere Lasten in noch höhere Camps zu transportieren.

Als Bergsteiger müssen wir auf unseren Körper hören und die Geschwindigkeit des Aufstiegs genau abstimmen: uns vor dem Gipfelaufstieg gerade ausreichend akklimatisieren, damit wir nicht durch den dauernden Aufenthalt in der Höhe und den Sauerstoffmangel wieder so außer Gefecht gesetzt werden, dass wir nicht mehr dazu in der Lage sind. Für Fälle von Höhenkrankheit führten wir eine aufblasbare Druckkammer mit, die im Wesentlichen aus einem verstärkten Vinylschlauch besteht, der groß genug ist, um hineinzukrabbeln und sich auszustrecken. Helfer pumpen die Kammer dann von außen auf, wobei kontinuierlich der Luftdruck erhöht und damit das Sauerstoffangebot für Lunge und Körper vergrößert wird. Die Wirkung kommt der eines Abstiegs um ein- bis zweitausend Meter gleich. Nach einem Aufenthalt in der Kammer können die Patienten oft mit minimaler Hilfe oder sogar ganz selbstständig absteigen.

Sobald die vier Hochlager eingerichtet und vollständig ausgestattet sind, kann der Vorstoß zum Gipfel vom Basislager oder von Camp II aus rasch erfolgen. 1953 und davor bauten die Bergsteiger neun Camps auf, um im Laufe ihrer stufenwei-sen Belagerung allmählich von einer Ebene zur nächsten vor-zudringen. Stattdessen wird heute die Strategie »Hoch aufstei-gen, tief schlafen« verfolgt, bei der die Bergsteiger vor dem Gipfelversuch zwei oder drei Mal wieder bis zum Basislager absteigen, um sich ein paar Tage auszuruhen und das verlorene Gewicht wieder zuzulegen. Auf diese Weise kann man bei einer Everest-Besteigung »pausieren«, und die Bergsteiger genießen es, sich in der Geborgenheit des Basislagers so richtig auszu-schlafen. Aber schneller geht es deshalb nicht. Es dauert heute genauso lange, vier Lager aufzubauen wie 1953 neun Lager – über anderthalb Monate.

Ich glaubte, mehr Erfahrung zu haben als viele der anderen, die es mit dem Berg aufnehmen wollten, aber als ich mich nach oben kämpfte, mich unbeholfen durch Eisspalten zwängte, dem Stöhnen und Ächzen des sich vorwärts wälzenden Glet-schers lauschte, lasteten meine Selbstzweifel genauso schwer auf meinen Schultern wie mein voll gepackter Rucksack.

Das Wrack eines Hubschraubers, das unterhalb von Camp I im Gletscherbruch festsitzt, riss mich aus meinen Gedanken. Er war von den Italienern gechartert worden, als diese 1973 den Everest zum ersten Mal in Angriff nahmen. Es war die viel-leicht größte Expedition in der Geschichte des Bergsports ge-wesen: mit 64 Bergsteigern, 3000 Trägern und 120 Sherpas. Sie hatten versucht, mit dem Hubschrauber Lasten zu einem Punkt oberhalb des Gletscherbruchs zu transportieren, wo der Pilot auch tatsächlich zweimal gelandet war und wieder abge-hoben hatte. Nach der dritten Landung aber war er nicht mehr hochgekommen. Einige Sherpas meinen, der Hubschrauber sei liegen geblieben, weil er ein lebendes Schaf zum Basislager gebracht hatte, das dort von dem italienischen Team umge-hend geopfert und verspeist worden war. In unmittelbarer Nachbarschaft des Berges ein Tier zu töten oder Fleisch zu braten ist eine der schlimmsten Entweihungen, die man sich vorstellen kann. Dennoch erreichten die Italiener schließlich ihr Ziel, um jeden Preis einen der ihren auf den Gipfel zu bringen.

Hier sah ich auch die erste Leiche – oder eher eine halbe Leiche. Sie schmorte am oberen Ende des Gletscherbruchs in der gleißenden Sonne. Everest-Veteranen haben sich an den Anblick der Toten gewöhnt, und die Sherpas bezeichnen sie abfällig, wahrscheinlich auch aus Unbehagen, als »Raben-Momos« – eine Anspielung auf die delikaten Fleischklöße, die im Himalaja zubereitet werden. Ein gewisser Galgenhumor schützt uns davor, von der allgegenwärtigen Todesangst überwältigt zu werden.

Der Berg ist praktisch von Toten übersät. Die meisten von ihnen fielen, wenn auch teilweise indirekt, der Höhe, einem Wetterumschwung oder Fehlentscheidungen zum Opfer. Sie sind eine ständige Mahnung, dass man sich auf dem Everest keine Fehler erlauben darf.

4

Aufstieg zum Schoß der Göttin

*Camp I oberhalb des Khumbu-Gletscherbruchs
am Beginn des Western Cwm.*

Schließlich hatte ich in 5900 Meter Höhe Camp I erreicht und war außer Reichweite der düsteren Drachenzähne des Gletscherbruchs. Ich stand bei der kleinen Ansammlung von Zelten und schaute das Tal hinauf zur Lhotse-Flanke und zur noch beeindruckenderen Südwestflanke des Mount Everest, die beide vom Basislager aus nicht zu sehen sind. An seinem oberen Ende hat der Khumbu-Gletscher ein majestätisches Amphitheater aus Fels und Schnee geformt, das steil aus dem engen, aber relativ ebenen Tal ansteigt. Es ist unter dem Namen Western Cwm bekannt, und Camp II – das Advance Base Camp (vorgeschobenes Basislager), auch »ABC« genannt – liegt ganz oben am Kopf des Tals. Im Frühjahr 1952 drangen mein Vater und die Schweizer als erste Menschen ins Cwm vor. Sie nannten es »Tal des Schweigens«, vielleicht deshalb, weil es ganz und gar von Bergwänden eingeschlossen ist. Wenn kein Wind ging, erzählte mein Vater, dann hörte er nur seinen eigenen Atem, die Stimmen seiner Gefährten und das Knirschen ihrer Stiefel im Schnee.

Es war herrlich, mit dem Gepäck auf dem Rücken durch das Cwm zu marschieren. Ich genoss die Einfachheit des Aufstiegs, der mal über steiles, dann wieder über flaches Gelände führte, die immer auf überraschend neuartige Weise bizarre Eislandschaft, die sich hinter jeder Biegung auftat, die Vielfalt der Geräusche und der Beschaffenheit des Schnees unter meinen Füßen.

Ganze Konvois schwer bepackter Sherpas waren im Western Cwm in Richtung Camp II unterwegs und ich reihte mich bei ihnen ein. Ein Sherpa bat mich, ich solle ihnen auch noch ein wenig zum Tragen übrig lassen, und er meinte es nur halb im Scherz. Sherpas arbeiten nach einem Bonussystem und meine Beteiligung bedeutete weniger Arbeit und weniger Geld für sie. Mein Vater trug auch immer eine Last, obwohl er Sirdar war. Es ist schwierig, andere zu einer solchen Arbeit zu motivieren, wenn man selbst nichts auf dem Rücken hat.

Hier im Cwm begann ich mich sicher zu fühlen, so als würde ich auf dem Schoß des Berges sitzen – trotz der Lawinen, die von der Lhotse- und der Südwestflanke über dem Tal herunterbrachen. Sowohl die Schneemassen des Cwm als auch der Khumbu-Gletscher speisen sich zum großen Teil aus Lawinenschnee.

Um die Mittagszeit sammeln sich hier die Sonnenstrahlen, die von den Wänden des Nuptse und den Hängen unterhalb des Westgrats reflektiert werden. Das Cwm wirkt wie ein gigantischer Parabolspiegel und bringt alle hindurchziehenden Kletterer ins Schwitzen, auch wenn die Umgebungstemperatur nahe am Gefrierpunkt liegt. Ich setzte meine stärkste Gletscherbrille auf, schützte mich zusätzlich mit einem Sonnenschirm und trug sogar Sonnencreme auf, trotz meiner von Natur aus dunklen Hautfarbe.

Es ist ein langer, verschlungener Weg zu Camp II, und mehr als einmal hatte ich den Eindruck, die Landschaft würde in Bewegung geraten, die Gipfel würden ihre Position ändern. Ich erklärte es mir durch die Höhe in Verbindung mit dem Sauerstoffmangel. Mein Vater und andere Sherpas hatten mir erzählt, sie hätten Geröllhaufen verschwinden und wieder auftauchen sehen, als sie auf Handelswegen den Hochpass nach Tibet überschritten, besonders bei der Überquerung der monotonen Geröll- und Moränenfelder des Nangpa-Gletschers.

Alles klappte wie am Schnürchen. Die Zusammenarbeit im Team funktionierte so reibungslos, dass wir uns kaum absprechen mussten. David führte Regie, während ich immer wieder beim Aufbau der Kamera half und anschließend gefilmt wurde. Die IMAX-Kamera war riesig und bannte mit einem lauten, herrlich surrenden Geräusch die Erhabenheit der Bergwelt auf den Film. Ich stellte mir das, was sich unseren Augen zeigte, auf einer riesigen Leinwand vor, mit einem Bildwinkel und einer Detailtreue, die meinen Augen gar nicht zu Gebote stand. Ich hoffte nur, dass wir auch das einfangen konnten, was wir hier empfanden, all die Ängste, aber auch die Begeisterung, unsere Enttäuschungen, aber auch unseren Triumph.

Die Prophezeiungen schienen sich nicht zu bewahrheiten. Mein innerer Monolog kam zum Stillstand und wich einer heiteren Gelassenheit. Bei jedem Schritt hatte ich das Gefühl, in die Fußstapfen meines Vaters zu treten. Ja, das hatte er gemeint, das hatte ihn 1953 bewogen, es zum siebten Mal mit dem Everest zu versuchen: die Kameradschaft, die Freude an der körperlichen Anstrengung und die kristallklare, scharfe Luft. Das hätte ich gern öfter mit ihm geteilt, als er noch am Leben war – die pure Freude, nicht den Ruhm. Ich dachte regelrecht mit Schrecken daran, später ins Basislager und in die unruhigen, von Menschen geschaffenen Landschaften und Konflikte der Niederungen zurückkehren zu müssen.

Mein Vater hat oft von seinem Freund, dem Schweizer Bergsteiger Raymond Lambert, erzählt und wie sehr er die Schweiz und die Schweizer mochte. Seine Everest-Expeditionen mit Lambert im Frühjahr und Herbst 1952 entsprachen seinen Idealvorstellungen: Gute Freunde teilen Gefahr und Großartigkeit der Berge. Lambert war im Klettern an steilen Hängen sehr geübt, was in jenen Tagen bedeutete, dass man sich mit dem Eispickel unentwegt Stufen schlagen musste. Er hatte sich die Zehen abgefroren und trug daher speziell angefertigte Schuhe, mit denen er wie eine Bergziege auf dem kleinsten Tritt Halt fand.

Lange war Nepal für Ausländer völlig unzugänglich und Tibet erlaubte nur einigen wenigen Briten das Besteigen der Berge. Der Mount Everest galt ganz einfach als britischer Berg. 1950 öffnete Nepal dann jedoch seine Grenzen für Bergsteiger aus aller Herren Länder und ermöglichte es jeder Nation, sich am Berg zu versuchen, allerdings durfte immer bloß jeweils eine Expedition losziehen. Die wenigen westlichen Abenteurer, die sich dem Everest von Süden näherten, brachten jedoch noch zu wenig Erfahrung mit und hatten zu großen Respekt vor diesem Berg, als dass sie ernsthaft daran gedacht hätten, den Gipfel zu erklimmen.

Die Schweizer hingegen brannten darauf. Im Frühjahr 1952 kamen mein Vater und Lambert dem Gipfel zum Greifen nahe. Sie waren bis oberhalb des Südsattels gelangt, wo sie ein Zelt und einige Vorräte deponieren wollten, um ein paar Tage später mit weiteren Sherpas wiederzukommen. Das Wetter war gut, und sie fühlten sich noch kräftig. Bei 8400 Metern bereiteten sie am Südostkamm mit den Eispickeln eine ebene Fläche vor, auf der sich das Zelt aufstellen ließ. Sie bedauerten, weder Schlafsäcke noch einen Kocher bei sich zu haben, um Tee zu kochen – zum Wasserschmelzen hatten sie nur eine einzige Kerze. Dann dachten sie: »Warum eigentlich nicht?« Sie verbrachten eine schlaflose Nacht, klopften und rieben sich gegenseitig, um sich warm zu halten, und hofften, dass sie am nächsten Morgen einen Versuch wagen konnten.

Doch als der Morgen kam, waren Wolken aufgezogen. Immer noch zuversichtlich, beschlossen sie, dennoch den Aufstieg zu wagen. Zu ihrer Freude stellten sie fest, dass der Südostgrat breiter und weniger steil war, als sie angenommen hatten. Ihre Hände waren mittlerweile fast zu taub, um die Steigeisen festzuschnallen, und die Sauerstoffgeräte arbeiteten sehr schlecht. Sie kamen nur äußerst langsam voran, und bei Wind und Schnee mussten sie schließlich in 8600 Meter Höhe aufgeben, 150 Meter unterhalb des Südgipfels. Noch nie war ein Mensch so hoch gestiegen. Mein Vater und Lambert hatten beide das Gefühl, dass sie es hätten schaffen können, wobei sie dann aber den Abstieg wohl kaum überlebt hätten. Mit etwas Tee und Wasser zur Deckung ihres Flüssigkeitsbedarfs und mit zuverlässigeren Sauerstoffgeräten wären sie besser bei Kräften und dadurch schneller gewesen. Bevor sie umkehrten, musste mein Vater ständig an die britischen Bergsteiger George Mallory und Andrew Irvine denken, die 1924 zum wolkenverhangenen Gipfel des Everest aufgestiegen waren und nie zurückkehrten.

Der Abt und die Mönche des Klosters Rongbuk, dem die frühen britischen Everest-Expeditionen von 1921, 1922 und 1924 einen Besuch abstatteten, waren von der Großzügigkeit der Fremden sehr überrascht. Sie hatten noch nie hellhäutige Menschen gesehen, wiewohl sie von Tibets blutigem Kampf gegen Sir Francis Younghusband im Jahre 1904 gehört hatten, dessen Truppen von Indien in den Osten von Rongbuk einmarschiert waren und schließlich Lhasa erreicht hatten.

H. W. Tilman, der Leiter der britischen Expedition des Jahres 1922, erklärte Dzatrul Rinpoche, dem ersten Abt des Klosters Rongbuk, sie wollten den Gipfel des Everest nicht aus Nationalprestige erklimmen, sondern weil sie sich auf einer Pilgerreise befänden, von der sie sich spirituellen Gewinn für Geist und Körper versprachen. Dzatrul Rinpoche meinte daraufhin entgegenkommend, es sei nicht unbedingt eine Beleidigung der Berggottheiten, wenn Menschen versuchten, Chomolungma zu besteigen. Dies machte den Briten Mut, die Mönche allerdings sorgten sich trotzdem um sie – teils weil sie glaubten, Nichtbuddhisten treffe leichter ein Unglück, teils wegen der Yetis. »Man wundert sich sehr, wenn man mit diesen Menschen Umgang hat«, schrieb Colonel Bruce 1922 nach dem ersten britischen Besteigungsversuch. »Aberglaube mischt sich bei ihnen in einzigartiger Weise mit Freundlichkeit.«

Es war jener Dzatrul Rinpoche gewesen, der zu Beginn des 20. Jahrhunderts den Bau eines weiteren Klosters in Nepal südlich von Rongbuk, in Tengboche nämlich, veranlasst hatte. Das Kloster Tengboche war sozusagen ein Ableger von Rongbuk, der es den Sherpa-Mönchen ersparte, den 5800 Meter hohen Nangpa-La-Pass zu überqueren, um zu ihren Lehrmeistern zu kommen.

Die wilden Blauschafe und die Thare, eine Ziegenart, in der Umgebung von Rongbuk waren absolut zahm und fraßen den Mönchen aus der Hand. Die unerschütterliche Friedlichkeit von Rongbuk galt aber offenbar nur für die Tiere. Gombu, ein Neffe meines Vaters, der eine Zeit lang in diesem Kloster lebte, erzählte, dass die älteren Mönche ihn dort geschlagen hätten. Dasselbe hatte Jahre zuvor mein Vater erlebt. Beide hielten es keine zwei Jahre aus, bevor sie davonliefen und in das Khumbu zurückkehrten. In der 1966 einsetzenden Kulturrevolution wurden der herrliche Stupa, die Gebetsräume und die Mönchsquartiere des Klosters Rongbuk von den Chinesen zerstört. Wäre mein Vetter Gombu zu dieser Zeit noch dort gewesen, so wäre er sicher mit den anderen Mönchen über den 5800 Meter hohen Nangpa-La-Pass nach Nepal geflohen. Sie retteten viele buddhistische Schriften und brachten ihre Traditionen aus Rongbuk mit.

Nach dem Tod meiner Eltern hatte ich das Gefühl, mich unwillkürlich von meinen familiären Wurzeln zu lösen. Ich wollte deshalb mehr über die Beziehung meines Vaters zum Chomolungma erfahren, um so vielleicht besser zu verstehen, warum mich der Berg so anzog. Kurz vor ihrem Tod sprach meine Mutter mit mir über eine besondere Verbindung zwischen unserer Familie und dem Berg, die über die leidenschaftliche

Beziehung, die mein Vater als Bergsteiger zu ihm hatte, weit hinausgehe. Sie beließ es bei Andeutungen, doch meinte sie, es sei eine spirituelle Angelegenheit und es habe etwas mit meiner inzwischen verstorbenen Stiefmutter, Ang Lhamu, zu tun. Sie trug mir auf, später einmal Trulshig Rinpoche danach zu fragen, den zweiten und letzten Abt des Klosters von Rongbuk, der ein Verwandter von uns war. Er lebt heute in Nepal, und er würde mir die Geschichte erzählen, meinte meine Mutter.

Im Alter von vier Jahren war Trulshig Rinpoche von Dzatrul Rinpoche, dem Gründer von Rongbuk, als Inkarnation seines eigenen »Herz-Lama« erkannt worden. Kurz vor seinem Tod bestimmte Dzatrul Rinpoche ihn, der damals neunzehn Jahre alt war, zum Abt von Rongbuk. Als Trulshig Rinpoche 1959 Tibet gezwungenermaßen verließ, fand er zeitweise auch in unserem Haus in Darjeeling Zuflucht, dann in einem Gompa in Sikkim, bevor er schließlich nach Nepal weiterzog. Er verbringt mehrere Monate des Jahres in einem abgelegenen Kraftzentrum in Solu, wo er meditiert und lehrt.

Nach dem Treck von 1995, auf dem ich den Müllsammler gespielt hatte, flog ich nach Lukla zurück. Anstatt jedoch mit den vielen Sherpas und ausländischen Trekkern nordwärts zu ziehen, schlug ich einen schmalen Pfad ein, der mich in Richtung Süden den Dudh Kosi entlangführte, überquerte den Tragshindu-Pass und stieg nach Solu hinab, das südliche Kernland der Sherpas. In Richtung Südosten marschierte ich durch offene Kiefernwälder und an Terrassen entlang, die mit Hirse und Gerste bepflanzt waren, und nach drei Tagen erreichte ich die Höhle, in die sich Trulshig Rinpoche zurückgezogen hatte.

Die Maratika-Höhle in Haleshe, fast genau südlich des Everest gelegen, ist eine von zahlreichen Höhlen, in denen Guru Rinpoche meditierte, wie vor ihm der große Yogi-Heilige Milarepa. Guru Rinpoche hatte vorausgesagt, dass dem Buddhismus in Tibet schwere Zeiten oder gar Verfolgung bevorstünden und viele Gläubige gezwungen sein würden, ihre Heimat zu verlassen. So segnete er eine Reihe abgelegener Enklaven im Himalaja, die als *be-yül*, »verborgene Ländereien«, bezeichnet werden – heilige Stätten, an denen Buddhisten Zuflucht finden konnten. Die Schriften sagen, Guru Rinpoche habe in einer Höhle über dem Dorf Khumjung meditiert und dort die bösen Geister jener Zeit besiegt oder bekehrt und auf diese Weise das Khumbu zu einem der von ihm erkannten Be-yül gemacht. In diesen Tälern konzentrieren sich nach dem Glauben der Sherpas nicht nur geheimnisvolle Kräfte, hier tummeln sich auch viele Geister. Daher soll man sie in möglichst unberührtem Zustand lassen und nicht durch ein Übermaß an menschlicher Geschäftigkeit stören. Mein Vater ist in einem Be-yül geboren worden, im heiligen Tal am Oberlauf des Flusses Peng Chu in Tibet und später in ein anderes gezogen, am Oberlauf des Bhote Kosi im Khumbu.

Ich wanderte durch eine Gruppe verstreuter Häuser am Fuße eines zerklüfteten Felsens, dann einige Minuten über einen Serpentinenweg hinauf zu einer Ansammlung von Holzhütten, die zur Bergseite hin abenteuerlich mit Strebepfeilern abgestützt waren. Ein Mönch begrüßte mich, als ich gebeugt durch das Haupttor schritt. Es war Trulshig Rinpoches Leibdiener, der mich gleich erkannte und mir ein freundliches Lächeln schenkte. Ich fühlte mich hier so willkommen wie bei Großvater Gaga in Thame.

Der Mönch geleitete mich in ein farbenprächtig ausgemaltes Vorzimmer, eine Art Warteraum. Er bat mich um einige Minuten Geduld und verschwand dann hinter einem Türvorhang, der offenbar zu Trulshig Rinpoches Gemächern führte. Ich war froh, noch ein wenig Atem schöpfen und meine Gedanken sortieren zu können. Ich bekam schwitzige Hände. Obwohl ich mit dem Rinpoche verwandt bin, war ich sehr nervös, sogar aufgeregt, so wie wenn ich meinen Vater in jenem sonnigen Zimmer aufsuchte, in dem er im Winter vormittags saß, um sich aufzuwärmen.

Der Diener ließ mich schließlich durch den Türvorhang in einen Raum treten, der knapp zehn Quadratmeter groß war. Auf der einen Seite saß etwas erhöht Trulshig Rinpoche, schon betagt und ziemlich beleibt, und sah zu mir herauf. Er lächelte, als wollte er mir etwas erzählen und habe schon auf mich, einen lange vermissten Verwandten, gewartet. Aus Respekt erwiderte ich sein Lächeln nicht, sondern warf mich dreimal ehrerbietig vor ihm nieder, was, so dachte ich, schließlich auch die Mütter der Dalai-Lamas vor ihren Söhnen tun. Dann trat ich vor und überreichte ihm mit einer Verbeugung einen Kata und einige Geschenke. Mit einer Handbewegung lud er mich zum Sitzen ein.

Er ließ Tee kommen und zog dann eine sehr alt aussehende Schrift hervor, offenbar eine der vielen, welche die Mönche von Rongbuk über den Nangpa-La-Pass gerettet hatten. Er platzierte das Werk – lange, lose Reispapierbogen, die zwischen geschnitzten Holzdeckeln lagen und in ein gelbes Tuch eingeschlagen waren – auf dem niedrigen Gebetstisch, den er vor sich stehen hatte. Er blätterte die Bogen einen nach dem anderen um und murmelte dazu etwas vor sich hin. Schließlich hielt er inne, warf das lose Ende seines Gewandes über die Schulter, rutschte auf seinem Polster nach vorn und sah mich an.

»Als ich aus Tibet ins Exil nach Khumbu und Solu kam«, begann er bedächtig, »machte ich die Bekanntschaft eines angesehenen Buddhisten, der als der ›Ladakh Lama‹ bekannt ist. Damals lebte er in Swayambhunath bei Kathmandu, später ist er nach Darjeeling gezogen.

Der Ladakh Lama war weithin dafür bekannt, in die Zukunft sehen zu können, wozu er sich eines *melong* aus Mes-

sing, eines rituellen Spiegels, bediente. In einer seiner Prophezeiungen aus den Dreißigerjahren sagte er mir, er habe klar
und deutlich gesehen, dass ein Buddhist aus dem Himalaja als
erster Mensch den Chomolungma besteigen würde.« Er griff
nach seiner Tasse und nahm einen Schluck Tee. »Ich dachte, es
würde dich interessieren, das zu hören.«

Tatsächlich war ich von dieser Mitteilung überrascht. Für
die gläubigen Menschen, die immer schon überzeugt gewesen
waren, dass mein Vater als Erster den Fuß auf den Gipfel
gesetzt hatte, war diese Prophezeiung des Ladakh Lama sicher
nur ein Beweis mehr – auch wenn er selbst die Frage, wer der
Erste gewesen sei, immer als belanglos bezeichnet hatte.

Wichtiger war, dass es erklärte, warum er das Kloster verlassen hatte. Unbewusst war er vielleicht einem vorbestimm-
ten geistigen Pfad gefolgt, als Vehikel zur Erfüllung dieser Prophezeiung. Es erklärte auch, warum er seine Heimat verlassen
hatte und nach Darjeeling gegangen, warum er überhaupt Bergsteiger geworden war und warum er Miyolangsangma verehrte.

Ich rief mir die Geschichte ins Gedächtnis, die ich einige
Jahre zuvor von Dorfbewohnern aus Thame gehört hatte. Ein
Junge, der einst mit Tenzing zusammen Yaks hütete, hatte
beobachtet, wie dieser auf den Wiesen oberhalb des Dorfes
eingeschlafen war. Seine Yaks waren schon ein Stück weitergezogen, als eine Kobra – die im Khumbu eigentlich gar nicht
vorkommt – durch das Gras von hinten an ihn heranglitt. Die
Kobra blähte ihren Hut auf und richtete sich direkt über dem
Kopf meines schlafenden Vaters auf. Die Schlange habe wie
einer der sieben *nagas* (Schlangengeister) ausgesehen, die zur
buddhistischen und hinduistischen Ikonographie gehören und
oft als markante vielköpfige Kobrahaube eine Gottheit beschützen. Dann verschwand der Naga wieder.

Der Volksglaube wertet eine solche Erscheinung als günstiges Vorzeichen. Die Leute aus Thame, die diese Geschichte kannten, sagten später, sie seien nicht überrascht gewesen, als Tenzing dann den Everest schließlich bestiegen habe.

Der Rinpoche rutschte auf seinem Polster herum, als wollte er noch mehr sagen. Er überschlug mehrere Bogen und wiegte sich dann mit dem Oberkörper vor und zurück, während er sich in eine Passage vertiefte, vermutlich die, welche mich am meisten erschüttern würde. Er las sie laut vor.

»Große Aufmerksamkeit wird man auf den Berg richten, auf dem Miyolangsangma wohnt, und die Menschen werden als Folge der Schändung und der schlechten Taten, die in ihrer Nähe begangen werden, viel leiden müssen.« Er sah zu mir auf und fuhr dann wie für sich fort: »Ja, so steht es geschrieben, vor Jahrhunderten schon wurden viele Menschen in der Umgebung des Chomolungma krank, und einige starben. Als Milarepa das sah, fragte er Miyolangsangma: ›Warum tötest du alle diese Menschen?‹

Sie antwortete: ›Dies ist meine Heimat. Die Menschen haben meinen Lebensraum verschmutzt, und sie machen mich krank, und wenn ich krank werde, werden sie auch krank, und so sterben dann einige von ihnen.‹ Damals nahmen die Menschen den Berg als Selbstverständlichkeit hin, so wie sie das auch heute tun – und mit denselben Folgen, wenn ich an all die Unfälle und die Toten denke, von denen ich gehört habe.«

Der Rinpoche nahm wieder einen Schluck Tee, atmete tief durch und hob dann mit einer anderen Geschichte an. Ich bezweifelte, ob ich noch mehr Enthüllungen würde verkraften können.

»Wusstest du, dass es Anzeichen gibt, dass deine Stiefmutter, Ang Lhamu, die Füllige, im Grunde eine Manifestation, eine menschliche Verkörperung von Miyolangsangma war?«

Ich traute meinen Ohren nicht. Das war wohl ein Scherz!

»Aber sie war so häuslich, so fürsorglich, so …«

»Eben«, warf der Rinpoche ein, als hätte er meine Antwort erwartet. »Sie war eine Beschützerin, eine Garantin des Wohlergehens. Sie war es, die deinen Vater den Berg hinaufgeleitet hat. Sie hat ihm das Familienleben, die innere Stabilität und das Bewusstsein gegeben, dass er auf sich Acht geben müsse – durch ihren Segen. Sie war die Grundlage für seinen Auftrag, den Auftrag, den der Ladakh Lama in seinem Melong sah. Ang Lhamu ist zu ihm gekommen, um diese Prophezeiung zu erfüllen, und sie hat ihn geleitet, weil sie den Weg kannte.« Ich dachte daran, dass George Band, ein Mitglied der britischen Expedition, sie als »prachtvoll« bezeichnet hatte. Möglicherweise hatte auch er damit nicht bloß auf ihre kräftige Erscheinung angespielt.

»Hat mein Vater davon gewusst?«, fragte ich, immer noch ungläubig.

»Dein Vater hat nie etwas von der Prophezeiung erfahren, und nein, ich habe auch nie mit ihm über Ang Lhamu gesprochen. Aber er hat vielleicht doch geahnt, dass sie eine nicht nur weltliche Beziehung hatten.«

Tatsächlich war ihre Beziehung nie allzu weltlich gewesen. Vor allem hat sie ihm nie ein Kind schenken können. Unglücklich über ihre Unfruchtbarkeit, hatte sie Tenzing mit ihrer Cousine Daku, meiner Mutter, bekannt gemacht. Einige wollen sogar wissen, dass sie es war, die Daku aufforderte, mit ihnen zu leben, damit mein Vater auch Kinder bekommen könne.

Bis vor einigen Jahrzehnten war es nichts Ungewöhnliches, dass ein Mann zwei Frauen hatte, vorausgesetzt, er war in der Lage, beide zu ernähren. Oft heirateten zwei Schwestern denselben Mann, meist bei ein und derselben Hochzeitszeremonie. Noch häufiger kam es vor, dass zwei Brüder sich eine Frau teilten, eine Sitte, die darauf zurückzuführen war, dass Tibeter und Sherpas auf Handelsreisen oft lange von zu Hause fort waren.

Ang Lhama starb kurz vor meiner Geburt. Ich erinnere mich, wie Verwandte darüber redeten, dass sie und mein Vater vom Karma her gut zusammenpassten, sie aber trotzdem nicht recht verstünden, warum er sie geheiratet hatte. Sie fühlte sich in Gesellschaft nicht sonderlich wohl. Sie hatte ihm jedoch Geborgenheit und Kraft gegeben, besonders nach dem Tod seiner ersten Frau, Dawa Phuti.

Dawa Phuti hatte ihm einen Sohn geboren, Nima Dorje. Mein Vater liebte ihn sehr, doch starb er schon 1939 im Alter von vier Jahren. Ungefähr um diese Zeit brachte Dawa Phuti noch zwei Mädchen zur Welt – meine älteren Halbschwestern Ang Nima und Pem Pem. Dawa Phuti starb, als die Mädchen noch klein waren, und Ang Lhama zog sie auf, als wäre sie ihre richtige Mutter.

Die ruhige, bestimmte und selbstbewusste Art von Ang Lhama strahlte auf alles aus, was sie tat. In ihrer Beziehung zu meinem Vater stand nicht so sehr die Liebe im Vordergrund. Trulshig Rinpoche hatte ja erklärt, dass sie eine göttliche Mission verfolgte, ihn beschützen und auf den Gipfel des Chomolungma bringen wollte. Ihr intuitives Wissen über Menschen und Vorgänge in der Welt war eine große Hilfe für meinen Vater. Er muss sie als verwandte Seele empfunden haben, wohl schon damals in den Dreißigerjahren, als er an der Kirche der St.-Paul's-Schule arbeitete und sie ihm Milch brachte, wobei sie spaßeshalber immer um den Preis feilschten.

Sie war eine traditionsbewusste, hart arbeitende Sherpa-Frau, die für sich behielt, dass sie sehr wohl Einblick in die westliche Lebensweise gewonnen hatte. 1938 hatte eine englische Familie sie bei der Rückkehr nach Großbritannien als Ayah mitgenommen. Möglicherweise war sie die erste Sherpani, die je nach England gekommen war. Zwei Jahre lang lebte sie in einem Hotel nicht weit vom Hyde Park im Zentrum von London, wo sie aufmerksam die Lebensweise der reichen Ausländer beobachtete. Das war eine gute Vorbereitung für die Zeit, als mein Vater nach der Besteigung des Everest Weltruhm erlangte.

»Ang Lhamus Vater, Lama Sangye, war ein treuer Gefolgsmann von Dzatrul Rinpoche, des ersten Lama von Rongbuk«, fuhr Trulshig Rinpoche fort. »Er ließ sich in Darjeeling nieder und wurde dort schließlich ein hoch angesehener Lama. Ang Lhamus Vater und dessen Frau kamen oft zu längeren Aufenthalten nach Rongbuk. Über Ang Lhamus Mutter wird eine interessante Geschichte erzählt, wie sie einmal beim Hüten ihrer Yaks eingeschlafen ist. Im Traum ist ihr ein ganz in Weiß gekleideter Mann mit weißen Haaren und weißem Bart erschienen, und sie hat mit ihm geschlafen. Kurz danach war sie mit Ang Lhamu schwanger. Zwar ist Lama Sangye ihr Vater, doch ist dies ein Zeichen, dass Ang Lhamu kein gewöhnliches Kind ist. Sie besitzt göttlichen Segen.«

Ich sah den Rinpoche an und nickte, doch wusste ich nicht recht, was ich sagen sollte. Die Verbindung unserer Familie mit Chomolungma war offenbar viel tiefer, als ich es bisher angenommen hatte.

»Und eines Tages wird sie auch dich leiten, wenn du Vertrauen zu ihr hast«, sagte er, meinte damit aber nicht nur Ang Lhamu, wie ich wohl verstand, sondern gleichzeitig auch Miyolangsangma. Dann griff er in eine Schatulle, die neben seinem Sitzkissen lag, und nahm einen kleinen Gegenstand heraus, den er mir reichte. Es war ein Goldring. »Dies soll dir bei der Ersteigung des Gipfels Glück bringen«, sagte er.

Ich hatte ihm gar nicht erzählt, dass ich vorhatte, den Berg zu besteigen. Ich muss ein ziemlich verdutztes Gesicht gemacht haben, als ich mich bei ihm bedankte, um mich dann respektvoll zurückzuziehen.

Ein Mönch führte mich zur Maratika-Höhle, die gleich unterhalb der Mönchshütten lag. Ich stieg so tief in die Öffnung des Granitgesteins ein, wie ich konnte, und sah mir alles genau an. Das heilige Wasser der Höhle sammelt sich in einem dunklen Becken am Grund. Die Pilger und Mönche stellen kleine Glasbehälter auf schmale Felsvorsprünge, um das Wasser, das heruntertropft, aufzufangen. Ich drückte eine hohle Hand gegen den Fels, ließ ein wenig Wasser hineinlaufen und trank es dann langsam.

Die Lamas behaupten, wenn sie auf eine Wasserfläche oder in ihren Melong, den Messingspiegel, der ihnen die Zukunft zeigt, blicken, dann sei das nicht viel anders, als einen Kinofilm zu sehen. Auch einige Laien verfügen von Geburt an über die Fähigkeit, in die Zukunft zu schauen.

Ich wandte mich um und sah noch einmal in den Tümpel. Lautlos entfaltete sich vor mir eine Abfolge von Bildern, Ereignissen und Szenen meines Lebens aus Vergangenheit und Zukunft. Ich sah mich leidend und in großer Bedrängnis, aber auch auf dem Gipfel des Everest. Die Bilder packten mich und überwanden mit ihrer geradezu körperlichen Intensität meine Ungläubigkeit.

Etwas oberhalb des Western Cwm konnte ich einige Zelte ausmachen, die um einen Felshaufen gruppiert waren. Das war das ABC, oder Camp II, auf knapp 6500 Meter Höhe. Den Schirm, meinen Schild gegen die sengende Sonne, immer noch fest umklammert, kämpfte ich mich weiter nach oben und erreichte eine Stunde später das Lager.

Camp II war sozusagen eine kleinere Version des Basislagers. Es verfügte über ein Küchenzelt samt Koch, ein Speisezelt und Zelte für die Bergsteiger. Nach der Akklimatisierung kann man vom Basislager aus Camp II unter Umgehung von Camp I an einem einzigen langen Vormittag erreichen. Den größten Teil unserer Ruhezeit oberhalb des Basislagers würden wir nun hier verbringen.

Gewissermaßen beginnt der Everest erst hier. Von Camp II aus gesehen ist der Gipfel nur noch gut 2000 Höhenmeter und ebenso weit in horizontaler Richtung entfernt. Der grandiose Anblick der Landschaft hat zur Folge, dass man das Gefühl für Größenverhältnisse verliert und einem der Berg deshalb viel kleiner vorkommt, so als könnte man den Gipfel an einem Tag erklimmen – bis man hoch oben winzige Kletterer erspäht; sofern sie überhaupt zu erkennen sind.

Am späten Nachmittag waren die Windgeräusche oben am Berg dramatisch und Furcht einflößend angeschwollen. Mein Vater hatte sie mir als das Heulen ganzer Rudel wilder, von Dämonen losgelassener Tiere beschrieben. Diese Beschreibung stammt noch aus der Zeit vor dem Aufkommen der Düsenflugzeuge, mit deren Lärm der Wind am Everest heute meistens verglichen wird. Robert Schauer nannte diese Stürme den »Kathmandu-Lhasa-Express«. Wenn es losging, sagten wir immer: »Hört mal, der Zug kommt.«

Wir hatten vor, mitten durch das Zentrum dieses Winds zu klettern. Wenn wir so in Camp II standen und nach oben schauten, versuchte ich Trost in Davids Worten zu finden: »Der Sturm, den du hörst, ist immer schlimmer als der, in dem du tatsächlich drinsteckst.« Meistens jedenfalls. Und auch nur vielleicht.

In Verbindung mit der Kälte kann der Wind unerträglich werden. Im Spätherbst 1952, als mein Vater es mit den Schweizern zum zweiten Mal versuchte, hat er hier viele ungemütlich kalte Tage verbracht. Im Herbst sind die Tage kürzer als im Frühjahr, weshalb die Sonne schon gegen zwei Uhr nachmittags hinter dem Gipfel des Nuptse verschwindet. Bis zum reichlich späten Sonnenaufgang am nächsten Morgen froren die Expeditionsteilnehmer und die Sherpas nun jämmerlich. Sie beklagten sich bitter über die Kälte, die einem seelisch nicht weniger zusetzte als körperlich, und wären am liebsten abgestiegen. Gereizte Stimmung breitete sich aus.

Mein Vater und Lambert kamen nur langsam voran. Kurz vor Einbruch der Dunkelheit erreichten sie den Südsattel und mühten sich dann zwei Stunden damit ab, ihr Zelt aufzubauen. Ganz in der Nähe waren noch Spuren ihres Lagers vom Frühjahr zu sehen. Lamberts Thermometer zeigte 30 Grad unter null an.

Sie verließen den Südsattel früh am nächsten Morgen, aber Wind und Kälte machten ihnen zu schaffen. Mein Vater trug drei Paar Handschuhe übereinander, trotzdem waren seine Finger taub geworden, und Nase, Lippen und Wangen färbten sich allmählich weiß und blau. Die Sherpas und die Schweizer hinter ihnen schienen sich gar nicht mehr zu bewegen. Umkehr war ihre einzige Chance. Sie waren noch ein ganzes Stück unterhalb des Punktes, den sie im Frühjahr erreicht hatten.

Mein Vater und Lambert hatten immer gemeinsam den Gipfel erreichen wollen, und sie wussten, dass dies ihr letzter Versuch sein würde, zumindest auf absehbare Zeit. Als sie kehrtmachten und den Rückweg antraten, sahen sie sich nicht einmal an, aber beide wussten genau, was in dem anderen vorging. Bergsteiger, die Monate miteinander verbracht haben, verstehen sich auch ohne Worte. Ich bin mir sicher, sie empfanden auch einen gewissen Stolz, wussten sie doch, dass es unter diesen Bedingungen auch kein anderer geschafft hätte.

Mein Vater war beim Abstieg sehr erschöpft. Er verstauchte sich den Knöchel und bekam dann auch noch Fieber. Es war sein zweiter Versuch am Everest innerhalb von nur sechs Monaten gewesen, und er sagte zu den anderen Sherpas, er habe jetzt genug von dem Berg und überlege, ob er es nicht aufgeben solle. In Kathmandu überreichte ihm jedoch der König persönlich eine hohe Auszeichnung, den Nepal-Pratap-Bardhak-Orden (»Aufsteigender Ruhm«).

Schließlich stellte sich heraus, dass er Malaria hatte, was man damals »Sumpffieber« nannte. Die Schweizer ließen ihn ins nordindische Patna fliegen, wo er zehn Tage lang im Krankenhaus einer Missionsstation lag.

Noch auf dem Krankenlager erhielt er im Dezember 1952 einen Brief von Major Charles Wylie, der ihn einlud, im Frühjahr des folgenden Jahres mit einer britischen Expedition zum Everest zurückzukehren. Major Wylie, der die Verantwortung für den Lastentransport haben würde, sprach Nepali. Sein Vater hatte in den Dreißigerjahren in Darjeeling Soldaten für die Gurkha-Regimenter rekrutiert, sein Großvater war in den Neunzigerjahren des 19. Jahrhunderts britischer Gesandter in Nepal gewesen. Wylie wusste, welchen Respekt mein Vater unter den Trägern und anderen Sherpas genoss, und wollte ihn deshalb unbedingt dabeihaben. Mein Vater sagte zu, obwohl er sich noch schwach fühlte und mittlerweile fast zehn Kilogramm Untergewicht hatte. Es sollte sein siebter und endlich erfolggekrönter Versuch werden.

Mein Vater hatte unter den Briten viele gute Freunde, genau wie ich. Die Briten sind reservierter und förmlicher als andere Ausländer. Sie sind tapfer, gerecht und fair, und sie sind auch nett, aber zur Zeit meines Vaters behandelten sie Angehörige anderer Nationen niemals als gleichwertig. Ich selbst habe diese Haltung bei einigen älteren Briten entdecken können. Wahrscheinlich hindert ihre Vergangenheit und ihre kulturelle Prägung sie daran, sich anders zu verhalten. Die Schweizer hatten meinen Vater im Herbst 1952 hingegen als vollgültiges Mitglied des Teams aufgenommen; sie und die Franzosen behandelten ihn in einer Weise als Freund und Partner, wie es die Briten nie getan hätten. In manchen Expeditionsberichten, nicht unbedingt nur britischen, werden die Namen der Sherpas der Expedition nicht einmal erwähnt, auch wenn sie mit bis zum Gipfel aufgestiegen sind. Ist es einmal doch der Fall, werden sie meist einfach unter dem Sammelbegriff »Sherpas« verbucht.

Mein Vater wäre lieber mit den Schweizern zum Everest zurückgekehrt, doch hatte er auch keine Vorbehalte gegenüber den Briten. Er war sich bewusst, dass sie einiges aufbieten würden, um ihr Ziel zu erreichen, hatten sie doch den Everest immer als ihren Berg betrachtet. Es war ihre letzte Chance vor der gefährlicheren Herbstsaison, die als Ausweichtermin ins Auge gefasst war. Danach waren die Franzosen an der Reihe, die sich für 1954 eine Erlaubnis gesichert hatten. Gerüchten zufolge drohte noch Schlimmeres: Eine russische Expedition plante angeblich für das Frühjahr den Aufstieg von der Nordseite, just zur gleichen Zeit wie die Engländer, die sich von Süden her aufmachen wollten. Mit einem Mal schien mit den Bergsteigern die Politik das Dach der Welt erklimmen zu wollen.

Glücklicherweise ist ein schwieriger Anfang nicht gleichbedeutend mit einem schlimmen Ende.

Die Expedition von 1953 hatte zunächst mit einigen Schwierigkeiten zu kämpfen. Mein Vater hatte ungefähr dreißig Sherpas aus Darjeeling und dem Khumbu verpflichtet und sie nach Kathmandu bestellt. Sie versammelten sich auf dem Gelände der britischen Botschaft unweit des Stadtzentrums. Auch Frauen waren dabei, die Schuhe aus Büffelleder mit Filzüberzug trugen. Die Männer kamen in zerrissenen Turnschuhen, manche auch in ausgetretenen Kletterstiefeln, die Überbleibsel früherer Expeditionen waren.

Heutzutage besitzen viele Sherpas Häuser und Wohnungen in Kathmandu, immer mehr verfügen auch über Autos und Motorräder. Im Jahr 1953 jedoch gab es nicht einmal Hotels in der Stadt, und keiner der Sherpas hatte Verwandte, bei denen er hätte unterkommen können. Ein britischer Offizier wies ihnen also auf dem Grundstück der britischen Botschaft Schlafplätze in einer Garage zu, die vor nicht allzu langer Zeit noch als Stall gedient hatte. Die Briten und die »Kiwis«, die neuseeländischen Expeditionsteilnehmer, wohnten dagegen im Botschaftsgebäude.

Verständlich, dass die Sherpas ungehalten waren. Sie hatten schon größere Entbehrungen auf sich genommen und mit Gleichmut an weniger einladenden Orten geschlafen, doch war dies kein vielversprechender Anfang. Zu vorgerückter Stunde überbrachte mein Vater dem Leiter der Expedition, Colonel Hunt, die Beschwerden der Sherpas. Einen Augenblick lang hatte er sogar überlegt, ob er sich nicht vielleicht eine Übernachtungsmöglichkeit in einem Kloster suchen solle, um auf diese Weise seinen Protest auszudrücken, aber dann blieb er doch bei den anderen Sherpas. Zähneknirschend kamen sie überein, für diese Nacht das Beste daraus zu machen.

Die Missachtung steigerte sich zur Beleidigung, als das Botschaftspersonal am nächsten Morgen die Sherpas ausschalt, weil sie den Platz vor der Garage als Latrine benutzt hatten. Die Briten hatten nicht einmal daran gedacht, ihnen eine Toilette zuzuweisen. Der harsche Tonfall verschlechterte ihre Stimmung – wenn sie überhaupt noch hinhörten.

Die britischen Mitglieder des Teams hatten der *London Times* vertraglich die Exklusivrechte an ihren Berichten über die Expedition zugesichert und sich sonst zu Stillschweigen verpflichtet. Die Sherpas hatten kein solches Abkommen unterzeichnet, weshalb mein Vater auch von den Journalisten der konkurrierenden Blätter umlagert wurde, die ihn als den Sprecher der Sherpas ansahen und sich von ihm Einzelheiten erhofften. Er konnte zwar nicht lesen, aber er hatte bereits gelernt, dass das, was man sagte, nicht unbedingt auch das war, was später in der Zeitung stand. So ist es ihm zu verdanken, dass die Reporter nichts von der Sache mit der Garage erfuhren, die sie sicher nur allzu gern zu einer großen Story aufgebauscht hätten, was der Expedition letztlich einen noch schlechteren Start verschafft hätte.

Dann sagte man den Sherpas, sie sollten ihre Schlafsäcke, ihre Stiefel und ihre Kleidung erst in Namche-Basar oder im Basislager bekommen, was sonst nicht üblich war (wenn sich auch damals noch kaum feste Traditionen herausgebildet hatten). Die Sherpas hielten das zunächst für einen weiteren Affront, nahmen es aber schließlich hin, nachdem einer von ihnen darauf hingewiesen hatte, dass dann andere Träger die Verantwortung für den Transport des Gepäcks zum Basislager haben würden.

Vor dem Abmarsch aus Kathmandu wurden die Sherpas auch einem Gesundheitstest unterzogen. Ein Mann namens Gyaltsen, der genauso kräftig schien wie jeder andere, wurde nach der Diagnose eines Herzfehlers ausgemustert. Die Sherpas, die der westlichen Medizin misstrauten, fanden diese Entscheidung ungerecht und begannen erneut zu murren.

Major Wylie und mein Vater besaßen einige Erfahrung in der Lösung schwieriger Konflikte mit Lastenträgern. Sie standen im Brennpunkt des Unmuts, wo sie ihr ganzes diplomatisches Geschick aufbieten mussten. Wylie bot den Sherpas im Namen der Briten seine Entschuldigung an – ob diese ihn dazu wirklich autorisiert hatten, sei dahingestellt. Er war später, von 1961 bis 1964, Militärattaché in Nepal und ist bis heute ein guter Freund der Familie.

In Tengboche kam erneut Unzufriedenheit auf, als die Briten ankündigten, dass die Sherpas nach Abschluss der Expedition ihre Ausrüstung zurückgeben müssten. Das war noch nie verlangt worden, auch von den Briten nicht, und beinahe wäre es zur Meuterei gekommen. Colonel Hunt widerrief die Anordnung und erklärte, man habe die Ausrüstung nur zurückhaben wollen, um sie ihnen später in Kathmandu offiziell als Bonus zu überreichen. Die Folge war, dass den Sherpas, die normalerweise großen Respekt vor den Sahibs hatten, allmählich aufging, dass auch diese sich unberechenbar und impulsiv verhalten konnten – mit anderen Worten, dass sie Menschen waren.

Dann erfuhr mein Vater, dass Pasang Phutar, ein politisch aktiver Sherpa, möglicherweise von den Kommunisten eingeschleust worden sei, um Unruhe in der Expedition zu stiften. Die Kommunisten fanden damals in Nepal wachsenden Zulauf. In der Nähe von Tengboche hielt man »Gericht«. Pasang musste vor Wylie, Hunt und meinem Vater erscheinen. Hunt und Wylie bestimmten, dass Pasang aus der Expedition ausscheiden müsse. Mein Vater unterstützte die Maßnahme schweren Herzens, denn Pasang war nicht nur ein fähiger Sirdar und erfahrener Bergsteiger, sondern auch ein guter Freund. Nach dessen Abreise besserte sich die Stimmung in der Expedition allerdings zusehends.

In Camp II rief ich mir immer wieder die Filmaufnahme aus dem Jahr 1953 ins Gedächtnis, die zeigt, wie mein Vater und Hillary nach dem Abstieg vom Gipfel zu ihrem vorgeschobenen Basislager zurückkehrten. Ich wollte genau wissen, wo die Aufnahme entstanden war, und schließlich fand ich es heraus: an einer Flachstelle am Fuß der Lhotse-Flanke, ungefähr zehn Minuten von unserem jetzigen Lager entfernt. Mir lief ein Schauer über den Rücken, und die Begeisterung, die hier vor 43 Jahren geherrscht haben muss, ergriff mich.

Die britischen Expeditionsteilnehmer, die hier warteten, hatten unterdessen nichts von ihren Kameraden gehört. Sie hatten keine im Schnee ausgelegten Schlafsäcke beim nächsthöheren Lager an der Lhotse-Flanke ausmachen können, wie es als Zeichen für den Erfolg der Besteigung ausgemacht worden war. Still standen sie da und sahen Hillary, meinem Vater und George Lowe, der sie vom Südsattel herabbegleitete, entgegen. Ihr schleppender Gang wirkte von weitem wie ein Zeichen der Niederlage – so waren es die Briten seit nun beinahe einem halben Jahrhundert am Everest gewohnt. Es war der Vorabend der Krönung von Königin Elizabeth und wieder einmal würde man aus diesem Teil der Welt nicht mit einer Erfolgsmeldung aufwarten können.

Hillary und mein Vater waren jedoch einfach nur zu erschöpft, um die Arme in Siegerpose zu heben. Dann aber hielt George Lowe triumphierend seinen Eispickel hoch und zeigte damit auf den Gipfel, und da begann auch die Mannschaft im vorgeschobenen Basislager zu ahnen, dass sie es geschafft hatten. Sie setzten sich in Bewegung, um den Gipfelhelden entgegenzugehen, und stürmten dann los, als Hillary schwach mit dem Eispickel winkte. Mein Vater hob zur Bestätigung den Daumen. Und das Lächeln, das dann auf ihre Gesichter trat, war so klar und tief, dass kein Zweifel mehr bestand: »Wir haben es geschafft!«

Alle fielen sich in die Arme und jubelten. Colonel Hunt stiegen die Tränen in die Augen. »Ist es wirklich wahr?«, fragte er Hillary und meinen Vater immer wieder, während er sie umarmte. Die anderen Sahibs sprangen wie besessen umher, und die Sherpas waren kaum weniger aufgeregt. In diesem Augenblick war der Unterschied zwischen Sahibs und Sherpas aufgehoben. Das breite, weiß schimmernde Lächeln meines Vaters beherrschte die Szene.

Von nun an wurde mein Vater für die Sherpas zur lebenden Legende; einige verneigten sich vor ihm und falteten wie im Gebet die Hände, und einer ergriff sogar die Hand meines Vaters und führte sie sich an die Stirn, um seinen Segen zu erhalten. Dann drängten sie sich um ihn und boten ihm ehrerbietig Tee an, während er die Geschichte der Besteigung nach Art der Sherpas erzählte, indem er theatralisch Geräusche nachahmte und Pausen einlegte, um die Spannung zu steigern und den Zuhörern Gelegenheit zu geben, seine Gedanken, seine Wahrnehmungen und seine Freude nachzuempfinden. Tenzing und Hillary hatten unter Aufbietung aller Kräfte den Weg zum höchsten Punkt der Erde gefunden.

Für meinen Vater wie für viele Sherpas, die ihr Leben dem Ziel gewidmet hatten, selbst den Gipfel zu erklimmen und andere hinaufzuführen, war es der krönende Abschluss langer Bemühungen.

Auch wir würden es vielleicht nicht sofort schaffen, mutmaßte ich. In der ersten Maiwoche des Jahres 1996 hatten ein Franzose, ein Skandinavier, zwei Brüder aus Spanien sowie im Alleingang der Schwede Göran Kropp erfolglos versucht, den Gipfel über den Südsattel zu erreichen. Drei von ihnen waren ganz oder fast bis zum Südgipfel in 8750 Meter Höhe aufgestiegen, waren jedoch durch tiefen Schnee und heftigen Wind zur Umkehr gezwungen worden.

Ein reicher Norweger kam in Camp II an und verkündete, er wolle die beinahe senkrechte, für ihre Lawinen berüchtigte Südwestflanke hinaufklettern. Er beschrieb sein Vorhaben als Alleingang, ungeachtet der zehn Sherpas, die er angeheuert hatte. Wieder ein Abenteurer mit beschränkter Bergerfahrung; einer seiner Sherpas berichtete, der Mann habe im Gletscherbruch überhaupt zum ersten Mal in seinem Leben Steigeisen gesehen. An einem besonders gefährlichen Abschnitt der Südwestflanke stieg er ein Stück weit hoch, entschloss sich aber dann abrupt zum Abbruch seines Vorhabens, was er mit der Nachricht von einem Krankheitsfall in seiner Familie erklärte. Wir waren alle erleichtert.

Beeindruckt war ich von Göran Kropp, der den ganzen Weg aus seiner Heimatstadt in Schweden bis nach Nepal und von da bis zum Basislager am Everest mit dem Fahrrad oder zu Fuß zurückgelegt hatte, und das ohne jede Hilfe. Nachdem er seine Ausrüstung auf einer von ihm selbst ausgekundschafteten und gesicherten Route durch den Eisbruch geschleppt hatte, wollte er nun auch den Gipfel erklimmen – allein und ohne Hilfe –, um dann zu Fuß und per Fahrrad wieder nach Schweden zurückzukehren. Im Unterschied zu vielen anderen Sonderlingen war er kräftig, intelligent und verfügte über Erfahrung. Als ich ihn kennen lernte, hatte ich das Gefühl, allein schon sein ansteckender Humor müsse ihn ein gutes Stück den Berg hinauftragen.

Kropps eiserne Entschlossenheit, seinen Besteigungsversuch als Einzelkämpfer zu bestehen, war über jeden Zweifel erhaben. Er achtete streng darauf, nicht einmal eine Tasse Tee anzunehmen, auch nicht von seiner Freundin, die mit ihm reiste. Selbst im Basislager am Mount Everest zerbrach er sich noch den Kopf darüber, dass er irgendwo im Nahen Osten einmal eine kleine Hilfe bei einer Fahrradpanne angenommen hatte.

Göran erinnerte mich an meinen Vater – sie teilten das unerschütterliche freundliche Lächeln und die Leidenschaft für harte Arbeit und beide kannten den Wert von Entbehrungen und Aufrichtigkeit. Beide verloren nie ihren Glauben.

Wenn mich Miyolangsangma führen sollte, dann, so spürte ich, musste mein Vertrauen ebenso echt und unerschrocken sein. Alles musste ganz aus dem Inneren kommen. Als ich so unterhalb der bedrohlichen Lhotse-Flanke stand, wo 1952 direkt neben meinem Vater ein Sherpa den Tod fand, prüfte die ängstliche, auf die Familie bedachte Seite in mir, wie viel Vertrauen sie aufbringen konnte. Wenn meine Tochter am Ende vaterlos aufwachsen musste und meine Frau ohne Mann dastehen würde, dann beging ich jetzt einen schrecklichen Fehler. Wie die Dinge lagen, hatte ich die Entscheidung getroffen, eine ganze Weile ohne meine Familie zu leben, meinen Träumen hinterherzujagen – oder Dämonen zu vertreiben. Genau dasselbe hatte auch mein Vater getan. Er hatte die Familie endlose Monate lang allein gelassen. Diese Abwesenheit hatte ich ihm als Junge verübelt, als Junge, der ihn begleiten und bei ihm sein und so werden wollte wie er.

Die Lhotse-Flanke ist eine 1200 Meter hohe, 50 Grad steile Wand aus bläulichem Eis, teilweise so hart gefroren wie blanker Fels. Nur mit den vereinten Kräften dreier Teams war es gelungen, die Fixseile zu Camp III anzubringen, wobei auch einige von unseren Sherpas geholfen hatten.

Beim Aufbau von Camp III mussten wir regelrecht mit anderen Teams um den Platz kämpfen. Wir hatten einen Bereich für unsere Zelte durch Seile abgesteckt, aber die Sherpas der Jugoslawen setzten sie einfach um, um an dieser Stelle dann ihre eigenen Zelte aufzuschlagen. Der streitsüchtige Sirdar der Jugoslawen markierte den großen Macker. Über Funk drohte er, uns die Kehlen durchzuschneiden, falls wir auf unseren Platz in Camp III beharren sollten. David erwischte den Expeditionsleiter der Jugoslawen über Funk und schließlich klärten sie die Sache. Die Jugoslawen schlugen ihr Lager dann etwas unterhalb von unserem auf.

Um eine ebene Fläche zum Aufstellen unserer Zelte zu schaffen, mussten wir erst mühsam Terrassen in den steilen Hang hacken. Wir brauchten nur zwei Zelte, da die Sherpas sich normalerweise nicht hier aufhalten, sondern direkt von Camp II aus zum Südsattel aufsteigen.

Nachdem Camp III fertig gestellt war, machten wir uns daran, Camp IV mit Lebensmitteln, Sauerstoffflaschen und anderen Versorgungsgütern zu füllen. Camp IV lag auf dem Südsattel, einer breiten, beinahe flachen Senke zwischen dem Lhotse und dem Everest. Mit seinen 7925 Metern Höhe wird der Südsattel auf der ganzen Welt nur noch von zwanzig anderen Gipfeln übertroffen. Er liegt in der so genannten »Todeszone«, der mysteriösen Höhe, ab der die Kräfte eines Bergsteigers rapide abfallen, weshalb man die Aufenthaltsdauer

dort begrenzen muss. Zwar hatten wir dort sechs Zelte aufgeschlagen, doch bis zur Nacht vor dem Gipfelaufstieg ist
Camp IV kaum mehr als ein Lager für Sauerstoffflaschen und
Ausrüstung. Mehr als eine Woche lang brachen die Sherpas
jeweils früh am Morgen von Camp II auf, kletterten ohne Last
bis zu Camp III, nahmen dort 25 Kilogramm Gepäck auf und
trugen sie zu Camp IV, um dann vor Einbruch der Dunkelheit
nach Camp II zurückzukehren. Anfang Mai hatten wir alle
unsere Lager bestückt.

Um uns vor dem endgültigen Aufstieg noch einmal auszuruhen und frische Kräfte zu tanken, stieg das gesamte Team von
Camp II und Camp III ins Basislager hinab. Wenn man dem
Gipfel bereits so nahe war, ist das psychologisch nicht einfach
zu bewältigen.

Aus dem wilden Gletscherbruch kommend, machte die
regellos hingewürfelte Zeltstadt des Basislagers auf mich nun
einen sehr viel anheimelnderen Eindruck. Als ich sie zum ersten Mal aus der anderen Richtung gesehen hatte, war sie mir
noch kahl und entrückt erschienen.

Wir ließen es uns bei den Mahlzeiten gut gehen, und
abends lauschten wir Roger Bilhams improvisierten Geolo-
gievorlesungen. Die Spannung stieg spürbar an. Bergsteigen
erfordert Konzentration und Geduld und der große Menschenandrang und das unbeständige Wetter sorgten für Stress.
Um die Spannung ein wenig abzubauen, veranstaltete die
Gruppe von Rob Hall am späten Nachmittag einer der Ruhe-
tage eine lautstarke Party in ihrem Speisezelt. (Ein amerika-
nischer Bergsteiger meinte im Scherz zu mir, er bereite sich
auf den niedrigen Sauerstoffgehalt in der Höhe vor, indem er
Sauerstoffmangel durch Trinken herbeiführe.) Im Jahr zuvor
war es Hall nicht gelungen, jemandem zum Gipfel zu führen,
und dieses Mal hatte er sogar zwei Kunden mehr angenom-

men. Der Einsatz hatte sich erhöht. Ich konnte verstehen, dass sie das Bedürfnis hatten, ein wenig Dampf abzulassen, aber so kurz vor dem Gipfelversuch schien es mir wiederum auch unvernünftig zu sein.

Wongchu und ich koordinierten gemeinsam den Transport der Lasten. Er übernahm zusätzlich die Aufgabe, für Zucht und Ordnung unter den Sherpas im Basislager zu sorgen. Schon kurz nach unserer Ankunft dort hatte er einige junge und rebellische Hilfssherpas antreten lassen, um ihnen gehörig die Leviten zu lesen. Sie sollten nicht trödeln und den Anweisungen von Changba, dem Koch, folgen. Auf keinen Fall wolle er von irgendwelchen Techtelmechteln im Lager hören, das bringe nur Unglück. Und außerdem verbot er das Grillen und Braten von Fleisch, dessen Geruch Miyolangsangma beleidigen und beschmutzen und, wie die Sherpas glauben, Stürme am Gipfel auslösen würde. Das alles brachte Wongchu mit ebenso viel Humor und Einfühlungsvermögen wie mit ernsthaften Drohungen vor. Tatsächlich hatte er in der Küche einen Stock und war auch Manns genug, gegebenenfalls den Hintern eines aufmüpfigen Sherpas mit ihm Bekanntschaft machen zu lassen. »Ihr seid hier, um zu arbeiten«, war seine Devise. In seiner geradlinigen und strengen Art erinnerte er mich an meinen Vater. Alle Sherpas hatten Respekt vor Wongchu – wie einst vor Tenzing.

Übergroße Geradlinigkeit kann jedoch auch am Ziel vorbeischießen, wie der Lama von Tengboche mir einmal mit einem wissenden Lächeln erklärte. »Wenn man Menschen etwas verbietet, dann wollen sie es erst recht tun. So erging es unserem verehrten Ältesten Konjo Chhumbi aus Khumjung, dem früheren Dorfchef: Bei besonderen Anlässen versammelten sich die Dorfbewohner auf dem Gelände des Klosters, liefen aufgeregt umher, lärmten und machten viel Aufhebens um die Festlichkeiten. Er ging dann mit langen Schritten herum, die

Arme gravitätisch erhoben, aber je eindringlicher er sie beschwor, sie sollten sich hinsetzen und still sein, desto größer wurde der Aufruhr.«

In Amerika hatte ich mich daran gewöhnt, dass sich Männer und Frauen in der Öffentlichkeit küssen. Sherpas sind in dieser Hinsicht sehr zurückhaltend, und so überraschte es mich doch sehr, Derartiges auch im Basislager zu sehen. Sexuelle Enthaltsamkeit, allgemeine Bescheidenheit und Umsicht bei der Zubereitung von Fleisch waren wesentliche Elemente der Professionalität und des Respekts, die unser Team auszeichneten. Schließlich fürchten die meisten Sherpas die Gesetze des Dharma mehr als die der Menschen.

Im Basislager nahmen die Sherpas ihre Mahlzeiten nicht zusammen mit den Mitgliedern des Teams ein, was hauptsächlich an den unterschiedlichen Ernährungsgewohnheiten lag. Ich löste das Problem auf meine eigene Weise. Jeden Abend ging ich zum Speisezelt und schaute nach, was die Expeditionsmitglieder so aßen, dann schlenderte ich zum Küchenzelt und erkundigte mich, was sich die Sherpas kochten. Das westliche Essen war oft nicht recht nach meinem Geschmack, weshalb ich meistens mit den Sherpas aß. *Shyakpa*, geschmortes Fleisch in deftiger Yakbrühe, war schwer zu übertreffen, es sei denn, bei den Bergsteigern wurde Wein gereicht. Gegen Wein hatte Miyolangsangma nichts einzuwenden, solange er in Maßen genossen wurde.

Auch unsere teuren Hochenergieriegel, die mit allen möglichen Nährstoffen angereichert waren, befriedigten mich nicht. Ich bereitete mir also mein eigenes Kraftfutter zu: Tsampa, vermischt mit Zucker, Nüssen und Rosinen. In einem kleinen Ledersäckchen knetete ich die Mischung zu Bällchen, die man *pak* nennt. Ich rührte Tsampa auch in meinen Morgentee – das traditionelle Frühstück der Sherpas. Tsampa wird nur langsam verdaut und hält auf diese Weise lange vor; Sherpas essen das trockene Mehl gelegentlich sogar einfach so, was man aber nur hinunterbringt, wenn man daran gewöhnt ist.

An jenem Abend, als ich ins Basislager zurückkehrte, telefonierte unsere Historikerin Audrey Salkeld gerade mit Charles Warren, dem ältesten noch lebenden Everest-Besteiger, um ihm zum neunzigsten Geburtstag zu gratulieren. Mit Warren, Eric Shipton und anderen Briten hatte mein Vater 1935 zum ersten Mal versucht, den Gipfel über die Nordseite zu erreichen. Sie wurden damals mit dem üblichen schlechten Wetter konfrontiert und kamen nicht weit. Bei jener Expedition fanden sie den Leichnam von Maurice Wilson, dem exzentrischen Piloten, der ein Jahr zuvor den Gipfel im Alleingang, nur von Gebeten und Fastenübungen begleitet, hatte erklimmen wollen.

Die tibetischen Behörden kannten Wilson schon von einem früheren, wiewohl ungenehmigten Besteigungsversuch, worauf er hatte unterschreiben müssen, dass er nie mehr nach Tibet einreisen würde. Er und seine drei tibetischen Begleiter hatten die Patrouillen und Grenzposten in der Nacht umgangen und den Berg auf diese Weise über lange Umwege erreicht. In ihrem höchsten Lager am Rongbuk-Gletscher, direkt unterhalb des Nordsattels, weigerten sich die drei Tibeter weiterzugehen. Wilson war entschlossen, sich über den Nordsattel allein zum Gipfel durchzuschlagen und bat seine Begleiter, wenigstens drei Tage lang auf ihn zu warten. So haben es die Tibeter jedenfalls meinem Vater erzählt.

Wilsons Skelett war noch mit eingetrockneter, gefrorener Haut überzogen, und seine verdrehte Haltung ließ darauf schließen, dass er versucht hatte, sich die Stiefel auszuziehen: Ein Fuß war ohne Stiefel und die Schnürsenkel des anderen hielt er immer noch in der knochigen Hand. Mein Vater und Warren beerdigten den »Mad Yorkshireman«, wie die Presse ihn genannt hatte, unter den Felsbrocken der Moräne.

Als die drei Tibeter nach Darjeeling zurückkamen, stellten

sie einen Wohlstand zu Schau, dessen Quelle nur Wilson gewesen sein konnte. Mein Vater bezweifelte, dass sie tatsächlich drei Tage auf ihn gewartet hatten, und machte ihnen Vorwürfe, weil sie ihn nicht mit Gewalt von seinem selbstmörderischen Vorhaben abgebracht hatten. Wilson war wahrscheinlich völlig entkräftet zu seinem Zelt zurückgekommen, hatte niemanden vorgefunden, der sich seiner annahm, und war dann erfroren oder vor Erschöpfung gestorben.

Das Jahr 1935 hatte bei meinem Vater die Faszination für den Chomolungma geweckt, ihm aber auch Furcht eingeflößt. Er fragte sich, ob der Berg, oder jedenfalls die Route über die Nordseite, vielleicht doch unbezwingbar war – oder womöglich sogar verzaubert. Er war sieben Jahre alt gewesen, als die Briten 1922 ihren ersten Versuch wagten. In jenem Jahr starben sieben Sherpas in einer gewaltigen Lawine, was allgemeines Entsetzen auslöste. Nach dem dritten britischen Versuch, im Jahre 1924, dauerte es ein, zwei Monate, bevor Neuigkeiten von der Expedition ins Dorf Thame gelangten und bekannt wurde, dass George Mallory und Andrew Irvine verschwunden waren. Man hatte sie zuletzt gesehen, als sie in die Wolken gleich unterhalb des Gipfels aufstiegen. Mein Vater war damals zehn Jahre alt und war noch nie einem Europäer begegnet. Die fremdländisch klingenden Namen Mallory und Irvine gruben sich tief in sein Gedächtnis ein.

Entgegen allen Widrigkeiten – oder entgegen allen Botschaften der Götter – kehrten die Sahibs und Sherpas immer wieder und in größerer Zahl zum Berg zurück oder versuchten es zumindest. Dann brach der Zweite Weltkrieg aus. Zwischen 1938 und 1947, dem Jahr, als in Darjeeling ein exzentrischer Brite namens Earl Denman auftauchte, der heimlich nach Tibet reisen und den Berg allein bezwingen wollte, gab es keine Expeditionen. Mein Vater ergriff die Gelegenheit, obwohl alle, die Denman kannten, das Unternehmen als aussichtslos einstuften. Wie kaum anders zu erwarten, scheiterte ihr Vorhaben, aber mein Vater freundete sich mit Denman an – wie mit allen ausländischen Sonderlingen. Er teilte ihren Sinn für das Abenteuer, gewiss, aber da war noch mehr. Diese Außenseiter glaubten wie er an ihre Möglichkeiten, sie waren voller Hoffnung, und sie verschrieben sich ihren Träumen.

In der Nacht, die unserem Abstieg zum Basislager folgte, wurden einige unserer Steigeisen und Klettergurte von der Stelle am Rand des Gletschers gestohlen, wo man sie normalerweise zurücklässt. Besonders die Veteranen unter den Bergsteigern fanden es traurig, dass so etwas in ihrer Gemeinschaft möglich war. Schon zuvor waren einige Mal Sauerstoffflaschen und Ausrüstungsteile am Südsattel gestohlen worden, was zu der unglückseligen Gewohnheit Anlass gab, die Zelte in Camp IV mit Schlössern zu versehen. Das erinnerte mich an das Treibstoffembargo in Nepal im Jahre 1990, als ich von Jiri aus mit fünfzig Plastikkanistern Petroleum zum Basislager unterwegs war. Wir mussten die Verschlüsse sorgsam verkleben, um die Leute abzuhalten, sich davon zu bedienen – hauptsächlich die Polizei, die bei Inspektionen gern etwas für sich selbst abzweigte.

Der Verlust wichtiger Ausrüstungsgegenstände, die in diesem entlegenen Tal schwer zu ersetzen sind, konnte das Ende einer Expedition bedeuten. David rief eine Versammlung der Teamleiter im IMAX-Speisezelt ein. Da alle wussten, wie schwierig und aussichtslos Nachforschungen wären und dass es nichts brachte, jemanden zu beschuldigen, drehte sich die Diskussion bald darum, was dieser Diebstahl für den Geist der Selbstlosigkeit und Rücksicht zu bedeuten hatte, der normalerweise in der Welt des Bergsteigens vorherrscht.

Es bot auch den Leitern der kommerziellen Expeditionen Gelegenheit, sich und ihr Vorhaben zu profilieren und außerdem die Hackordnung untereinander und innerhalb ihrer Teams zu bekräftigen. Manchmal war es nicht einfach, zwischen Nationalchauvinismus und persönlichem Ehrgeiz zu unterscheiden, doch waren die Teamführer, die am häufigsten auf dem Everest gewesen waren, auffällig darauf bedacht, bei den Benimmregeln auf dem Berg und im Basislager den Ton anzugeben.

Ich war ein wenig erstaunt darüber, dass sich alle Expeditionsleiter – David Breashears, Scott Fischer, Rob Hall, Todd Burleson, Henry Todd – untereinander kannten. Trotzdem spürte ich eine unterschwellige Konkurrenz zwischen ihnen und ihren Gruppen. Die Bergführer, die mehr Gipfel vorzuweisen hatten, hatten die Nase oben und beanspruchten den Everest gewissermaßen als ihr ureigenes Spielfeld. Das konnte nicht ganz ohne Rivalitäten abgehen.

Unter den erfahrenen Sherpas im Basislager munkelte man über die ungewöhnlich vielen Raben, die auch lauter als sonst zu krächzen schienen. Die *goraks*, wie sie bei uns wegen ihres rauen Rufs genannt werden, beunruhigten die Köche und das Personal des Basislagers. Man hält sie für Boten, und so hat sich in Tibet eine Kunst der »Rabenwahrsagerei« entwickelt, die aus ihrem Gekrächze und ihrem Verhalten die Zukunft herauszulesen versucht. Die meisten Sherpas können die Rufe der Goraks nicht deuten, aber wenn die Vögel sich im Basislager versammeln und dort zu krächzen anfangen, dann liegt die Schlussfolgerung nahe, dass es Ärger am Berg gibt. Sogar am Südsattel hatte man sie schon lautstark um Futter betteln sehen.

Das erste Unglück der Saison ereignete sich im Gletscherbruch, was weiter nicht überraschend war. Rob Hall wollte den Anfang machen und mit seinem Team zu Camp II aufsteigen, um sich die Zeltplätze zu sichern, die er in den vorangegangenen Jahren benutzt hatte. Er hatte fünf seiner Sherpas vorausgeschickt, um das Gelände in Besitz zu nehmen, noch bevor Fixseile verlegt waren und er selbst am Basislager eingetroffen war. Und bevor ihr Puja durchgeführt worden war.

In der Nähe einer als »Nuptse Corner« bezeichneten Stelle im Western Cwm brach Ngawang Tenzing, einer von Halls Sherpas, unangeseilt durch eine dünne Schneebrücke und stürzte in eine verborgene Spalte. Wie durch ein Wunder landete er auf einem schmalen Schneesims über dem finsteren Abgrund. Wäre er hinabgerollt, hätte das unweigerlich seinen Tod bedeutet. Nachdem ihn seine Gefährten geborgen hatten, lag Ngawang zwei Tage lang im Camp I mit Verdacht auf Oberschenkelbruch fest.

Hall fragte an, ob wir einige von unseren Sherpas für Ngawangs Taltransport entbehren könnten. Wongchu meinte, natürlich könne er sie haben, doch solle er sechs Dollar pro Mann und Tag bezahlen.

Hall war darüber sehr ungehalten, obwohl die Bezahlung recht mäßig war angesichts der Tatsache, dass die Sherpas dringend einen Ruhetag benötigten und sie die Angelegenheit nicht als dringenden Notfall einstuften – auch wenn es sich um einen der ihren handelte. David mochte es genauso wenig wie andere Teamführer, wenn man Sherpas einfach herumkommandierte oder ihnen Dinge abverlangte, die ihren Gefühlen zuwiderliefen. Die Schwierigkeiten, die Hall damit hatte, Sherpas aus anderen Teams für diese Aufgabe zu gewinnen, zeigt, dass nicht nur das Verhältnis zwischen den Teammitgliedern von unterschwelliger Rivalität geprägt ist. Die Sherpas stehen nicht weniger loyal zu ihrer Expedition als die Mitglieder.

Schließlich fanden sich fünfunddreißig Bergsteiger und Sherpas für die schwierige Evakuierung, darunter sechs aus unserem Team. Vom Basislager wurde Ngawang dann nach Kathmandu ausgeflogen.

Kurz darauf geriet auch Ngawang Topgay, ein Sherpa aus

dem Team von Scott Fischer, im Gletscherbruch in Schwierigkeiten. Es hatte sich in seinen Lungen Wasser gesammelt, Anzeichen eines schweren Lungenödems. Sein Team brachte ihn ins Basislager hinunter und dann zum nächsten medizinischen Stützpunkt auf 4300 Metern in Pheriche. Sein Zustand blieb kritisch. Man rief einen Lama aus Pengboche herbei, der ein Puja für die Gesundheit des Sherpas veranstaltete. Als sich nach drei Tagen das Wetter besserte, wurde er mit dem Helikopter ausgeflogen.

In der zweiten Aprilhälfte hatte ein Mitglied von Mal Duffs Gruppe einen Herzanfall erlitten und musste ins Tal gebracht werden. Einige Tage später stürzte beim Abstieg von Camp II ein anderer Kletterer aus Duffs Team und brach sich mehrere Rippen. Robert Schauer und der Sherpa Thilen, ein Gipfelbegleiter aus unserem Team, fanden ihn im Gletscherbruch, wo er sich mühselig dahinschleppte, als hätte er die Orientierung verloren. Sie halfen ihm beim Abstieg, bis er am unteren Ende des Gletscherbruchs von seinen Teamgefährten in Empfang genommen werden konnte. Auch er wurde mit dem Hubschrauber nach Kathmandu ausgeflogen.

Die geschäftige, etwas stressige Atmosphäre im Basislager zehrte an meinen Kräften. Etwas mehr Ruhezeit hätte mir sicher geholfen, aber ich wollte wieder auf den Berg zurück – und sei es nur, um etwas hinaufzutragen. Also zündete ich eines Morgens vor Sonnenaufgang ein wenig Weihrauch an, sprach vor dem Lhap-so einige Gebete, ging dreimal im Kreis darum herum, schulterte eine Traglast und machte mich zum Gletscherbruch in Richtung Camp II auf. Das Mondlicht glitzerte auf dem frischen Schnee, der stellenweise am Nachmittag zuvor gefallen war. Tief sog ich die kalte Luft in mich ein, wie ein Bergpilot, der vor dem Start ein paar Züge aus der Sauerstoffflasche nimmt, und vertraute mich wieder den Armen von Miyolangsangma an.

5

Der Zorn der Göttin

*Wongchu, der Sirdar unseres Teams, treibt von Camp II aus
über Funk die Sherpas auf dem Südsattel an, sich
weiter oben am Berg auf die Suche nach
Überlebenden zu machen.*

Nach mittlerweile sieben Durchquerungen des Gletscherbruchs hatte ich eine enge, wenn auch unbehagliche Beziehung zu ihm entwickelt. Mein Gesicht war bereits vom Sonnenbrand angeschwollen, als ich das Western Cwm wieder erreichte, wo mich die Sonne mit voller Wucht traf.

In Camp II zeigte David vorsichtigen Optimismus. Wir lagen gut in der Zeit, und wenn das Wetter genauso mitspielte wie unsere körperliche Verfassung und die IMAX-Kamera nicht ihren Dienst versagte, konnten wir es bis zum Gipfel schaffen und dort drehen. Araceli, Sumiyo und ich, die einzigen im Team, die bislang nie über den Südsattel hinausgelangt waren, hegten nach wie vor Bedenken und sprachen kaum über den Berg.

Am Abend vor unserem Aufstieg zu Camp II brach sich Sumiyo bei einer heftigen Hustenattacke eine zweite Rippe. Dabei war die Rippe, die sie sich drei Wochen zuvor gebrochen hatte, noch nicht ganz geheilt. Bei gebrochenen Rippen kann man leider kaum etwas tun und in dieser Höhe ist die Heilung eine langwierige Angelegenheit. Sie spielte die Sache herunter und behauptete, ihr Leistungsvermögen sei unbeeinträchtigt, aber mir entging nicht, dass sie Schmerzen hatte. David und ich spürten sehr wohl, dass sie sich verstellte. Um diese Zeit erwähnte sie auch, sie habe ihrem Vater verschwiegen, dass sie den Everest besteigen wolle, damit er sich keine Sorgen mache.

Letztlich konnte uns die Schwäche anderer Bergsteigerteams allerdings mehr behindern als unsere eigenen Unzulänglichkeiten. Der Aufstieg vom Basislager zu Camp I durch den trügerischen Gletscherbruch dauert normalerweise zwei bis drei Stunden, aber die zahlenden Kunden und einige der Taiwaner und Südafrikaner hatten dazu fünf bis sechs Stunden gebraucht – also fast doppelt so lang. Das warf die Frage auf, ob sie überhaupt fit genug waren, um noch höher aufzusteigen, und ob sie nicht möglicherweise gefährliche Verzögerungen verursachen würden.

Am 7. Mai zogen wir von Camp II zu Camp III weiter, auch diesmal schwer bepackt. In Camp III teilte ich ein Zelt mit Robert und Sumiyo; David, Ed und Araceli übernachteten im Nachbarzelt. Am Nachmittag änderte sich das Wetter auf merkwürdige Weise – es wurde nicht eigentlich schlecht, aber der Dunstschleier und die zarten Federwolken ließen uns ahnen, dass jederzeit ein dramatischer Wetterumschwung einsetzen konnte.

Von Camp III aus beobachteten wir den oberen Teil des Bergs. Der »Kathmandu-Lhasa-Express« war noch in Fahrt: Der Wind fegte unermüdlich über den Südostgrat und über den Südsattel, als bereitete er sich darauf vor, in das Western Cwm einzufallen. Nun, da wir endlich für den letzten Anstieg vorbereitet waren, schien uns der Berg eine Abfuhr erteilen zu wollen. Nach wie vor tobte sich der Jetstream auf dem Gipfel aus und acht andere Teams waren uns mit nur einem Tag Abstand auf den Fersen.

Am Spätnachmittag konnten wir tief unten im Cwm eine Prozession von über dreißig Bergsteigern beobachten, die auf Camp II zusteuerte. Die meisten unter ihnen waren Kunden von Scott Fischer und Rob Hall, hinzu kamen noch das taiwanische und das südafrikanische Team sowie mehrere Dutzend Sherpas. Sie alle würden am nächsten Morgen zu Camp III weiterziehen.

»Ich habe das Gefühl, wir werden in die Zange genommen«, sagte David und ließ den Blick von den Bergsteigern unter uns zu den Wolken hinaufwandern. Ed und David gingen davon aus, dass die Schönwetterperiode in diesem Jahr erst gegen Ende des Monats eintreten würde. Alles in allem schien es vernünftig zu sein, erst einmal die anderen »durchsteigen« zu lassen, also beschlossen wir, uns wieder zu Camp II zurückzuziehen und abzuwarten.

Als wir abstiegen, begegneten wir den Führern der kommerziellen Teams, die ihre Kunden gut gelaunt die Lhotse-Flanke hinauftrieben. Sie sahen uns neugierig, aber auch leicht beunruhigt an. Einer von ihnen meinte dann, er rechne damit, alle seine Kunden zum Gipfel zu bringen, was David sehr erstaunte. Er hörte sich die Sache schweigend an, verriet uns aber später, was er in jenem Moment gedacht hatte: »Sicher, sie kommen einigermaßen voran, und wenn das Wetter und ihre Kraftreserven und alles andere mitspielt, dann könnten sie es wohl schaffen.«

Ich schüttelte einigen der Bergsteiger, die uns entgegenkamen, die Hand und wünschte ihnen viel Glück. Robert sprach kurz mit Rob Hall, der seine Sorge ausdrückte, unser Team könne Steine oder Eisklumpen lostreten, die seine Gruppe treffen würden, obwohl wir mit äußerster Vorsicht abstiegen. Robert fand, Hall solle sich lieber Gedanken um seine Kunden machen.

Kurz danach sauste ein Stein, den offenbar ein Bergsteiger oberhalb von uns losgetreten hatte, einen halben Meter an Roberts Kopf vorbei.

Irgendetwas stimmte nicht. Auch wenn diese Bergsteiger möglicherweise unseren eigenen Gipfelversuch und unsere Sicherheit gefährdet hatten, kreisten meine Gedanken vor allem darum, wie sie zurechtkommen und was bei ihnen alles schiefgehen könnte. Ich war noch nicht hoch oben auf dem Everest gewesen, aber mir war völlig klar, dass Sauerstoffmangel und Erschöpfung in der »Todeszone« oberhalb 8000 Meter Höhe für Himalaja-Neulinge eine gefährliche Kombination darstellten. Selbst die Route vom ABC zu Camp IV war schon riskant genug, auch wenn sie weitgehend durch Fixseile abgesichert war. Jedes Mal, wenn uns jemand entgegenkam, mussten wir unser Sicherungsseil vom Fixseil ausklinken, um uns dann erst hinter ihm wieder einzuklinken. Dasselbe machten wir jeweils mit der Steigklemme, sodass wir immer wenigstens mit einem Seil mit dem Fixseil verbunden waren. Was, wenn einer der Kunden auf das Seil trat und es mit seinem Steigeisen durchtrennte? Falls ein Bergsteiger abstürzte, würde er einen anderen mit sich reißen, und dann noch einen, bis sich die Verankerungen wie bei einer aufplatzenden Naht lösten.

Vor allem an der Lhotse-Flanke benutzten viele Kletterer das Fixseil, um sich daran hochzuziehen, wobei sie ihr ganzes Gewicht der Steigklemme anvertrauten –, das heißt, sie benutzten das Fixseil nicht als Absicherung, sondern als Kletterhilfe. Ich habe den Verankerungen nie recht getraut und es immer vermieden, mich ins Seil zu lehnen, selbst wenn auf der Route nur wenige Bergsteiger unterwegs waren.

Bei der Geschwindigkeit, mit der sich diese Bergsteiger vorwärts bewegten, war abzusehen, dass es am Gipfeltag zu Staus und Engpässen kommen würde, die für schnellere Kletterer eine gefährliche Verzögerung bedeuten konnten. Und wenn ein oder zwei Leute die Kräfte verlassen würden oder sie sich verletzten, würden die anderen gezwungen sein, ihnen zu helfen, was wiederum ihre eigenen Reserven schwer beanspruchen würde.

Wir hätten natürlich nicht gezögert, einem in Schwierigkeiten geratenen Bergsteiger zu helfen, aber wir wussten gleichzeitig, dass solcher Beistand unsere gesamte Expedition gefährden konnte. Nach Davids Berechnungen brauchten wir mindestens zehn IMAX-Teammitglieder und Sherpas auf dem Gipfel, um dort drehen zu können: David und Robert an der

Kamera, Ed, Araceli und mich als Darsteller, zwei Sherpas, um die Kamera zu tragen, einen für das Stativ, den Kamerakopf und die Filmmagazine und zwei für die Sauerstoffflaschen. Alle diese Leute waren für den Aufstieg und das Filmen unverzichtbar.

Als ich am Bergschrund ankam, einer senkrechten Eiswand am Fuß der Lhotse-Flanke, kam dort gerade die Japanerin Yasuko Namba herauf. Sie bat mich um Hilfe und ich streckte die Hand aus und zog sie über den Rand. Sie hätte es auch allein geschafft, wenn auch mit Schwierigkeiten. Es war mir ein Rätsel, wie eine Bergsteigerin mit so wenig Erfahrung es überhaupt bis hierher geschafft hatte.

Während des Abstiegs überkamen mich Ärger und Neid, so als würden wir unsere Mitbergsteiger und Freunde verlassen. War es klug, einen bis dahin so gut verlaufenden Aufstieg abzubrechen? Mein Kopf fand die Entscheidung richtig, aber mein Bauch wollte umkehren und wieder aufsteigen. Warum stieg ich bei gutem Wetter ab? Vielleicht wäre das jetzt ja unsere einzige Chance. Selbst wenn sich noch einmal ein Gutwetterfenster für die Besteigung öffnete, würde es schwer sein, die Energie zu mobilisieren, um wieder zu einem Punkt aufzusteigen, den man zuvor schon erreicht hatte. Wir waren bereits erschöpft. Würden wir wirklich die Kraft und den Ehrgeiz aufbringen, es noch einmal zu versuchen? Und der 9. Mai war schließlich der verheißungsvolle Todestag meines Vaters.

Vielleicht stellte der Andrang ja auch gar kein Problem dar. 1993 hatten neunundzwanzig Bergsteiger an ein und demselben Tag den Gipfel erreicht. Aber 1993 war es auch zu Todesfällen gekommen, unter anderem war mein Cousin Lobsang Tsering tödlich verunglückt. Ich musste daran denken, dass mein Vater bei seinen sieben Versuchen sechsmal den Rückzug antreten musste, und auf einmal verstand ich auch, was er mir in meiner Jugend zu vermitteln versucht hatte, als er sah, wie versessen ich darauf war, den Berg zu besteigen: Geduld. Alle Segnungen und Wohltaten fallen denen zu, die das Schicksal annehmen und Sorgfalt walten lassen. Der Berg bleibt, wo er ist; es wird sich immer wieder eine Chance bieten, ihn zu besteigen. Auf dem Everest kann Ungeduld zum Verhängnis werden.

Mitte der Achtzigerjahre schaffte es in drei aufeinander folgenden Jahren niemand, den Gipfel zu erreichen, aber nur wenige der Bergführer, die jetzt den Everest in Angriff nahmen, waren zu jener Zeit auf dem Berg gewesen. Langfristig haben auch die besten Bergsteiger keine höhere Chance als 50:50. Auch ein Veteran wie Pete Athans schaffte es erst bei seinem fünften Versuch. »Steady« Ed Viesturs, einer der besten Bergsteiger Amerikas, erreichte den Gipfel nur bei drei von sieben Anläufen.

Die Kunden der Bergführer sehen das sicher anders, besonders wenn sie schon ein- oder zweimal vom Gipfel eine Abfuhr bekommen hatten und nun erhebliche Zeit, Mühe und Kosten investierten, um es noch einmal zu versuchen. Vielleicht ist die gewaltige Größe des Everest schuld daran, dass manche Bergsteiger das gesunde Urteilsvermögen verlieren. Mitten im Aufstieg, fern der Heimat und der vertrauten Umgebung, wird der Berg mit einem Mal zur alles verzehrenden Leidenschaft. Manche lassen sich dazu hinreißen, sich besonders wichtig zu fühlen, so als hätten sie eine Mission zu erfüllen, und das führt dazu, in Gedanken und Taten jede Vorsicht aufzugeben. Wenn dann noch der Druck hinzukommt, dass es vielleicht die letzte Chance sein könnte, fordern solche Bergsteiger ihr Glück heraus und gehen Risiken ein, die sie gar nicht abschätzen können.

Die Sherpas räumten widerwillig ein, es sei wohl richtig gewesen umzukehren, auch wenn sie auf ihren Höhenbonus verzichten mussten, falls wir es nicht noch einmal versuchten.

Ich war mir nicht sicher, ob sie alle noch lange auf eine zweite Chance warten wollten.

Nachts in Camp II hatte ich einen warnenden Traum, der mir schwer auf den Magen schlug: Auf der Lhotse-Flanke würde sich ein Unfall ereignen. Ich hatte das Gefühl, dass mir der Traum durch meinen Vater übermittelt wurde. Am Morgen überlegte ich, dass es einfach eine Autosuggestion gewesen sein könnte, hervorgerufen durch das Bild der kommerziellen Expeditionen, deren Kunden sich wie die Ameisen auf einem Baumstamm die Lhotse-Flanke hinaufbewegten. Vielleicht waren aber auch die aufwühlenden Geschichten schuld, die mir mein Vater über die Besteigung der Lhotse-Flanke, die Anfang der Fünfzigerjahre stattfand, erzählt hatte.

1952 glaubte niemand daran, dass der Berg im Herbst überhaupt zu besteigen sei. Die Schweizer hatten aber keine Muße abzuwarten, weil die einzige Genehmigung für den Frühling 1953 den Briten zugesichert worden war.

Bis 1952 hatten die Bergsteiger gewöhnlich eine relativ direkte Route vom vorgeschobenen Basislager zum Südsattel genommen, eine Route, die unterhalb des Genfer Sporns vorbeiführt. Auf diesem Weg drohen jedoch Lawinen und Steinschlag, besonders an einer Stelle, einer zehn Meter breiten Lawinengasse. Vom vorgeschobenen Basislager aus beobachtete mein Vater mit dem Fernrohr einen entsetzlichen Unfall. Zehn Sherpas hatten sich schon unterhalb des Lagers einem gewissen Dr. Chevalley und einem Herrn Spöhel angeschlossen und Seilschaften zu meist je drei Mann gebildet. Sie waren noch nicht weit über das Lager hinausgekommen, als sie weiter oben ein Grollen hörten. Sie konnten sich aber nicht mehr rechtzeitig vor den Eismassen in Sicherheit bringen, die auf sie herabstürzten. Die Bergsteiger warfen sich flach auf den Boden und nutzten dabei den notdürftigen Schutz, den Vorsprünge im Hang boten. Mehrere Männer wurden von kleinen Eisbrocken getroffen, aber keiner wurde ernsthaft verletzt – außer Mingma Dorje, der mit meinem Cousin Topgay eine Zweierseilschaft bildete. Wahrscheinlich hatte er während der Lawine hinaufgeblickt, denn er wurde von dem herabstürzenden Eis direkt im Gesicht getroffen. Nun hing er schlaff im Seil und Topgay und ein anderer Sherpa eilten ihm zu Hilfe.

Als sie Mingma Dorje zum Lager hinunterbrachten, kam es zu einem zweiten Zwischenfall. Drei Sherpas, denen der erste Unfall wohl einen Schrecken eingejagt hatte, kletterten dicht hintereinander, bis einer von ihnen ausrutschte. Er brachte die beiden anderen aus dem Gleichgewicht und alle drei stürzten kopfüber den Hang hinunter. Sie kamen erst ein paar hundert Meter weiter unten zum Stillstand, wo der Hang abflachte. Alle drei waren verletzt; einer hatte sich sogar das Schlüsselbein gebrochen. Da sie nun ins Basislager zurückkehren mussten, verlor die Expedition drei ihrer stärksten Sherpas.

Wie sich herausstellte, war Mingma Dorjes Zustand sehr ernst, denn er hatte nicht nur Gesichtsverletzungen davongetragen. Wie Dr. Chevalley feststellte, hatte ihm außerdem eine Eisspitze oder eine Rippe die Lunge durchbohrt. Dr. Chevalley und andere versuchten die ganze Nacht, ihn mit Sauerstoff am Leben zu erhalten, aber er starb noch vor Tagesanbruch.

Verständlicherweise machte sich unter den Sherpas Unruhe und Angst breit. Mingma Dorje war seit achtzehn Jahren der erste Todesfall am Everest, und der erste auf der Südseite überhaupt. Die Schweizer, die immer auf die Sherpas und ihre Bedürfnisse Rücksicht nahmen, berieten mit meinem Vater. Sie erklärten, wenn der Großteil der Sherpas den Versuch jetzt aufgeben wollte, würden sie den Rückzug antreten. Die Frühlingssaison mit den Schweizern im Jahr 1952 war nicht viel einfacher gewesen, und mein Vater hatte nur mit Mühe fünfunddreißig Sherpas auftreiben können, die bereit waren, im Herbst einen weiteren Anlauf zu wagen. Aber nach gründlicher Diskussion entschlossen sich die Sherpas weiterzumachen.

Nach den Unfällen beschäftigten sich die Schweizer und die Sherpas tagelang damit, die ungefährlichere Route zu erkunden, die auch heute noch benutzt wird. Sie führt viel weiter rechts die Lhotse-Flanke hinauf, unmittelbar über den Genfer Sporn und dann 120 Meter abwärts zum Südsattel.

Mein Traum, die Weissagungen der Lamas und die Prophezeiung über das Leiden der Menschen in der Umgebung des Bergs sollten sich früher bewahrheiten, als ich erwartet hätte. Am Morgen des 9. Mai saß ich am Eingang des Küchenzelts von Camp II, trank Tee und hörte über Walkie-Talkie Gespräche mit. Dabei beobachtete ich einen Sherpa, wie er sich im Camp zu schaffen machte, Steine wegräumte und die Spannschnüre der Zelte überprüfte. Es war der sechzigjährige Au Passang, der bislang sage und schreibe 35 Everest-Expeditionen mitgemacht hatte. Im Lauf der Jahre hatte Au Passang unzählige Aufstiege zum Südsattel unternommen, aber er hatte nie Wert darauf gelegt, bis zum Gipfel vorzustoßen. Er betete unentwegt, hatte stets ein Mantra auf den Lippen, arbeitete unablässig oder suchte sich irgendeine Beschäftigung. Sein freundliches, verrunzeltes Gesicht drückte Mitgefühl und Verständnis aus, und in seiner Nähe fühlte ich mich so sicher wie bei meinem Großvater Gaga.

Am Morgen war Jangbu Sherpa von Camp II aus mit einer schweren Last zum Südsattel aufgestiegen. Als er sich Camp III näherte, war er von einer kleinen, aber gefährlichen Lawine überrascht worden, die von der Lhotse-Flanke auf ihn zukam. Er konnte sich gerade noch in einer Vertiefung im Schnee retten, als schon gefährliche Eisklumpen wie Teile eines explodierenden Autos an ihm vorüberschossen. Er harrte dort etwa zehn Minuten aus und musste dabei völlig erschüttert nach Luft ringen.

Dann setzte er seinen Aufstieg zügig fort – für den Fall, dass noch mehr Schnee und Eis ins Rutschen kam. Als er sich Camp III weiter näherte, beobachtete er entsetzt, wie jemand unweit der Zelte ausrutschte, etwa acht Meter bergab glitt und dann in eine Gletscherspalte fiel. So schnell er konnte, eilte er zum Camp, wo sich aber niemand anders im Freien aufhielt. Er steckte den Kopf in eines der Zelte und fragte, wer da abgestürzt sein könnte, aber erstaunlicherweise wusste dort niemand Bescheid und niemand vermisste einen Teamkameraden. Jangbu schnappte sich ein Seil und kletterte vorsichtig zum Rand der Kluft hinunter.

Auf einem Sims fünf Meter unterhalb fand er einen taiwanischen Bergsteiger, den sechsunddreißigjährigen Stahlarbeiter Chen Yu-Nan aus Taipeh, der sich gerade mühsam aufrichtete. Jangbu kletterte hinunter, seilte den Taiwaner an und zog ihn dann heraus. Offenbar hatte Chen sein Zelt verlassen, um sich zu erleichtern, aber keine Steigeisen angelegt, sondern nur die glatten Innenschuhe seiner Bergstiefel getragen.

Jangbu half Chen zurück zum Camp, wo die meisten Bergsteiger noch schliefen, und brachte ihn wieder in sein Zelt. Per Funk erreichte uns Jangbu in Camp II und berichtete, was passiert sei. Chen schien sich allmählich wieder zu erholen, und wir alle nahmen an, dass er den Unfall unbeschadet überstanden hatte. Chen beschwor den taiwanischen Teamleiter Makalu Gau, ohne ihn weiterzuziehen.

Gau brach schließlich mit Halls und Fischers Team zu Camp IV auf und auch Jangbu schulterte seine Last und setzte den Weg zum Südsattel fort. Unterwegs überholte er Scott Fischer und Sandy Pittman sowie seinen Freund Lobsang Jangbu, den Sirdar Fischers. Nach der morgendlichen Erfahrung mit der Lawine und Chen Yu-Nans Absturz ermahnte Jangbu sie alle zur Vorsicht. Er lieferte seine Last in Camp IV ab und kehrte dann zu Camp III zurück.

Dort musste Jangbu feststellen, dass es Chen bedeutend schlechter ging als zunächst angenommen. Offenbar hatte er Schmerzen, die wohl auf innere Verletzungen zurückzuführen waren. Passang Tamang, ein Gipfelbegleiter aus dem taiwanischen Team, traute sich nicht zu, dem Taiwaner allein den Berg hinunterzuhelfen.

Chen konnte nur mühsam laufen. Jangbu nahm ein paar Seilbündel mit und schickte sich an, ihn gemeinsam mit Passang die Lhotse-Flanke hinunterzuführen. Der Abend rückte näher, und sie bezweifelten stark, Camp II noch vor Einbruch der Dunkelheit zu erreichen.

Um drei Uhr teilte uns Jangbu über Funk mit, Chens Zustand habe sich noch weiter verschlechtert. Keine zwanzig Minuten später, als sie etwa zwei Drittel der Lhotse-Flanke hinter sich hatten, brach Chen zusammen. Jangbu hielt seine Hand, als Chen ein paar Minuten später starb.

Für uns in Camp II kam der Todesfall sehr plötzlich, und wir drängten Jangbu, sich zu überzeugen, dass Chen nicht bloß bewusstlos geworden war. Über Funk baten wir ihn, seine Schneebrille an Chens Nase und Mund zu halten, um zu sehen, ob Atemluft darauf kondensiere. Nichts. Passang und Jangbu ließen Chen am Fixseil hängen und stiegen allein zu Camp II ab.

Die Mönche weisen gläubige Sherpas oft darauf hin, dass es, vor allem in Träumen und auf Reisen, sogar ein günstiges Omen sein kann, eine Leiche zu sehen. Dennoch scheuen sich viele Sherpas, Tote zu berühren, besonders wenn nach der Deutung eines Lamas ihr Tierkreiszeichen – das auf dem Zwölf-Jahres-Zyklus der asiatischen Astrologie beruht – für eine spirituelle Verunreinigung durch den Tod anfällig ist. Kontakt mit einer Leiche kann in diesem Fall Unglück bringen. Solange Chen also am Fixseil hing, wollten die Sherpas dieses auf keinen Fall benutzen. Folglich musste jemand anders die Leiche bergen, obwohl die Dämmerung bereits eingesetzt hatte und das Wetter schlecht wurde.

Wongchu, Lhakpa, David, Robert und Ed machten sich rasch fertig und brachen auf. Als sie bei dem Taiwaner angelangt waren, konnten sie im Schneetreiben kaum noch etwas sehen. Chen war zweifelsfrei tot, gestorben ohne den Beistand seiner Landsleute.

David drückte Chen die Augen zu und bedeckte dessen Gesicht. Dann ließ er ihn zusammen mit Ed über den Bergschrund ab, wo inzwischen zwei Sherpas des taiwanischen Teams mit einem Schlafsack eingetroffen waren. Sie packten ihn hinein und zogen ihn zu Camp II hinunter, wo sie ihn unweit der Zelte in einer Schneespalte liegen ließen. Seine Teamkameraden sollten ihn dann zum Basislager befördern.

Makalu Gau, der zum Südsattel weitergezogen war, hatte Chen einfach zurückgelassen, sodass wir gezwungen waren, unsere Kraft und unsere Reserven einzusetzen, um für Chens Teamkameraden einzuspringen. Sein Tod wäre vermeidbar gewesen und war offensichtlich nur auf mangelnde Erfahrung zurückzuführen. Der Unfall hatte sich genau am zehnten Todestag meines Vaters ereignet. Auf den Tag genau ein Jahr zuvor war ein Sherpa auf der Lhotse-Flanke tödlich verunglückt, nachdem er für einen kurzen Augenblick sein Seil ausgeklinkt hatte.

Chen Yu-Nans Tod versetzte mir einen schweren Schlag. In Camp II baute ich einen kleinen Lhap-so, verbrannte Weihrauch und betete. Nachdem ich in den Vereinigten Staaten die Grundbegriffe der buddhistischen Lehre und meinen dürftigen Glauben nahezu vergessen hatte, waren meine Bittgebete nun plötzlich aufrichtig und eindringlich. Ich brachte Opfer dar und sang das Mantra des Guru Rinpoche: *Om Ah Hum Vajra Guru Padme Siddhi Hum*, dazu das Avalokiteshvara-Mantra: *Om Mani Padme Hum*. Die Sherpas im Basislager taten dasselbe vor dem dortigen Lhap-so. Wenn ich es mir recht überlegte, war der 9. Mai wohl doch nicht der ideale Tag für einen Gipfelversuch, auch wenn ich mir ursprünglich vorgestellt hatte, dass der Geist meines Vaters uns dann alle dort draußen beschützen würde.

Chen Yu-Nan wurde schließlich mit dem Hubschrauber nach Kathmandu gebracht und unweit des hoch gelegenen Stupa von Swayambhunath eingeäschert. Wie ich gehört habe, konnten seine Eltern an der Zeremonie teilnehmen.

Ich malte mir aus, wie meine eigenen sterblichen Überreste zu dem Everest-Krematorium getragen würden, das sich einen halben Tagesmarsch unterhalb des Basislagers befindet. Wenn ein Sherpa auf dem Everest oder einem Nachbargipfel ums Leben kommt und die Leiche geborgen werden kann, wird sie zu einer Ebene in 4800 Meter Höhe gebracht, dem so genannten Chukpö Lare (»Yak-Pferch des reichen Mannes«). Hier wurden von den Sherpas etwa dreißig kleine *chö-lung*-Schreine errichtet, in manchen Fällen sind es kaum mehr als Steinhaufen. Die größeren Chö-lung wurden von Lamas nach heiligen Dimensionen sorgfältig aufgeschichtet.

Nach der Verbrennung wird die Asche des Verstorbenen mit Lehm zu Votivtafeln geformt, den so genannten *tsa-tsa*, die neben anderen heiligen Objekten wie Mandalas, gereinigten Opfergaben, gemeißelten Gebetstafeln, heiligen Texten und Weihrauch in den Chö-lung platziert werden. Ein Stück Wacholderholz mit eingeschnitzten buddhistischen Inschriften, das den Lebenskraftbaum repräsentiert, gehört auch zu den Beigaben. Es muss genauso ausgerichtet sein wie zuvor als Ast des lebendigen Baums. All diese Gegenstände werden in einzelnen Schichten und in genau vorgeschriebener Anzahl hineingelegt.

Ein Chö-lung repräsentiert das Streben nach dem Nirvana als dauerhaftem Zustand des Friedens. Die Gebete, die wir bei der Bestattung rezitieren, werden allen fühlenden Wesen gewidmet, nicht nur dem Verstorbenen. Ein Chö-lung ist kein Grabmal im eigentlichen Sinne, sondern eher ein rituelles Hilfsmittel. Die Menschen verlieren nach dem Tod ihre Individualität, und aus diesem Grund raten Lamas auch davon ab, Andenken an die Toten aufzubewahren. Die Chö-lung werden also in der Regel nicht mit Namen versehen. Solche Andenken würden die persönliche Identität des Verstorbenen beschwören, ihn glauben lassen, er sei noch in menschlicher Gestalt am Leben, was nur dazu angetan wäre, seinen Übergang ins nächste Leben zu behindern.

Die in Chukpö Lare Eingeäscherten sind alle vor Ablauf ihrer Lebenszeit durch Unfälle gestorben. Die Reinkarnation verkompliziert sich, wenn die normale Lebensspanne abrupt verkürzt wird. Leichen werden nicht sofort zu leeren Gefäßen, und wir Sherpas glauben, dass ein Überrest des lebenden Menschen noch einige Zeit in der Leiche und um sie herum verweilt. Wenn ein Verstorbener ohne richtiges Totenritual auf dem Berg zurückbleibt, kann sein Geist herumwandern und möglicherweise Schaden anrichten.

Vor allem bei Unfalltod werden deshalb Lamas und Mönche benötigt, um den Verstorbenen, wie es sich gehört, ins nächste Leben zu geleiten. Wenn der Lama eintrifft, erkundigt er sich nach dem Zeitpunkt des Todes und liest dann aus dem Tibetischen Totenbuch vor. Der letzte Gedanke des Verstorbenen ist von entscheidender Bedeutung, und die Lamas erklären, sie könnten genau feststellen, was ein Mensch im Augenblick seines Todes gedacht hat, und daraus ableiten, wie es seine Reinkarnation beeinflussen wird.

Während der Einäscherung führen die Lamas vorbereitende Gesänge und Rituale durch, bei denen der Leib als heiliges

1

Miyolangsangma, die Göttin des Everest, eine der »Fünf Schwestern des langen Lebens«, die auf fünf Himalaja-Gipfeln wohnen. Einst eine Dämonin, wurde sie von Guru Rinpoche zum Buddhismus bekehrt. Sie hält eine Schale mit göttlicher Nahrung als Symbol ihrer Wohltätigkeit und unerschöpflichen Freigebigkeit in der Hand.

Thame, das Dorf, in dem mein Vater im Schatten des Kwangde aufgewachsen ist.
Weiter hinten liegt rechts über dem Dorf in den Felsen das Kloster von Thame.

2

3

4

Links: Kloster Rongbuk auf der Nordseite des Everest im Jahre 1958 kurz vor der
chinesischen Besetzung Tibets. Das Kloster wurde während der chinesischen Kulturrevolution zerstört. *Rechts:* Mein Vater in jungen Jahren.

5

Die zwei wichtigsten Frauen im
Leben meines Vaters – meine Mutter
Daku *(links)* und meine Stiefmutter
Ang Lhamu, die ihn auf den Everest
geführt hat.

6

Mit meinem Vater und meinem
Bruder Norbu *(links)* 1974
beim Trekking in der Region
Sandakphu in Darjeeling.

7

Mein Schwager Tsedo (links) und
mein jüngerer Bruder Dhamey
(rechts) mit Soyang und mir an
unserem Hochzeitstag im
November 1994.

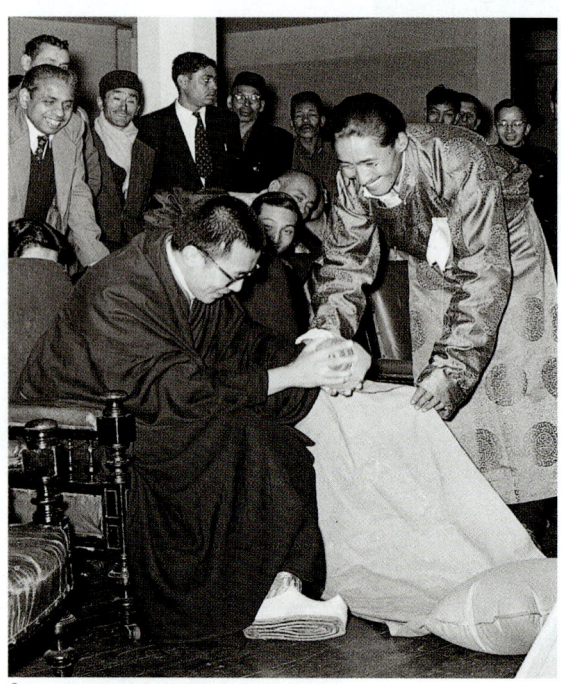

Mein Vater
überreicht 1954
Seiner Heiligkeit
dem Dalai-Lama
einen Kata-Schal
und zeigt ihm die
Ausrüstung, die
er auf dem Everest
benutzt hat.

8

9

1999 in New York traf ich zum vierten Mal Seine Heiligkeit den
Dalai-Lama und überreichte ihm einen Stein vom Gipfel des Everest.

Chatral Rinpoche, der Lama meiner
Familie, zusammen mit mir in seiner Ein-
siedelei südlich von Kathmandu. Sein Rat
und seine Götterbefragungen haben uns
drei Generationen lang geleitet.

Trulshig Rinpoche, der mit unserer Familie verwandt ist, erzählte mir von der
Prophezeiung, dass der erste Mensch, der
den Gipfel des Everest erreichen würde,
ein Buddhist aus dem Himalaja sein solle.

Auf den Rat von Chatral Rinpoche und Geshe Rinpoche opferte ich den Göttern,
indem ich an der Großen Stupa von Bodhnath bei Kathmandu 25 000 Butterlampen
entzünden ließ.

Meine Eltern und die
Eltern meiner Mutter
mit meinem Bruder
Norbu *(Mitte)* und
mir in Ghang-la,
unserem Haus in
Darjeeling.

Gaga, mein Großvater
mütterlicherseits, lebte
bis zu seinem Tode 1999
im Dorf Thame, aus
dem auch meine Eltern
stammen.

Im Kloster von Khumjung entzünde ich Butterlampen, wie es auch mein Vater getan hat, bevor er zum Berg aufbrach.

Die Gedenkstätte von Chukpö Lare, unterhalb des Basislagers am Everest. Die Grabmäler sollen den vielen Sherpas, die am Berg starben, eine günstige Wiedergeburt sichern.

18

Mein Vater mit seinem Freund
Raymond Lambert auf dem Südsattel
des Everest während der Schweizer
Expedition im Jahre 1952. In jenem
Frühjahr kamen sie dem Gipfel zum
Greifen nahe.

Links: Mein Vater und der neuseeländische Bergsteiger Edmund
Hillary überprüfen ihre Atemgeräte
in Camp IV des Jahres 1953 (Camp I
von 1996). Damals glaubte man
noch, es sei unmöglich, den Gipfel
ohne zusätzlichen Sauerstoff zu
erreichen.

19

Mein Vater mit
Edmund Hillary
im Advance Base
Camp. Nie hätten
sie geglaubt, dass
die Welt sie einmal
als Helden feiern
würde.

20

Hochgebirgs-Sherpas in Camp IV im Jahre 1953. Rechts sieht man, mit abgewandtem Gesicht, meinen Cousin Gombu.

Rechts: Die Sherpas des IMAX-Teams 1996 bei Camp I: Jangbu, Rinzin, Pasang Phuttar, ich und Au Passang *(von links)* oberhalb des Khumbu-Gletscherbruchs (6000 Meter).

21

22

Die Mitglieder der IMAX-Filmexpedition von 1996. Hinten *(von links)*: ich, Wongchu Sherpa, Liz Cohen, Jyoti Rana, Brad Ohlund, Jangbu Sherpa, Araceli Segarra, Audrey Salkeld, Paula Viesturs, Ed Viesturs.
Vorn *(von links)*: Sumiyo Tsuzuki, Robert Schauer, Roger Bilham, David Breashears.

23

1953 dienten
den Briten zur
Überquerung
der Spalten
des Khumbu-
Gletscher-
bruchs noch
Baumstämme,
die in mehreren
Tagesmärschen
herantranspor-
tiert wurden.

24

Mitte: Heutzutage lassen
sich Steigeisen in die Bergstiefel einklinken. Mit den
Frontalzacken können
Bergsteiger, wie ich es hier
tue, selbst senkrechte Eis-
wände hinaufsteigen.

Mehr als fünf Aluminium-
leitern lassen sich zusammen-
stecken, um die größeren
Gletscherspalten zu über-
brücken.

25

26

Im Western Cwm
kann tagsüber
drückende Hitze
herrschen. Camp II
liegt am Ende des
Tals unterhalb der
Lhotse-Flanke.

27

Mein Vater musste sich 1953 bei der Durchquerung
der tückischen Lhotse-Flanke in 7000 Meter Höhe noch
mühsam Stufen schlagen.

Die Aufnahme
zeigt mich in der
Nähe der Stelle
an der Lhotse-
Flanke, wo mein
Vater war, in etwa
7150 Meter Höhe.   28

29

Am 9. Mai 1996 stürzte der taiwanische Bergsteiger Chen Yu-Nan von Camp III aus in eine Gletscherspalte. Jangbu Sherpa konnte ihn bergen, doch erlag der Taiwaner einige Stunden später seinen inneren Verletzungen.

Links: Diese Aufnahme von der schwierigen Traverse zwischen dem Südgipfel und dem Hillary Step machte Scott Fischer am 10. Mai 1996. Fischer sollte die Geschehnisse dieses Tages nicht überleben. Seine Kamera wurde später geborgen.

30

Nach der Tragödie wurde im Basislager am Fuß des Khumbu-Gletscherbruchs eine Gedenkfeier abgehalten. Das Team blieb die ganze Nacht wach und diskutierte über einen erneuten Versuch.

Am 21. Mai 1996 beim Anstieg kurz vor dem Gelben Band, wo uns heftiger Wind zusetzte.

Kangshung-Flanke

Lhotse-Flanke

Camp IV

Am Gipfeltag nähere ich mich dem Balkon, dem Beginn des Südostgrats. Die felsige Ebene in der Mitte ist der Südsattel, auf dem rechts die Zelte von Camp IV stehen. Die Lhotse-Flanke ist außen rechts, die Kangshung-Flanke, die schon in Tibet liegt, außen links zu erkennen.

Mitte: Vom Balkon aus führte unser Weg über den Südostgrat. Hier schlugen mein Vater und Edmund Hillary ihr höchstes Biwak auf.

Auf der tückischen Traverse vom Südgipfel zum Hillary Step, dem steilen Felsen direkt unterhalb des Gipfelgrats.

Eines der drei Fotos, die Edmund Hillary am 29. Mai 1953 von meinem Vater auf dem Gipfel machte und die ihn zum Helden werden ließen.

36

37

Auf dem Gipfel am 23. Mai 1996. Meinem Vater zu Ehren wollte ich seine historische Pose einnehmen, halte jedoch den Eispickel in der falschen Hand.

Mein Vater starb im Frühjahr 1986 in Darjeeling. Als wir den Scheiterhaufen entzündeten, ging plötzlich ein Platzregen nieder – ein gutes Vorzeichen.

Dhamey, Deki, ich und Norbu *(von links)*. Meine Geschwister meinten, dank meiner Everest-Besteigung brauchten sie es jetzt nicht mehr zu tun.

Unsere drei Töchter: Deki und die Zwillinge Pelzom und Dechen. Ob sie wohl auch einmal bergsteigen werden?

Opfer an die Gottheiten behandelt wird. Danach wird er rituell gereinigt und dem Feuer übergeben. Bei einer ähnlichen Zeremonie an der Nordseite des Everest zieht man den verstorbenen Tibetern die Haut ab und überlässt sie den Geiern zum Fraß. Diese Zeremonie bezeichnet man als »Himmelsbegräbnis«. Wie die Tibeter sagen, werden auf diese Weise nicht nur die Geier ernährt, sondern den Insekten bleibt auch der tödliche Rauch der Feuerbestattung erspart.

Wenn der Verstorbene reich war, entzünden die Angehörigen in seinem Heimatdorf in ihren privaten Meditationsräumen und im nächsten Kloster 100 000 Butterlampen, um eine günstige Wiedergeburt zu erflehen. Mönche werden herbeigerufen, um Mantras zu singen und aus den Texten zu lesen, damit das Bewusstsein für den Zwischenzustand des *bardo* vorbereitet wird, eine Reise, die neunundvierzig Tage dauern soll. Am neunundvierzigsten Tag nach dem Tod reinkarniert die Person.

Wenn die Leiche nicht geborgen werden konnte, wird ein Bildnis des Verstorbenen angefertigt, und die Verwandten bringen es dann auf einen nahe gelegenen Grat, wo es mit den Kleidern des Verstorbenen begraben wird. War der verunglückte Sherpa arm, wird ein einfacheres Ritual durchgeführt: Der Lama reinigt auf rituelle Weise die zurückgebliebenen Kleider, damit sie danach von anderen Leuten getragen werden können.

Chukpö Lare wurde 1970 durch den Lama von Tengboche ausersehen und geweiht, nachdem bei einer gigantischen japanischen Expedition anlässlich der Dreharbeiten zu dem Dokumentarfilm *Schussfahrt vom Mount Everest* sechs Sherpas durch eine Lawine getötet worden waren. Der Film über das absonderliche Kunststück auf Skiern erweckte den Eindruck, die Sherpas hätten ihr Leben für den Ruhm Japans geopfert. Allerdings ist der Skifahrer Miura offenbar über längere Strecken eher den Berg hinuntergefallen und -geschlittert, als dass er tatsächlich auf seinen Skiern fuhr.

Vielleicht sollte ich froh sein, dass von den zehn Männern aus meiner Verwandtschaft, die den Gipfel erreicht haben, nur einer umgekommen ist. Die meisten Expeditionsveteranen unter den Sherpas haben Verwandte, die in Chukpö Lare eingeäschert wurden. Auch mein Cousin Lobsang Tsering wurde hierher gebracht. 1993 stürzte Lobsang beim Abstieg vom Gipfel unterhalb des Balkons in etwa 8100 Meter Höhe in den Tod. Niemand konnte mir genau sagen, was passiert war, aber man nimmt an, dass er ins Delirium verfiel, als ihm der Flaschensauerstoff ausging.

Lobsang Tserings Vater starb kurze Zeit später; an gebrochenem Herzen, wie die Leute sagten. Danach verlor Lobsangs Mutter, Ani Chö-e, den Halt – sie verzweifelte am Leben, hörte Stimmen und konnte nicht mehr richtig schlafen. Die Vorstellung, dass meine Frau Soyang in einen solchen Zustand verfallen könnte, quälte mich. Ani Chö-e war eine ältere Schwester meines Vaters und die einzige Tante, die ich noch hatte, bis auch sie im Herbst 2000 starb. Sie hatte sich schon seit einiger Zeit auf den Tod vorbereitet.

Für Gipfelbegleiter ist Chukpö Lare eine eindringliche Mahnung an unsere Sterblichkeit und die Bedeutungslosigkeit des Menschen im Schatten des gewaltigen Berges. Wir machen dort stets Halt, um ein Gebet zu sprechen. Als ich nun vor meinem provisorischen Lhap-so in Camp II stand, lenkte ich meine Gedanken auf die Rinpoches Chatral, Trulshig, Geshe und Tengboche und sprach mit dem ganzen inneren Frieden, den ich aufbieten konnte, ein Gebet für Chen Yu-Nan.

Die Sherpas waren der Ansicht, dass Chens Tod ein Vorzeichen weiteren Unglücks sei. Jangbu meinte, sein Tod lege uns nahe, den Berg zu verlassen, sein Tod könne noch weitere Todesfälle nach sich ziehen. Das klang zwar nicht logisch, erschien mir aber dennoch irgendwie einleuchtend. Soyang hatte die Nachricht in Kathmandu vernommen und war in großer Unruhe. Als sie im Basislager anrief, befand ich mich gerade in Camp II, konnte also nicht persönlich mit ihr sprechen. Ich hätte sie so gern beruhigt, wohl wissend, dass meine Worte ihre Sorge nicht hätten beschwichtigen können.

Andere Unfälle, die mein Vater und die Sherpas seiner Generation miterlebt hatten, kamen mir in den Sinn. Mein Vater hatte aus nächster Nähe einen tödlichen Absturz erlebt, als er gerade mit dem Schweizer Georg Frey einen kleineren Gipfel neben dem Kangchenjunga bestieg. Frey und ein Sherpa namens Ang Dawa kletterten vor ihm bei guten Bedingungen in nur 5000 Meter Höhe über steiles, aber einigermaßen leichtes Terrain. Frey, ein hervorragender Kletterer, war nicht angeseilt. Er rutschte aus und fiel. Es sah aus, als würde er auf meinen Vater zusteuern, aber er stürzte seitlich viel zu schnell an ihm vorbei, als dass mein Vater ihn hätte bremsen können. Freys Absturz endete dreihundert Meter weiter unten.

Mein Vater sagte, er habe dabei eine ähnliche Erfahrung gemacht, wie sie auch von anderen Zeugen eines Unfalls geschildert worden sei – einige Augenblicke des Schreckens und der Benommenheit, wobei ihn nur der eine Gedanke beherrschte, nämlich dass er im nächsten Augenblick selbst abstürzen würde. Sobald ihm klar wurde, dass er außer Gefahr war, konnte er einfach nicht glauben, was da gerade passiert war. Ihm war, als würde er Frey gleich über sich am Berg stehen sehen, wenn er nach oben schaute. Aber da war kein Frey mehr. Mein Vater beschloss, den namenlosen Gipfel nach ihm zu benennen und errichtete am Fuß des Bergs ein Mahnmal für den Bergsteiger.

Und das war nur einer von vielen Verunglückten gewesen.

Der indische Nanga Parbat, »der nackte Berg«, hatte sich vor der Erstbesteigung Anfang der Fünfzigerjahre den Ruf des grausamsten und gefährlichsten Gipfels der Welt erworben. Die Sherpas kannten und fürchteten ihn, und mein Vater mied ihn wohlweislich – bis zum Jahr 1950.

Bei der deutschen Expedition von 1934 waren die Sherpas Ang Tsering und Dawa Thondup, Freunde meines Vaters, noch weiter unten am Berg, wodurch sie eine Reihe von Unglücken überlebten, von denen sie ihm dann berichteten. Ein Mitglied der Expedition starb an Höhenkrankheit, und anschließend kamen vier Mitglieder und fünf Sherpas bei einem Schneesturm um, der ohne Unterbrechung über eine Woche lang tobte. Gyali, ebenfalls ein Freund meines Vaters, befand sich mit dem Expeditionsleiter Willy Merkl hoch oben in Gipfelnähe, als der Sturm losbrach. Merkl war in schlechter Verfassung und Gyali versuchte nach besten Kräften, ihm beim Abstieg zu helfen. Merkl wurde aber immer schwächer und antriebsloser und konnte schließlich nicht mehr weiter. Wahrscheinlich hätte Gyali den Abstieg allein geschafft, aber er beschloss, bei Merkl zu bleiben.

Ihre erstarrten, fast unversehrten Leichen wurden 1938 gefunden. Allem Anschein nach hatte Gyali noch länger gelebt als Merkl, hatte aber bei ihm ausgeharrt. Wenn mein Vater darauf zu sprechen kam, wie stolz er auf sein Volk war, erzählte er auch immer diese Geschichte.

1937 wurden sieben Teilnehmer und neun Sherpas einer deutschen Expedition auf dem Nanga Parbat in 6540 Meter Höhe von einer Lawine begraben. Wie schon 1934 gehörte Dawa Thondup zu den wenigen Überlebenden. Das Team hatte gerade das vierte Lager errichtet und sich zum Schlafen in die Zelte zurückgezogen, als sich auf dem Ostgrat eine Lawine löste. Niemand überlebte das Unglück. Im Sommer wurde eine Bergungsmannschaft entsandt, um die Toten zu bergen, und fand diese dann friedlich in ihren Zelten liegen, als würden sie noch schlafen.

Die Deutschen statteten dem Berg auch 1938 und 1939 einen Besuch ab, fanden aber keine Sherpas, die sie begleiten wollten. Im Jahr 1950 hatten Bergsteiger und Sherpas offenbar das Gefühl, dass es nun endlich an der Zeit sei, noch einen Versuch zu wagen. Im Spätherbst des Jahres ließ sich auch mein Vater von einer kleinen britischen Expedition für den Nanga Parbat anwerben. Das Team wurde von Captain J.W. Thornley und Captain W.H. Crace geleitet. Die Sahibs sprachen nicht offen von einer Besteigung des Bergs, so als hätten sie das Gefühl, dass der Hauch des Todes, der sich über die früheren Expeditionen gelegt hatte, auch sie bedrohte – eine wahrlich asiatische Methode, um die Aufmerksamkeit zorniger Dämonen abzulenken. Vielmehr erklärten die Briten, sie hätten lediglich vor, Schnee und Kälte wissenschaftlich zu erforschen. Aber sie stiegen jeden Tag ein wenig höher auf.

Als sich die einheimischen Träger weiterzugehen weigerten, legten die vier Sherpas und die drei Sahibs Stirntragegurte an und verteilten die Lasten gleichmäßig untereinander. Das Wetter schlug um, es wurde bitterkalt, und schließlich wollten auch die Sherpas nicht mehr weiter. Mein Vater, hin- und hergerissen zwischen den Sherpas, seinem Berufsethos und der Loyalität zu seinen Arbeitgebern, fand, dass seine Freunde Recht hatten. Es war zu gefährlich, noch höher aufzusteigen.

Unerschrocken zogen die Sahibs allein weiter, während die Sherpas im Basislager zurückblieben. Nach zwei Tagen kehrte der dritte britische Teilnehmer, Richard Marsh, mit Erfrierungen an den Füßen ins Lager zurück. Gemeinsam verfolgten sie nun durch ein Fernrohr den Aufstieg der beiden anderen Briten. An einem bitterkalten Abend Ende November sahen sie, dass Thornley und Crace – die zwar viel Energie und Begeisterung, aber wenig Erfahrung mitbrachten – hoch oben am

Berg bei erbärmlicher Kälte ein Zelt aufgebaut hatten. Am nächsten Morgen war das Zelt verschwunden.

Mein Vater, die Sherpas und Marsh beschlossen, einen Rettungsversuch zu unternehmen, aber in ihrem ersten Lager fiel dann die Temperatur weit unter null. Marsh hatte Probleme mit den Füßen, und auch bei den Sherpas zeigten sich erste Anzeichen von Erfrierungen, also stiegen sie wieder zum Basislager ab. Ein weiteres Mal stiegen sie bei noch schlechterem Wetter in große Höhen auf, um die Verschollenen zu suchen, bis sie schließlich die Hoffnung aufgaben.

Am Ende dieser Saison waren insgesamt 31 Menschen am Nanga Parbat gestorben, und nach wie vor hatte niemand den Gipfel erreicht. Am Fuße des Bergs steht ein Steinmonument mit den Namen der 29 Deutschen und Sherpas, die 1934 und 1937 dort ums Leben gekommen waren. Mein Vater glaubte, dass tatsächlich ein Hauch des Todes über dem Berg lag, und diese Vorstellung bedrückte ihn zutiefst.

Der Himalaja hat viele Todesopfer gefordert, vor allem unter den Sherpas, wobei die meisten davon am Everest starben. Während der ersten siebzig Jahre der Everest-Besteigungen sind 53 nepalesische und indische Sherpas ums Leben gekommen – über ein Drittel der Todesfälle unter den Bergsteigern in diesem Zeitraum. Abgesehen von der japanischen Ski-Expedition, bei der sechs Sherpas zu beklagen waren, ereigneten sich die schlimmsten Unfälle am Everest im Jahr 1922, in dem sieben Sherpas am Nordsattel unter einer Lawine begraben wurden, und im Herbst 1974, in dem fünf Sherpas und ein Franzose bei einem Lawinenunglück umkamen.

Wenn Sherpas am Berg verunglücken, wird das außerhalb unserer Gemeinschaft kaum zur Kenntnis genommen. Der Gedanke an ihre Familien erfüllt mich mit tiefer Trauer. Für viele Sherpas ist das Bergsteigen so etwas wie ein Söldnerdienst.

Wären diese Väter, Söhne, Brüder und Cousins am Leben geblieben, hätte sich die Geschichte ganzer Familien und Gemeinden völlig anders entwickeln können.

Im Vergleich zu den ausländischen Bergsteigern haben also überdurchschnittlich viele Sherpas in diesem Gebirge ihr Leben gelassen. Fast die Hälfte aller tödlich verunglückten Himalaja-Bergsteiger sind Sherpas gewesen. Ein Grund dafür ist, dass Sherpas ein höheres Risiko eingehen: Die ausländischen Expeditionen bezahlen sie dafür, immer wieder mit schweren Lasten trügerisches Gelände wie den Khumbu-Gletscherbruch zu passieren, sodass sie der Gefahr länger ausgesetzt sind als die Teammitglieder. Expeditionen, die unter Zeitdruck geraten, zahlen den Sherpas einen Bonus, wenn diese nachmittags Lasten durch Streckenabschnitte tragen, wo um diese Tageszeit Eis schmilzt und mit Einbrüchen zu rechnen ist.

Anfang der Fünfzigerjahre erhielt die Familie eines tödlich verunglückten Sherpas eine Entschädigung von 20 Dollar; wenn er Frau und Kinder hatte, waren es 50 Dollar. Für den Verlust einer Hand wurden 15 Dollar bezahlt, für verlorene Finger entsprechend weniger. Heute muss die Trekking-Agentur, für die der Sirdar arbeitet, für jeden Sherpa, der den Fuß auf den Mount Everest setzt, eine Lebensversicherung von 3500 Dollar abschließen. Auch das ist noch eine klägliche Summe, aber ärmere Sherpas sind nach wie vor zu dieser Arbeit bereit. Bergsteigen sei, was die Bezahlung und auch die Lebensversicherung angehe, immer noch besser als der Dienst in der nepalesischen oder indischen Armee, versicherte mir einmal einer von ihnen.

Während meines Studiums in den Vereinigten Staaten tendierte ich zu der Auffassung, die Beschäftigung der Sherpas mit den mystischen und religiösen Aspekten des Bergs beruhe auf kaum mehr als auf Aberglauben und Einbildung. Als ich mich jetzt auf dem Schoß des Bergs befand, umgeben von gläubigen

Sherpas und konfrontiert mit den Todesfällen, die sich hier ereigneten und ereignet hatten, war mein Zynismus jedoch rasch verflogen.

Am Morgen des 10. Mai machten sich in aller Frühe knapp dreißig Bergsteiger vom Südsattel zum Gipfel auf. Sobald es hell genug war, holte Robert das Fernrohr heraus, und wir suchten den Südostgrat hoch über uns ab. Von Camp II aus kann man die Bergsteiger sehen, wenn sie über den schmalen Grat zwischen Südgipfel und Hillary Step wandern. Am frühen Nachmittag erspähten wir sie schließlich – sie waren kaum größer als Punkte. Anhand der Farben ihrer Jacken versuchten wir sie zu identifizieren.

Um diese Tageszeit hatten sie bestimmt schon den Gipfel erreicht und stiegen jetzt ab. Aber so unglaublich es schien, sie bewegten sich bergauf! Und wenn sie in diesem Schneckentempo den Weg zum Gipfel fortsetzten, würden sie erst im Dunkeln wieder absteigen und so in das raue Wetter und den tosenden Wind geraten, der seit unserer Ankunft im Basislager jeden Nachmittag über den Berg gefegt hatte.

Die Sherpas in Camp II waren überzeugt, dass alle, die sich noch zum Gipfel hinaufkämpften, Probleme bekommen würden. »Diese Mikaru – Weißaugen –, wer wird von denen wohl zurückkommen und wer wird für immer auf dem Berg bleiben?«, meinte einer, als wir im Küchenzelt saßen und Tee tranken. Wir alle hatten das Gefühl, dass sie ihr Lungta, ihr Glück, auf die Probe stellten.

Die Leiter der kommerziellen Teams, wohl wissend, dass einige ihrer Kunden nur langsam vorankommen würden, hatten eine strikte Umkehrzeit festgelegt: Am Gipfeltag musste jeder Kunde, der den Gipfel nicht bis zwölf oder spätestens ein Uhr mittags erreicht hatte, zum Südsattel zurückkehren. Kunden in der Dunkelheit oberhalb des Südsattels einsammeln zu müssen war der schlimmste Albtraum eines jeden Bergführers.

Erst nach drei Uhr hörten wir über Funk, dass die meisten Mitglieder von Fischers Team den Gipfel erreicht hatten, Fischer selbst aber hinterherhinke. Über Walkie-Talkie hatte Fischer seinen Gipfel-Sirdar, Lobsang Jangbu, beauftragt, Rob Hall zu informieren, dass drei seiner Kunden unterhalb des Hillary Step aufgegeben hätten und nun zum Südsattel zurückkehrten. Warum waren die anderen nicht auch umgekehrt?

Fischers Bergführer, Anatoli Boukreev und Neal Beidleman, hatten den Gipfel gegen ein Uhr erreicht, zusammen mit einen Kunden Fischers, Martin Adams, und Jon Krakauer, der im Auftrag der Zeitschrift *Outside* unterwegs war. Auch Rob Halls Bergführer Andy Harris sowie die Sherpas Ngawang Dorje, Kami Rita, Lhakpa Tshering, Gombu und Dorje gelangten auf den Gipfel.

Ihnen folgte dichtauf der Leiter des taiwanischen Teams, Makalu Gau. Fischer, der hinter Gau aufstieg, begegnete den Mitgliedern seines Teams, als diese wieder vom Gipfel abstiegen. Er entschied sich jedoch, in seinem langsamen Tempo weiterzuklettern, statt der Gruppe beim Abstieg zu helfen. Erst nach 15.30 Uhr erreichten auch Makalu Gau und schließlich Fischer und dessen Sirdar Lobsang Jangbu den Gipfel. Über Funk teilte Fischer seinen Helfern im Basislager mit, er sei sehr erschöpft.

Rob Hall erreichte den Gipfel kurz nach Fischer und Lobsang. Ein paar Minuten später stiegen Fischer und Lobsang wieder ab, während Hall beschloss, auf Doug Hansen zu warten, obwohl ihm sicherlich nicht entgangen war, dass es nicht mehr lange hell sein würde. Hansen erreichte den Gipfel um vier Uhr nachmittags, drei Stunden nach der »Umkehrzeit«, die Hall festgelegt hatte.

Insgesamt haben am 10. Mai 1996 dreiundzwanzig Menschen den Gipfel des Mount Everest von nepalesischer Seite aus erreicht.

Als David, Ed, Robert und ich über das Western Cwm zum Basislager hinunterschauten, sahen wir eine gewaltige Wolkenbank, die sich mit wachsender Geschwindigkeit zu uns heraufwälzte. Diese grauschwarzen Massen wirkten bedrohlicher als die lokal entstehenden Wolken, die sich üblicherweise jeden Nachmittag im Tal ausbreiteten, und gegen halb fünf war das Basislager in Nebel gehüllt. Eine Stunde später erreichte die Wolkenbank Camp II. Später erzählten mir der Koch Changba und andere Sherpas im Basislager, sie hätten das Wetter als ungewöhnlich düster empfunden. Eine unheimliche Stille hätte sich über dem Basislager ausgebreitet.

Unterdessen hatte sich eine höhere Wolkenschicht um die Gipfelregion gelegt.

Kurz vor Einbruch der Dunkelheit erfuhren wir von einem alarmierenden Funkruf:

»Doug Hansen ist zusammengebrochen – ich brauche Sauerstoff!«

Wir saßen gerade im Speisezelt von Camp II, als wir von dem erschütternden Funkkontakt zwischen Rob Hall und Andy Harris informiert wurden. Hall und sein Kunde Doug Hansen hatten den Gipfel erst am Spätnachmittag erreicht und beide saßen nun in 8600 Meter Höhe oberhalb des windgepeitschten Südgipfels fest. Bald würde die Dunkelheit einbrechen.

Sie mussten unbedingt weiter absteigen oder sie würden dort oben mit ziemlicher Sicherheit sterben. So viel wir wussten, hatte Hall beschlossen, bei Hansen zu bleiben, es blieb aber unklar, in welchem Zustand Hansen war und wo er sich überhaupt befand. Zweifellos wusste Hall, dass er Hansen nicht allein hinunterbefördern konnte, und sobald ihnen der Sauerstoff ausging – und sie den auf dem Südgipfel vielleicht noch vorhandenen Sauerstoffvorrat verbraucht hatten –, drohte ihnen akuter Sauerstoffmangel und damit Erfrierungen an Armen und Beinen. Hall würde den Weg bei diesem Sturm durch die pechschwarze Nacht nicht schaffen. Und würde er es über sich bringen, Hansen dort oben allein sterben zu lassen? Alle, die über Funk mit Hall sprachen, beschworen ihn abzusteigen und versprachen, eine Rettungsmannschaft für Hansen loszuschicken.

Im Basislager hatte Schneefall eingesetzt. Abgesehen von Anfragen, wo sich die Bergsteiger befanden, gab es kaum Funkrufe. Um acht Uhr abends übermittelte uns schließlich Paula Viesturs eine schlimme Nachricht: siebzehn Bergsteiger, die über den Südostgrat abgestiegen waren, hatten den Südsattel noch nicht erreicht. Die Funkgeräte funktionierten am Berg nicht immer zufriedenstellend, also konnten wir nur vermuten, dass diese siebzehn Bergsteiger sich entweder durch den tosenden Sturm nach unten vorkämpften oder an einem Ort festsaßen, den sie bestimmt nicht freiwillig gewählt hatten. Wenn es nicht noch schlimmer stand.

Das Unterstützungsteam im Basislager blieb die ganze Nacht an den Funkgeräten und suchte alle Frequenzen nach Nachrichten ab. Wir hörten über Funk ihre verzweifelten Bitten, aber auch Weinen im Hintergrund – und Gebete. Sie stellten eine Namensliste zusammen, auf der sie nach und nach die Bergsteiger abhakten, die in Sicherheit waren. Sehr viele waren es nicht.

So entsetzt ich über die Situation war, hielt sich meine Überraschung doch in Grenzen. Die Prophezeiungen hatten Recht behalten. Sowohl Chatral Rinpoche, der Lama meiner Familie, als auch Geshe Rinpoche, der Lama von Soyangs Familie, hatten erkannt, dass die Saison problematisch und mit Hindernissen befrachtet war.

Wongchu erzählte mir, er habe im Vorjahr auf dem Everest einen Traum von einer schönen Göttin gehabt, die lächelnd und fröhlich auf ihn zugekommen sei und ihn liebkost habe.

In diesem Jahr habe sich der Traum wieder eingestellt, und auch diesmal habe ihn die Göttin verführerisch angelächelt, als sie sich ihm näherte. Dann aber habe sie sich zornig abgewandt. Er versicherte mir, dass er den anderen Sherpas nichts von dem Traum erzählt habe.

Jangbu hatte in Camp II einen ähnlichen, verblüffend realistischen Traum gehabt. Eine schöne junge Frau, die Ähnlichkeit mit Miyolangsangma hatte, näherte sich ihm und klagte darüber, dass ihr Menschen auf den Kopf gestiegen seien, sie beschmutzt und erniedrigt hätten. In dem Traum hatte Jangbu zunächst Angst, dann tat ihm die Frau aber Leid. Er warf sich vor ihr nieder und bat um Vergebung für alle Beleidigungen, die er ihr angetan haben mochte, für jeden Beitrag, den er zu ihrer Schmach geleistet habe. Sie lächelte und dankte ihm, dann entfernte sie sich und ging den Berg hinauf.

Jangbu erwachte und wusste nicht, ob das, was er gesehen hatte, Traum oder Wirklichkeit gewesen war. Da er in dieser Nacht keinen Schlaf mehr fand, saß er in seinem Schlafsack, entzündete Räucherwerk und betete.

Ang Rita, der den schwedischen Einzelbergsteiger Göran Kropp begleitete, berichtete Wongchu von verblüffend ähnlichen Träumen, und jedes Mal war das Mädchen zuletzt, wie bei Wongchu und Jangbu, wieder den Berg hinaufgewandert. Sie alle meinten, es wäre ein äußerst schlimmes Omen gewesen, wenn das Mädchen stattdessen bergab gegangen wäre. Zumindest hatte ihnen Miyolangsangmas Erscheinen in ihren Träumen zu verstehen gegeben, dass sie über die Verschmutzung und die Respektlosigkeit in ihrer Umgebung unglücklich sei.

Allerdings musste man weder an Träume noch an Prophezeiungen glauben, um zu sehen, dass alle Voraussetzungen für eine Katastrophe gegeben waren: Gedränge, mangelnde Erfahrung, übermäßiger Ehrgeiz und schlichtweg die hohe Anzahl der Bergsteiger, und dazu noch ein Unwetter.

Um elf Uhr nachts zog ich mich in mein Zelt zurück, weil uns nichts anderes übrig blieb, als abzuwarten. Ich lag auf dem Rücken und überlegte, wie wir alle nur in diese Situation hatten geraten können, kam aber zu keinem Ergebnis. Warum waren diese Leute um die halbe Welt gereist, nur um sich mutwillig in Gefahr zu begeben? Vor allem Robert, der nach achtzehn Jahren wieder zum Everest zurückgekehrt war, sah mit Befremden, wie sich die Einstellung zum höchsten Berg der Welt mittlerweile verändert hatte. Die Motivation, die die Bergsteiger trieb, schien nun weniger von Ehrfurcht und Respekt vor dem Berg bestimmt zu sein, als vielmehr von Egozentrik, Geschäftssinn und Trophäenjagd.

Noch am Tag zuvor hatten Araceli, Sumiyo, die anderen Sherpas und ich es bedauert, dass wir uns zum Rückzug entschlossen hatten. Jetzt waren wir davon überzeugt, dass es die einzig richtige Entscheidung gewesen war. Andererseits wären wir, wenn wir doch mit diesen Teams geklettert wären, natürlich eher in der Lage gewesen zu helfen.

Anatoli Boukreev, der russische Bergführer, der für Scott Fischer arbeitete, war rasch vom Gipfel abgestiegen und etwa um dieselbe Zeit in seinem Zelt am Südsattel eingetroffen wie diejenigen von Halls Kunden, die auf halbem Weg umgekehrt waren. Nach dem Abstieg vom Gipfel sind Bergsteiger, die in Camp IV ankommen, normalerweise so geschwächt und vom Sauerstoffmangel mitgenommen, dass sie nur noch den einen Wunsch haben, in ihr Zelt zu kriechen. Sie verlassen sich einfach darauf, dass ihre Teamkameraden, die noch folgen, den Abstieg schon ohne Schwierigkeiten schaffen werden. Es hat den Anschein, als könnten Menschen ihre Körperkräfte exakt taxieren und einteilen, sodass ihnen genau die nötige Energie bleibt, um ihr Ziel zu erreichen. Nicht selten brechen Bergsteiger wenige Meter vor den Zelten des Südsattels zusammen, und ich vermute, dass überhaupt die wenigsten sich dann noch imstande fühlen, einen einzigen Schritt weiter zu gehen.

Die Bergsteiger, die nach Boukreev zurückkamen, hatten weniger Glück. Nicht weit oberhalb des Südsattels wurden diejenigen, die den Gipfel erst am Nachmittag erreicht hatten, durch Sturmwinde und aufwirbelnden Schnee aufgehalten. Unterhalb der Fixseile über dem »Eisbuckel«, einer tückischen Stelle aus steinhart gefrorenem Eis direkt oberhalb des Südsattels, kam eine Gruppe von elf Bergsteigern zu weit nach Osten ab, weil sie vermeiden wollte, in der Dunkelheit zu nahe an die trügerische Lhotse-Flanke heranzukommen. Schon am Morgen waren sie in der Dunkelheit den Eisbuckel hinaufgestiegen und nun waren die Sichtverhältnisse wieder schlecht.

Der Abstieg über den Südostgrat und die darunter liegenden Hänge ist nicht zu verfehlen, aber wenn die Bergsteiger dann auf dem breiten, flachen Südsattel ankommen, verlieren sie bei Schneetreiben und Dunkelheit leicht die Orientierung. Kompass oder GPS gehören nicht zur Standardausrüstung auf dem Everest, aber bei den nun auf dem Südsattel herrschenden Wetterbedingungen wären solche Hilfsmittel wirklich nützlich gewesen.

Die Sichtweite betrug nur noch einen Meter, und als die Dämmerung einsetzte, mussten die Bergsteiger sogar noch ihre Gletscherbrillen abnehmen. Nun waren ihre Augen schutzlos den Schneepartikeln ausgesetzt, die der Wind mit 80 Kilometern pro Stunde vor sich hertrieb. Einige der Kunden konnten nur noch mit größter Mühe gehen und setzten sich von Zeit zu Zeit. Halls Bergführer Mike Groom hatte den fünfzigjährigen Pathologen Beck Weathers aus Dallas, der schon den ganzen Tag über Probleme mit den Augen gehabt hatte und nun gar nichts mehr sah, ans kurze Seil genommen und zog ihn, so gut es ging, hinter sich her.

Als sie schließlich völlig die Orientierung verloren hatten, kauerten sie sich möglichst eng zusammen, um sich gegenseitig warm zu halten. Hunger, Sauerstoffmangel, Erschöpfung und Dehydration beeinträchtigten die Durchblutung von Füßen und Händen, aber auch das Denkvermögen. Einige waren überzeugt, ihre letzte Stunde sei gekommen.

Gegen zwei Uhr morgens riss die Wolkendecke auf, und Klev Schoening – Petes Neffe, ein hervorragender Bergsteiger – konnte sich anhand der Sterne und der umgebenden Gipfel orientieren. Er erkannte das Everest-Massiv und konnte den Polarstern und den Großen Bären ausmachen. Zusammen mit den Bergführern Neal Beidleman und Mike Groom und den Sherpas Ngawang Dorje und Tashi Tsering versuchte er, die anderen zum Aufbruch zu treiben. Schließlich schaffte die Gruppe es, sich mühselig in die von Schoening angegebene Richtung zu schleppen.

Die Kunden Yasuko Namba, Beck Weathers, Sandy Pittman und Charlotte Fox konnten kaum laufen. Diejenigen, die sich noch auf den Beinen halten konnten, gingen dann voraus. Tim Madsen hätte sich ihnen anschließen können, aber er entschloss sich selbstlos, bei Charlotte Fox zu bleiben, die in sehr schlechter Verfassung war. Nach nur wenigen Metern kauerten sich die fünf wieder zusammen.

Die erste Gruppe erreichte letztlich Camp IV. Beidleman versuchte Anatoli Boukreev zu schildern, wo die anderen waren – irgendwo am östlichen Ende des Südsattels am Rand der steil abfallenden Kangshung-Wand –, aber er war zu erschöpft, um klar zu sprechen.

Mit einer Flasche Sauerstoff machte sich Boukreev auf die Suche nach den verirrten Bergsteigern, obwohl er selbst noch ziemlich geschwächt war, nachdem er den Gipfel ohne zusätzlichen Sauerstoff bestiegen hatte. Da er sie nicht fand, folgte er seinen Fußspuren zum Camp zurück, um sich von Beidleman genauere Anweisungen zu holen. Außerdem befragte er Lene

Gammelgaard, die ebenfalls ins Camp IV zurückgefunden hatte und in etwas besserer Verfassung war. Beim nächsten Versuch fand Boukreev die Bergsteiger unweit der Stelle, an der er beim ersten Mal umgekehrt war. Boukreev ließ Sauerstoff zurück und nahm Sandy Pittman ins Camp IV mit. Dann kehrte er mit Tee und weiterem Sauerstoff zu den anderen zurück. Er half Charlotte Fox und Tim Madsen, ließ aber Beck Weathers und Yasuko Namba, zwei Kunden von Rob Hall, zurück, weil die sich nicht mehr bewegen konnten.

Am nächsten Morgen machten sich Lhakpa Tshering Sherpa und Stuart Hutchison, ein Arzt aus Halls Expedition, der ebenfalls den Gipfel erreicht hatte, auf die Suche nach Weathers und Yasuko Namba. Die Berichte über das, was sie vorfanden, weichen leicht voneinander ab. Einmal heißt es, Yasuko Namba habe geatmet, wenn auch flach, aber ihre Pupillen seien geweitet gewesen. Nach einer anderen Version lag sie wie leblos da. Beck Weathers aber schien entweder tot oder dem Tod so nahe zu sein, dass er nicht wieder belebt werden konnte. Die beiden Bergsteiger waren nur vierhundert Meter vom Camp entfernt liegen geblieben.

Helen Wilton, Rob Halls Leiterin des Basislagers, rief Beck Weathers' Frau Peach in Dallas an, um sie zu benachrichtigen, bevor die Meldung durch die Medien ging. Helen Wilton teilte ihr mit, die Leiche ihres Mannes sei gefunden worden.

Unterdessen wussten wir in Camp II und im Basislager immer noch nicht, wo sich Scott Fischer und Makalu Gau befanden und wie es ihnen ging. Die Tatsache, dass Fischer sich schwach gefühlt hatte, als er am Tag zuvor den Gipfel erreichte, war ein schlechtes Zeichen. Auf dem Südgipfel kann in der Regel niemand richtig schlafen, weder Neulinge noch erfahrene Bergsteiger, und nach dem Aufstieg von Camp III ist man ohnehin schon ziemlich übermüdet. Viele kämpfen mit Bronchitis, gebrochenen Rippen, Erschöpfung oder Symptomen der Höhenkrankheit. Hinzu kommt noch, dass sich bereits bestehende Leiden in der Todeszone verschlimmern.

Es stellte sich heraus, dass Lobsang Jangbu auf dem Gipfel auf Fischer gewartet hatte und dann mit ihm abgestiegen war. Kurz darauf hatte sich ihnen auch der taiwanische Teamleiter Makalu Gau angeschlossen. Unterhalb des Südgipfels schlitterte Fischer die falsche Schneerinne hinunter und musste dann wieder zur Hauptroute aufsteigen, auf der Lobsang und Makalu Gau abstiegen. Anscheinend war Fischer der Sauerstoff ausgegangen, denn er begann sich laut Lobsang irrational zu verhalten, der ihn nur mit Mühe auf dem Weg halten konnte.

Vielleicht litt Fischer zu diesem Zeitpunkt bereits an einem Hirnödem, einer lebensgefährlichen Schwellung des Gehirns, zu deren ersten Symptomen eine Beeinträchtigung des Denkvermögens gehört. Er und Gau kamen nur noch schleppend voran. Als es allmählich dunkel wurde, musste Lobsang Fischer stützen, während Gau hinter ihnen herhumpelte. Bei Einbruch der Dunkelheit machten sie, von Erschöpfung überwältigt, auf der Dreiecksflanke unterhalb des Südostgrats Halt und ließen sich an einer felsigen, dem Wind ausgesetzten Stelle nieder. Bei guter Verfassung wäre es nur noch eine Stunde bis zu Camp IV gewesen.

Lobsang versuchte, ein Biwak für Fischer und Gau zu machen, aber da ihm schließlich zwischen zwei und drei Uhr morgens klar wurde, dass er sonst nichts für seinen Freund Fischer tun konnte, beschloss er, zu Camp IV abzusteigen. Fischer reagierte nicht mehr, und offenbar hatte er Lobsang zuvor gesagt, er solle sich selbst retten.

Am 11. Mai kurz vor fünf Uhr morgens erwachte das Funkgerät in Halls Zelt in Camp II wieder zum Leben. Ein Sherpa bat David, Ed und mich, in Halls Kommunikationszelt zu kommen.

»Kann mich jemand holen?«, meldete sich eine durch Knistergeräusche verzerrte Stimme. Es war Rob Hall. Zu unserem Erstaunen befand er sich immer noch auf dem Südgipfel. Wenn Hall noch länger dort oben blieb, war ihm der Tod gewiss. Ed und David meinten, sie könnten sich die Bodenvertiefung bildlich vorstellen, in deren Schutz Hall direkt unterhalb des Südgipfels eine einsame Nacht verbracht hatte. Und wo steckte Hansen? Vielleicht war er auf dem schmalen Grat zwischen dem Hillary Step und dem Südgipfel abgestürzt, überlegte Ed, oder er hatte es bis zu Halls Schneenische geschafft. Wenn Hansen noch lebte, dann war er jedenfalls in schlechter Verfassung.

Inzwischen hatten sich in Camp II mehrere Bergsteiger in Halls Speisezelt versammelt. Ed griff nach dem Funkgerät und ermahnte seinen alten Freund und Kletterkameraden Hall, aufzustehen und abzusteigen. Halls Stimme war schwach und von Knistern überlagert. »Doug ist weg«, sagte er. Was hatte das zu bedeuten? Meinte er damit, Hansen sei tot, oder waren sie in Sturm und Dunkelheit voneinander getrennt worden? Genauso verwirrend war Halls Frage, wo denn Andy Harris sei. Er sagte, Harris sei in der vergangenen Nacht bei ihm gewesen, obwohl wir von Jon Krakauer wussten, dass dieser Harris nicht weit von Camp IV gesehen haben wollte.

Gegen zehn Uhr morgens gewannen wir allmählich den Überblick, wer sich noch wo auf dem Berg befand. Der völlig erschöpfte Hall saß dem Tode nahe auf dem Südgipfel fest; Hansen war vermutlich tot. Scott Fischer und Makalu Gau waren zuletzt unterhalb des Südostgrats gesehen worden; im Basislager war sogar die nicht bestätigte Nachricht eingetroffen, Fischer sei tot. Die Leichen von Beck Weathers und Yasuko Namba seien unweit von Camp IV lokalisiert worden.

Und Andy Harris war offenbar nie auf dem Südsattel eingetroffen.

Vom Basislager und Camp II aus wurde Hall von allen, die ihn kannten, beschworen, seine Sauerstoffflasche voll aufzudrehen, tief einzuatmen, um wieder zu Kräften zu kommen, und sich dann in Bewegung zu setzen. Vielleicht waren Halls Atemmaske und sein Regler ja auch vereist, was nicht selten vorkommt. Überrascht hörte ich, wie andere Hall über Funk versicherten, Rettung sei unterwegs, als müsste er sich keine weiteren Sorgen machen. Ich an seiner Stelle wäre mehr als besorgt gewesen. Vielleicht war er ja auch durch die einschläfernde Wirkung von Sauerstoffmangel und Unterkühlung in Gleichgültigkeit verfallen. Es war nahezu undenkbar, dass ein erschöpfter Bergsteiger, der in dieser Höhe die Nacht bei Wind und Wetter verbracht hatte, einfach aufstand und losmarschierte. Unter Bergsteigern gilt der Punkt, an dem man so kalte Hände hat, dass man den Reißverschluss des Parkas nicht mehr hochziehen oder die Handschuhe nicht mehr überstreifen kann, als der Augenblick, in dem alles aus ist. Und wer sich unter diesen Umständen hinsetzt, steht vielleicht nie wieder auf.

Ed konzentrierte sich ausschließlich auf das Funkgerät. Er mahnte Hall, nicht auf die Sherpas zu warten, und betonte immer wieder, Hall würde ihnen bergab auf halbem Weg begegnen. »Dreh deinen Sauerstoff voll auf, dann kriech zum Südgipfel hinauf, zieh dich am Seil hoch«, schrie er geradezu ins Funkgerät. Hall hätte sechs Meter aufsteigen und die Schneekuppel überqueren müssen, bevor er absteigen konnte. Er wiederholte nur, dass er unkontrollierbar zittere, ein sicheres Anzeichen für Unterkühlung.

Veikka Gustafsson aus Mal Duffs britischem Team, ein enger Freund von Hall, weinte während des Funkkontakts. Er hätte gern mit Hall gesprochen, war aber nicht dazu imstande, ohne in Tränen auszubrechen. Er hatte mit Hall den Everest und auch den Dhaulagiri bestiegen; sie verband die enge Beziehung, die immer dann entsteht, wenn man gemeinsam lebensbedrohliche Situationen überstanden hat. Im tibetischen Buddhismus hätte man sie als *nedrogs* bezeichnet, als Pilgerschaftsgefährten, die auf einer spirituellen Suche karmisch miteinander verbunden sind.

Auch Ed weinte. Er nahm den Finger von der Sprechtaste, damit Rob ihn nicht schluchzen hörte. Als Jan Arnold, Halls schwangere Frau, von ihrem Haus in Neuseeland mit Hall über Funk verbunden wurde, waren in Camp II und im Basislager alle tief erschüttert. Mit klarer, starker Stimme versicherte Hall seiner Frau mehrmals, sie brauche sich um ihn keine Sorgen zu machen.

Dann erklärte Hall, er werde jetzt versuchen aufzustehen und sich auf den Weg machen. Alle gaben einen zaghaften Seufzer der Erleichterung von sich.

Ein paar Stunden später meldete sich Hall erneut über Funk. Ed fragte ihn, wie es ihm gehe und wie weit er gekommen sei. Hall hatte sich überhaupt nicht von der Stelle gerührt. Seine Hände seien so erfroren, sagte er, dass er mit den Seilen nicht zurechtkomme. In diesem Augenblick wussten wir, dass es vorbei war. Ihm blieb nur noch die schwache Hoffnung auf Bergung. Wir in Camp II tauschten verzweifelte Blicke.

David Breashears, Ed Viesturs und ich besprachen, wie wir unsere Kräfte nun einsetzen sollten. Wir standen vor einer schweren Wahl: Sollten wir Bergsteiger, die gerade noch am Leben waren, opfern, um jene zu retten, die leichter zu bergen waren? Sollte man beispielsweise den noch atmenden, aber nicht mehr ansprechbaren Scott Fischer einfach liegen lassen, um stattdessen Rob Hall zu bergen? Aber selbst wenn Bergsteiger oder Sherpas bis zu Hall hinaufkämen: Wie sollten sie ihn herunterholen? Oberhalb des Südsattels ist es schwer genug, das eigene Überleben zu sichern. Außerdem hatte diese Saison wieder einmal gezeigt, dass Unfälle in der Regel beim Abstieg passieren, und zwar dann, wenn man sie am wenigsten erwartet.

Wir mussten unseren Ehrgeiz auf das beschränken, was machbar und vernünftig erschien. Wenigstens vorübergehend gaben wir jeden Gedanken an unseren eigenen Aufstieg und die Filmarbeiten auf und befassten uns damit, eine Rettungsaktion zu koordinieren und Hilfe zu leisten. Wir wollten vermeiden, dass sich die Helfer auf dem Berg zu sehr verausgabten, wodurch sich die Situation womöglich noch verschlimmert hätte. Die Sherpas und die erfahrenen Bergsteiger kannten genug Fälle, in denen Retter bei heroischen Aktionen selbst zu Opfern wurden.

Wir waren entschlossen, alles zu tun, was im Bereich des Möglichen lag, ohne übergroße Risiken einzugehen. Es war eine bittere Sache, dass wir angesichts dieser Vorgaben im Grunde nur wenig unternehmen konnten.

6

Eine Lektion in Vergänglichkeit

*Der Leiter des taiwanischen Teams, Makalu Gau, und der
Amerikaner Beck Weathers werden in einem der höchstgelegenen
Hubschraubereinsätze, die jemals geflogen wurden, evakuiert.
Weathers hatte fast 22 Stunden lang in 8000 Meter Höhe im
Freien gelegen und war schon für tot gehalten worden.*

Bevor das IMAX-Team oder andere Gruppen in Camp II jenen weiter oben im Berg helfen konnten, mussten wir erst eine Verbindung zu Camp IV herstellen. Soweit wir wussten, saß Rob Hall fest, wurden Andy Harris und Doug Hansen vermisst und waren wahrscheinlich tot, Scott Fischer und Makalu waren entweder tot oder dem Tode nahe, und Beck Weathers und Yasuko Namba waren tot. Von denen, die noch lebten, brauchten wir Informationen darüber, wie es ihnen ging und was sie am dringendsten benötigten: Kleidung, Nahrung, Sauerstoff oder den Abtransport ins Tal.

Die Batterien von Jon Krakauers und Stuart Hutchisons Funkgerät waren so gut wie leer, aber ihres war das einzige funktionierende am Südsattel – abgesehen von dem der Südafrikaner. Diese hatten den Südsattel einen Tag nach den anderen Teams erreicht, aber da sie erschöpft waren, hatten sie ihren Besteigungsversuch um einen Tag auf den 11. Mai verschoben. Ihr Funkgerät konnte in all den Frequenzen senden und empfangen, die auch von den anderen Teams benutzt wurden.

Ian Woodall, der Leiter des südafrikanischen Teams, weigerte sich, sein Funkgerät zur Verfügung zu stellen. Die anderen Teams bedrängten seinen Bruder Philip im Basislager, aber Woodall behauptete stur, bei ihnen wären die Lebensmittel und Vorräte knapp geworden – was nicht sehr glaubhaft war, da sie nach wie vor planten, zum Gipfel aufzusteigen. Das förderte nicht gerade die Beliebtheit der Südafrikaner unter den anderen Expeditionen. Sie stellten sich anscheinend auf den Standpunkt, dass sie für das Unglück nicht verantwortlich seien und es somit nicht ihr Problem sei. Warum also Energie und Ressourcen verschwenden, um Leuten zu helfen, die sie gar nicht kannten? Ich war gespannt, welche Reaktionen sie zu erwarten hatten, wenn sie vielleicht selbst einmal in Schwierigkeiten gerieten.

In unserem Zelt auf dem Südsattel gab es noch Batterien, und David sagte Jon Krakauer über Funk, er solle das Zelt aufschneiden und sie nehmen. Die Sherpas hatten darauf bestanden, dass das Zelt nach einer Reihe von Diebstählen auf dem Südsattel verschlossen werden sollte.

Mehrere Bergsteiger in Camp II drängten darauf, dass sich die Sherpas auf dem Südsattel auf die Suche nach Überlebenden machten, besonders nach Fischer, Hall und Makalu Gau. Wongchu, der als Sirdar sowohl für das taiwanische als auch für unser Team zuständig war, hängte sich ans Funkgerät und putzte die Sherpas des taiwanischen Teams herunter, weil sie noch nichts unternommen hatten. Wütend befahl er ihnen, endlich aus ihren Schlafsäcken zu kommen, aus dem Zelt zu kriechen und den Berg hinaufzuklettern. »Wenn ihr nicht bald eure Hintern in Bewegung setzt und versucht, die Leute da runterzuholen«, schrie er, »dann liefere ich euch persönlich im Gefängnis ab, sobald ihr wieder unten seid.«

Die Rettungsaktion – beziehungsweise die Suche nach Überlebenden – kam nur schleppend in Gang. Ang Dorje und Lhakpa Tshering, die den Gipfel einen Tag zuvor mit dem neuseeländischen Team erreicht hatten, brachen kurz nach Tagesanbruch zum Südsattel auf. Beladen mit Sauerstoffflaschen machten sie sich auf den Weg zu Rob Hall auf dem Südgipfel, aber sie kamen nur langsam voran. Das Wetter war miserabel.

Unterhalb des Balkons, nur 300 Meter über dem Lager, trafen sie auf Scott Fischer. Er hatte noch geatmet, sagten sie später, allerdings nur schwach und mit zusammengebissenen Zähnen. Auf ihre Versuche, ihn aus der Bewusstlosigkeit zu wecken, reagierte er nicht. Sie entschlossen sich, weiter zu Hall aufzusteigen, der, wie sie wussten, noch am Leben und bei Bewusstsein war.

Etwas später an diesem Morgen machte sich auch Ngawang Sakya, der Vater von Fischers Sirdar Lobsang Jangbu, auf den Weg, begleitet von den Sherpas Nima Gombu und Ngawang Tenzing aus dem taiwanischen Team. Sie hofften, Fischer und Gau herunterholen zu können. Als Ngawang Sakya Fischer fand, war dieser tot oder so gut wie tot; die Schneebrille, die man ihm vor das Gesicht hielt, beschlug nicht. Ngawang Tenzing und Nima Gombu fanden ganz in der Nähe Makalu Gau, der halb erfroren und bewegungsunfähig war. Sie schüttelten ihn kräftig und flößten ihm heißen Tee aus ihrer Thermosflasche ein. Langsam – und gerade noch rechtzeitig – kam er wieder zu Bewusstsein. Ohne Hilfe hätte Gau nicht mehr lange durchgehalten. Unter großen Anstrengungen schleppten sie ihn hinunter zum Südsattel. Offenbar hatte sein Karma bestimmt, dass er weiterleben sollte.

Unterdessen kämpften sich weiter oben am Berg Ang Dorje und Lhakpa Tshering durch Wind und Schneegestöber. 300 Meter unterhalb des Südgipfels kamen sie nicht mehr weiter. Sie ließen die Sauerstoffflaschen zurück, markierten sie mit einem Skistock und kehrten um. Sie fanden kein Lebenszeichen des neuseeländischen Bergführers Andy Harris.

Als sie wieder auf dem Südsattel angelangt waren, schilderte Ang Dorje mit tränenerstickter Stimme, wie er und Lhakpa Tshering versucht hatten, sich durch den Sturm zu Hall vorzukämpfen.

Die beiden Sherpas hatten ziemlich viel riskiert, um überhaupt so weit zu kommen. Trotzdem brüllten einige Bergsteiger im ABC die Sherpas am Südsattel über das Funkgerät an, empört darüber, dass sie nicht mehr unternahmen, um die Vermissten zu finden – insbesondere Hall und Fischer –, obwohl doch jeder sehen konnte, dass der Berg immer noch in dichte Wolken gehüllt war und der Sturm unvermindert tobte. Einer schimpfte über Ang Dorje und Lhakpa Tshering: »Was um alles in der Welt machen die da oben, denken die nur an sich?« Ich konnte ihren Zorn und ihre Frustration verstehen, aber warum schickten sie nur die Sherpas, nicht die Bergführer? Ich war drauf und dran, ihnen zu sagen, sie sollten gefälligst selbst aufsteigen, um nach Hall und den anderen Überlebenden zu suchen.

Als Hall über Funk erfuhr, dass die Sherpas umgekehrt waren, ließ er seinen Finger auf dem Sendeknopf seines Sprechfunkgeräts, und wir konnten ihn weinen hören. Er wusste, dass er nicht noch eine Nacht durchhalten würde, auch wenn seine Teamgefährten im Basislager ihm versprachen, es am nächsten Tag noch einmal zu versuchen.

Die anderen Sherpas und ich schätzten Hall als erfahrenen Bergsteiger, und es entsetzte uns, dass gerade er in eine solche Lage geraten war. Ein zäher und findiger Bursche wie er werde schon eine Möglichkeit finden, um zu überleben, meinten einige, als wir im Küchenzelt beisammensaßen. Andere äußerten die Ansicht, Hall habe seine Fähigkeit, den Berg zu besteigen, zu seiner persönlichen Bereicherung missbraucht. Die Früchte seines Karmas hätten ihn nun in diese missliche Lage gebracht.

Am Abend vor seiner zweiten Nacht auf dem Südgipfel sprach Hall noch einmal mit seiner Frau. Dann schaltete er das Funkgerät ab. Aus eigener Erfahrung mit großer Kälte weiß ich, dass Unterkühlung nicht schmerzhaft ist. Die Extremitäten werden taub, die Empfindungsfähigkeit nimmt ab, das Denken verlangsamt sich. Wahrscheinlich ist Hall einfach in einen endlosen Schlaf hinübergedämmert.

Einige Kunden der Expedition von Todd Burleson befanden sich in der Sturmnacht in Camp III. Wie Dr. Ken Kamler später erzählte, hatten sie am Morgen des 11. Mai Angst, dass selbst ihre auf größte Belastung ausgelegten Zelte einfach vom Berg geweht werden könnten. Burleson und Pete Athans, beide hoch angesehene Bergführer, waren die Einzigen, die sich in den entfesselten Sturm hinauswagten – ein »Whiteout«, in dem praktisch keine Orientierung möglich war –, um in Richtung Camp IV auf dem Südsattel aufzubrechen.

Als sie dort ankamen, fanden sie das Lager in desolatem Zustand vor. Die Sherpas und die Bergsteiger lagen noch in ihren Schlafsäcken, zu schwach, um sich neue Sauerstoffflaschen zu nehmen. Die beiden altgedienten Bergführer mussten erfahren, dass die Leichen von Yasuko Namba und Beck Weathers am Rand der Kangshung-Flanke lagen, einige hundert Meter vom Lager entfernt.

Sie machten sich sofort an die Arbeit. Als Erstes brauchten sie Sauerstoff, und David wies sie über Funk an, sich aus unserem Vorrat zu bedienen. Wir waren einzig und allein darauf bedacht, Hilfe zu leisten, trotzdem erinnere ich mich, dass mir auch durch den Kopf schoss, dass die Preisgabe unserer Sauerstoffvorräte das Ende unserer Gipfelhoffnung sein könnte. Aus der Traum, meine Leidenschaft würde sich nie erfüllen.

Athans und Burleson verteilten an mehrere Zelte Sauerstoffflaschen und drückten den schlafenden Kletterern Masken ins Gesicht, sie setzten die Kocher in Betrieb, um Schnee zu schmelzen, und sorgten dafür, dass die, die noch laufen konnten, sich so bald wie möglich an den Abstieg machten. Der Wind fegte immer noch mit konstanten 65 Stundenkilometern dahin, und vom Südostgrat wehte eine kilometerlange Fahne von Eiskristallen. So weit es Athans und Burleson vom Südsattel aus erkennen konnten, verließen die Südafrikaner nicht ein einziges Mal ihre Zelte.

David ordnete an, dass in Camp III ein Erste-Hilfe-Zelt eingerichtet werden solle, in dem die absteigenden Überlebenden wenn nötig versorgt werden konnten. Ich blieb in Camp II, um das Vorgehen der Sherpas zu koordinieren und Dr. Kamler dabei zu helfen, das Speisezelt des neuseeländischen Teams in ein Feldlazarett zu verwandeln. Kamler forderte aus dem Basislager medizinische Unterstützung an, während ich in allen Camps Medikamente sammelte, außer bei den Südafrikanern natürlich.

David, Robert, Araceli, Ed und mehrere Sherpas stiegen zu Camp III auf und kamen dort genau rechtzeitig an, um die erste Gruppe erschöpfter, völlig verstörter Bergsteiger vom Südsattel in Empfang zu nehmen, von denen einige Sauerstoffflaschen benutzen mussten. Sie wurden von Mitgliedern unseres Teams und anderen in Zelte gepackt und mit Suppe und Kakao versorgt, denn Wärme und Flüssigkeit waren jetzt das, was sie am meisten benötigten, und vielleicht auch alles, was wir ihnen geben konnten. David hatte bereits entschieden, dass sie nicht dort bleiben sollten; Camp III war zu steil und zu eng, um Verletzte zu versorgen. Wenn Bergsteiger, die ohnehin erschöpft sind, sich nicht mehr bewegen, dann werden sie steif und es wird schwierig, sie zum Weitermarsch zu bewegen. Etliche hatten Erfrierungen mittleren Grades an den Fingern und im Gesicht. David und die anderen kümmerten sich um sie und schickten sie nach unten.

Charlotte Fox und Sandy Pittman trafen in Camp II ein, wo Wongchu Sandy, die Prellungen und Erfrierungen minderen Grades hatte, sofort in unser Küchenzelt brachte, wo ich ihr Suppe und Tee gab. Um sie aufzuwärmen, massierte Wongchu ihr die Hände, ich den Rücken. Nachdem sie sich ein wenig erholt hatte, gab ich ihr ein Funkgerät, brachte sie zu ihrem Zelt und sagte ihr, sie solle sich melden, wenn sie etwas brauchte.

Das Drama am Südsattel war noch nicht zu Ende. Als Todd Burleson um fünf Uhr abends aus dem Zelt seines Teams trat, sah er in einiger Entfernung im Schneegestöber eine Gestalt auf Camp IV zuwanken. Zuerst dachte er, da habe einer Schwierigkeiten beim Pinkeln, aber als derjenige näher herantorkelte, sah er, dass der Mann einen Arm parallel zur Schulter steif angewinkelt hielt, »wie eine Mumie in einem billigen Horrorfilm«, erzählte Pete später. Die Daunenjacke war bis zum Bauch offen, die Augen waren zugeschwollen und das Gesicht so erfroren, dass er nicht zu erkennen war. Wenn es nicht Fischer war, konnte es nur Beck Weathers sein. Es war kaum zu glauben, aber Weathers war von den Toten auferstanden.

Nachdem Athans und Burleson ihre Verblüffung überwunden hatten, machten sie sich umgehend ans Werk. Sie brachten Weathers zu Scott Fischers Zelt, in der traurigen Gewissheit, dass nicht mehr mit Fischers Rückkehr zu rechnen war. Ihre größte Sorge war, Weathers könne einen Herzanfall erleiden, wie es vorkommen kann, wenn jemand nach starker Unterkühlung zu abrupt aufgewärmt wird. Sie steckten ihn in zwei Schlafsäcke, verabreichten ihm Sauerstoff und führten ihm Flüssigkeit zu. Weathers rechter Arm war gefroren und fühlte sich an wie das Glied einer Porzellanpuppe. Er schien dem Tode nahe.

Anatoli Boukreev warf einen Blick auf Beck Weathers und war dann überzeugt, auch sein Freund Scott Fischer könne doch noch am Leben sein. Obwohl es schon später Nachmittag war, suchte er seine Ausrüstung zusammen und verschwand in Richtung Berg in der Dunkelheit.

Als Boukreev Fischer schließlich fand, konnte er nur noch feststellen, dass dieser tatsächlich tot war. Er häufte ein paar Steine auf, um den Leichnam zu schützen, und kehrte dann zum Südsattel zurück. Beim Abstieg kam furchtbarer Wind auf, und er verlief sich in einem Whiteout, der so unheimlich war wie in der Nacht zuvor. Erst gegen zehn Uhr nachts fand er zu den Zelten zurück, gelenkt von Weathers' Stöhnen.

Einige der Bergsteiger in Camp IV wussten jetzt, dass Beck

Weathers bei ihnen war, aber sie rechneten nicht damit, dass er die Nacht überstehen würde. Ein Arzt im Basislager meinte über Funk, unter den extremen Bedingungen sei es nicht ratsam, die wenigen einsatzfähigen Kräfte und die restlichen Ressourcen für seinen Abtransport einzusetzen, sofern er nicht selbst laufen konnte.

Offenbar war nicht geklärt worden, wer sich in der Nacht um Weathers kümmern sollte. Sein Arm taute auf und schwoll an, sodass ihm das Plastikarmband seiner Uhr die Blutzirkulation abschnürte. Er versuchte, es mit den Zähnen durchzubeißen, schaffte es aber nicht. Er litt unter akutem Flüssigkeitsmangel, brachte es aber auch nicht fertig, seine Wasserflasche zu öffnen, um daraus zu trinken. Der heftige Wind hatte das Zelt über ihm praktisch flachgedrückt, wodurch es die anderen gleichzeitig daran hinderte, ihm zu Hilfe zu kommen.

Die schwere Prüfung, die Weathers durchmachte, rief mir einen schrecklichen Vorfall in Erinnerung, von dem mir mein Vater erzählt hatte. Es geschah 1947 in Indien auf dem Kedarnath mit den Schweizern. Ein verletzter Bergsteiger, Wangdi Sherpa, blieb zwei Nächte lang allein im Hochlager zurück, während seine Kameraden abstiegen, um Hilfe zu holen. Wangdi fürchtete, man habe ihn dem Tod überlassen, und versuchte, sich die Kehle durchzuschneiden – ohne Erfolg. Er wurde zwei Tage später gerettet. Das Erlebnis hatte ihn so mitgenommen, dass er nie mehr einen Berg bestieg.

Am folgenden Morgen, dem 12. Mai, war Beck Weathers noch am Leben. Nachdem Athans und Burleson ihm Suppe und Wasser eingeflößt hatten, schaffte er es sogar, aufzustehen und zu gehen – wozu auch die Verabreichung einer Dexamethason-Spritze beitrug, einem Steroid, das gegen Hirnödeme wirkt und vorübergehend die Kräfte steigert. Athans und Burleson hatten Weathers nicht die Stiefel ausgezogen, weil sie fürchteten, sie würden es nicht mehr schaffen, sie ihm wieder anzuziehen, wenn die Füße erst einmal aufgetaut waren. Er trug jedoch Hightech-Bergstiefel neuester Machart und seine Füße waren einigermaßen in Ordnung.

Weathers war allerdings immer noch so gut wie blind, sodass Athans und Burleson ihm entweder genau sagen mussten, wo er hintreten solle, oder rückwärts gehen und ihm buchstäblich die Füße an die richtige Stelle setzen mussten.

Inzwischen waren Ed Viesturs und Robert Schauer von Camp III aufgestiegen, um ihnen über eine schwierige, felsige Stelle am Gelben Band hinwegzuhelfen, die Weathers nicht allein geschafft hätte. Ein falscher Tritt auf dem steinharten Eis konnte fatale Folgen haben. Gemeinsam ließen sie Beck hinab, indem sie sich neben ihm abseilten. Dabei ist es schon schwierig genug, allein durch diese Stelle zu kommen. Vom ABC aus beobachtete ich sie durch das Fernglas und fragte mich, wie sie das bei diesem Wind und im Schneegestöber bloß schafften.

Als sie sich schließlich in die Fixseile an der Lhotse-Flanke einklinkten, konnte Beck absteigen, allerdings behinderten seine erfrorenen Arme die Koordination, und seine Hände blieben nutzlos. Er konnte das Fixseil nicht fassen. Schließlich kam David hinzu, und während Robert Beck von hinten am Klettergurt hielt, gingen Ed und David abwechselnd rückwärts direkt vor ihm, Becks Hände auf den Schultern, und lenkten seine Schritte auf dem stahlharten Eis. Um Weathers um die Verankerungen des Fixseils herum zu bugsieren, mussten sie ziemliche Verrenkungen anstellen, um sich aus- und wieder einzuklinken. Am Bergschrund seilte sich Robert wieder parallel zu Beck ab, während Ed ihn an einem anderen Seil herabließ.

Mit abgehackten, kurzen Schritten stapfte Weathers in Camp II, alle ihm verbliebene Energie darauf verwendend, die scheinbar so einfache, aber für ihn höllisch anstrengende Aufgabe des Vorwärtskommens zu erfüllen. Als ich ihn sah, ergriff mich Ehrfurcht, aber auch Schrecken. Er war schon so gut wie tot gewesen, aber eine innere Kraft hatte ihn am Leben gehalten und vorwärts getrieben. Jedem von uns kann das passieren, was ihm widerfuhr, dachte ich. Aber vielleicht hätten wir dabei nicht so viel Glück.

Beck Weathers' Rückkehr aus dem Vorhof des Todes war ein Ereignis ohne Beispiel. Niemand hätte das nach einer Nacht in 8000 Meter Höhe und unter solchen Bedingungen für möglich gehalten. Es zeigt, wie schwierig es ist, in großer Höhe zuverlässig den Tod festzustellen. »Nur aufgetaute Tote sind wirklich tot«, brachte es Dr. Kamler auf den Punkt, doch wäre niemand kräftemäßig in der Lage gewesen, Weathers' steif gefrorenen Körper ins Lager zu schleppen, ihn aufzuwärmen und auf Lebenszeichen zu untersuchen. In großer Kälte und unter problematischen Bedingungen kann man einfach nie ganz sicher sein.

Wie weit sollte man also gehen, um Menschen zu retten, die unter extremen Bedingungen festsitzen? Der Fall von Weathers schien das Unmögliche wahrscheinlich zu machen. Doch sind hier Zweifel eher angebracht als Hoffnung. Ob ein gestrandeter Bergsteiger Überlebenschancen hat, kann nicht nach medizinischen Gesichtspunkten beurteilt werden – das ist unter solchen Bedingungen so gut wie ausgeschlossen –, sondern wird nach statistischen Erwägungen eingeschätzt. Die Folge ist, dass verzweifelte Verwandte und Freunde die Hoffnung nicht aufgeben, dass auch in aussichtslos scheinenden Situationen noch jemand überlebt haben könnte, und so stacheln sie mögliche Retter dazu an, sich enormen Risiken auszusetzen.

Hier in Camp II waren wir dankbar, dass wir wenigstens Beck Weathers heruntergeschafft hatten. Er war noch nicht außer Gefahr, aber wenn er es bis hierher geschafft hatte, dann würde sich auch ein Weg finden, ihn sicher ins Basislager zu bringen.

Am 12. Mai, kurz vor Einbruch der Abenddämmerung, erreichte auch Makalu Gau das Basislager. Er wurde auf einer Trage ins Lazarettzelt transportiert. Ein Blick in seine Augen genügte, um festzustellen, dass er mit dem Tode rang. Seine Nase war schwarz wie Kohle, die Hände und die Zehen waren gefroren, wieder aufgetaut und erneut gefroren. Ich war überzeugt, dass er es schaffen würde, aber er musste dringend an den Tropf, und auch die Behandlung seiner Erfrierungen duldete keinen Aufschub. Wie er mir erzählte, hatte er ursprünglich beabsichtigt, den Gipfel gemeinsam mit unserem Team zu erreichen, und war sehr enttäuscht gewesen, als wir umgekehrt waren. Nachdem Chen Yu-Nan sich so schwer verletzt hatte, wollte Gau den Versuch ganz aufgeben, aber Wongchu überredete ihn weiterzumachen. Dort, wo sie sich befanden, hätte Gau seinem Team weiter unten ohnehin nicht helfen können, war Wongchus Überlegung, und er war Taiwans einzige Hoffnung, in dieser Saison noch einen Bergsteiger zum Gipfel zu bringen. Gau tat, was er für richtig hielt, und er zahlte einen schrecklichen Preis dafür. Ich war froh, dass er überhaupt noch am Leben war.

Bis spät in die Nacht versorgten wir unter chaotischen Bedingungen die Verunglückten. Zu viele Sherpas und Bergsteiger wollten Hilfe leisten, und nach einer Weile fand Ken Kamler ihre Bemühungen eher hinderlich. David gab uns über Funk aus Camp III die Anweisung, wir sollten so schnell wie möglich für den Abstieg der Überlebenden zum Basislager sorgen. Das bedeutete, dass wir gleich am nächsten Morgen in aller Frühe aufbrechen mussten.

Die Nachricht von der Tragödie war vermutlich schon um die Welt gegangen. Wahrscheinlich würden die Medien verbreiten, dass eine Japanerin ums Leben gekommen sei, aber würden sie auch den richtigen, nämlich Yasuko Nambas Namen erwähnen? Wir hatten ja Sumiyo im Team, und wir wollten vermeiden, dass jemand annahm, sie sei verunglückt. David hatte die gute Idee, Paula im Basislager zu beauftragen, bei unseren Familien anzurufen und ihnen zu sagen, wir seien alle wohlauf.

An diesem Abend baten die Leitung von Halls Team im Basislager und die Frau von Beck Weathers die amerikanische Botschaft, Beck mit einem Hubschrauber abzuholen. Die Schwierigkeit war allerdings, dass der Auftrieb in dieser Höhe sehr gering ist, und alle in Camp II waren sich einig, dass nur ein ungewöhnlich couragierter Pilot den Versuch wagen würde, oberhalb des Gletscherbruchs zu landen. 1973 war zuletzt der von den Italienern gecharterte Hubschrauber bis zum Western Cwm geflogen. Schließlich hatte er es dort nicht mehr geschafft abzuheben. Man kann das Wrack heute noch besichtigen.

Im Basislager traf jedoch die Nachricht ein, dass Lieutenant Colonel Madan K. C., ein Pilot der nepalesischen Armee, es am Morgen versuchen würde.

Dann bekamen wir um vier Uhr morgens einen Funkspruch ans Basislager mit, in dem es hieß, der Wind im Himalaja in Ostnepal sei zu stark für einen Hubschraubereinsatz. Trotzdem machten wir uns bei Tagesanbruch mit Beck Weathers in Richtung Camp I auf den Weg, während einige Sherpas Makalu Gau in einem improvisierten Schlitten transportierten. Auch den Leichnam von Chen Yu-Nan nahmen wir mit. Die anderen Taiwaner waren bereits im Basislager.

Kurz nachdem wir Camp II verlassen hatten, hörte ich zu meinem Erstaunen in der Ferne einen Hubschrauber. Dann sahen wir ihn – ein kleiner grüner Punkt, wie ein Insekt. Mir fiel gleich auf, dass er sehr hoch flog. Er kreiste über dem Basislager, dann beobachteten wir ungläubig, wie er zu uns aufstieg und schließlich über Camp II kreiste, offenbar um ein Gefühl für die dortigen Windverhältnisse zu bekommen. Doch dann drehte der Hubschrauber ab und schwebte wieder ins Tal.

In aller Eile stiegen wir weiter ab. Wir hatten gerade Camp I erreicht, als der Hubschrauber wiederkehrte. David fand eine einigermaßen flache Stelle, die zum Landen geeignet schien, und uns war klar, dass wir einen Landeplatz markieren mussten. Ich dachte zunächst daran, einfach in den Schnee zu pinkeln, aber Araceli langte in ihren Rucksack und holte eine Flasche Kool-Aid heraus. Ed nahm sie und zeichnete damit ein riesiges pinkfarbenes »X« in den Schnee. Der Hubschrauber hatte es fast nicht geschafft. Beim ersten Versuch schwebte er ganz langsam herunter, ziemlich genau über der Landemarkierung, aber dann schlug der Heckrotor fast gegen den Rand einer Gletscherspalte. Lieutenant Colonel K. C. zog den Hubschrauber jedoch schnell hoch, und wir dachten alle, das war's – der einzige und letzte Versuch. »Der hat jetzt die Hosen gestrichen voll«, kommentierte Robert, nicht weniger beeindruckt als ich, dass der Pilot eine solche Landung überhaupt versucht hatte.

Der Helikopter kreiste eine Weile und setzte dann zu einem neuen Versuch an. Als Windsack hielt Ed einen an einem Stock befestigten Schal hoch, während David winkend Zeichen gab. Vorsichtig, in einem etwas anderen Winkel als zuvor, setzte K. C. den Hubschrauber auf. Gebückt rannten wir zu diesem wunderbaren Flugobjekt und öffneten die Tür. K. C., der eine Sauerstoffmaske trug, bedeutete uns mit energischen Handzeichen, dass er nur einen Passagier mitnehmen konnte.

Obwohl der Hubschrauber eigens für ihn geschickt worden war, erklärte Beck, er könne auf keinen Fall vor Makalu Gau fliegen. Makalu konnte nicht laufen, und ihn durch den Eisbruch zu bringen würde außerordentlich schwierig sein. David, Pete Athans und Jon Krakauer hoben Gau rasch in den Hubschrauber, der sofort abhob. Diese selbstlose Entscheidung von Beck flößte mir große Achtung ein.

Eine Viertelstunde später kehrte K. C. zurück und landete erneut. Damit hätten wir niemals gerechnet. Nachdem wir schließlich Weathers auf einem der hinteren Sitze verstaut hatten, stießen wir alle einen Seufzer der Erleichterung aus. Später hieß es, es sei einer der am höchsten gelegenen Hubschrauber-Rettungseinsätze gewesen, die jemals geflogen worden waren.

Wir hatten getan, was wir konnten. Nun brauchten wir Gau und Weathers nicht mehr durch den Gletscherbruch zu transportieren, was für uns alle ein gewaltiges Risiko bedeutet hätte. Sonst gab es niemanden mehr, der noch unsere Hilfe brauchte. Rob Hall, Scott Fischer und Yasuko Namba waren tot. Doug Hansen und Andy Harris waren vermisst, aber niemand rechnete damit, dass sie noch am Leben waren.

Fünf Sherpas aus dem Team der Taiwaner übernahmen die Aufgabe, den Leichnam von Chen Yu-Nan zum Basislager zu bringen. Als sie merkten, dass sie es bis zum Abend nicht schaffen würden, ließen sie ihn im Gletscherbruch zurück. Am nächsten Morgen kamen sie zurück und trugen ihn den Rest des Weges.

Was uns und unsere Möglichkeiten einer Gipfelbesteigung betraf, so würden wir uns erst im Basislager neu sammeln und beratschlagen müssen. Angesichts unserer zusammengeschmolzenen Vorräte und unserer gedrückten Stimmung schien es allerdings unwahrscheinlich, dass wir einen zweiten Anlauf nehmen würden.

Das IMAX-Team erreichte das Basislager einen Tag nach den meisten Überlebenden des Dramas. Als wir aus dem Gletscherbruch auf den Moränenschutt des Basislagers traten, brachen Araceli, Sumiyo und ich in Tränen aus. Nun löste sich auch bei uns die Anspannung. Wir mussten uns nicht länger der strengen Disziplin unterwerfen, die der Berg uns abverlangte, eine

Disziplin, die uns aber angesichts der Tragödie sehr geholfen hatte. Wir ließen unseren Gefühlen freien Lauf, als wir am Rande des Gletscherbruchs unsere Steigeisen lösten.

Das Flüsschen, das von der Mündung des Khumbu-Gletschers entspringt, war noch gefroren gewesen, als wir anfangs im Basislager angekommen waren, doch nun, Mitte Mai, hatte es sich in einen reißenden Gebirgsbach verwandelt. Das Gletschereis, auf dem das Basislager gestanden hatte, war weggeschmolzen, und die Felsen an seiner Oberfläche waren in Bewegung geraten. Rund um unsere Zelte war der Schnee verschwunden, sodass sie nun auf mannshohen, im Schatten liegenden Eisplattformen standen.

Im Basislager war man noch damit beschäftigt, nach einer Erklärung für die Katastrophe zu suchen, die sich am Berg ereignet hatte. Mit Schuldzuweisungen tut man sich leicht, aber wenn ich die Sache mit etwas Abstand betrachtete, dann konnte ich nicht umhin festzustellen, dass die meisten beteiligten Bergsteiger und Sherpas Außerordentliches geleistet hatten, um den anderen beizustehen. So hatten beispielsweise Klev Schoening und Anatoli Boukreev sechs Bergsteiger vor dem sicheren Tod gerettet, indem sie diese von der Stelle, an der sie sich zusammengekauert hatten, vom Südsattel herunterführten. Und den Aufstieg von Athans und Burleson bei extremem Wind von Camp III zum Südsattel am Morgen des 11. Mai kann man nur als Heldentat bezeichnen. Bescheiden spielten sie ihre Leistung herunter und meinten, die einzige echte Rettung habe Ngawang Tenzing vollbracht, der Sherpa, der Makalu Gau von unterhalb des Südostgrats zurückgeholt hatte.

Man hatte schwere Fehler gemacht. Einige der Bergsteiger hatten sich der trügerischen Überzeugung hingegeben, dass der Everest im Grunde ein harmloser Berg sei. Bei seltenen Gelegenheiten kann man auf dem Gipfel tatsächlich milde Temperaturen und ruhige Wetterbedingungen vorfinden. Doch fast ohne Vorwarnung kann der Wind umschlagen, tauchen Wolken praktisch aus dem Nichts auf und die Bergsteiger stehen urplötzlich in einem Kampf auf Leben und Tod.

Hätte man mehr tun können? Am Tag nach dem Sturm waren das IMAX-Team von Camp II und die Leute von Camp III den Überlebenden zu Hilfe geeilt. Ich fragte mich, welche Chance Yasuko Namba wohl gehabt hatte, die neben Weathers am Südsattel lag und für tot gehalten wurde. An jenem Morgen war man davon ausgegangen, dass Yasuko Namba nicht mehr am Leben war oder jede Hilfe für sie zu spät käme. Aber wenn sie noch gelebt hätte und man sie zu einem Zelt hätte schaffen und ihren Zustand stabilisieren können, dann hätte man sie auch in Camp IV herunterbringen können, wie Beck.

Neben Sumiyo war Yasuko Namba eine der großen Hoffnungen Japans gewesen. Sie war seit zwanzig Jahren die erste Japanerin, die den Gipfel des Everest erreicht hatte, und mit ihr hatte zum ersten Mal ein Japaner überhaupt die »Sieben Gipfel« geschafft.

»Was wenn?« war die Frage, die überall zu hören war. Was, wenn es keinen Sturm gegeben hätte? Was, wenn die Installation der Fixseile am Hillary Step sich nicht verzögert hätte? Was, wenn die Funkkommunikation besser geklappt hätte?

Für diese und andere Spekulationen gibt es hinreichende, wenn auch vielleicht nicht zufriedenstellende Antworten. Die extremen Wetterbedingungen, die am Südsattel herrschten, kann sich jemand, der nicht dabei war, nur schwer vorstellen. Opfer wie Helfer sind in dieser extremen Höhe, wo Sauerstoffmangel und Erschöpfung das Urteilsvermögen trüben, kaum in der Lage, situationsgerecht zu handeln. Wer um sein Überleben kämpft, für den werden die anderen weniger wichtig. In beängstigenden Situationen denken Menschen nur noch an sich selbst. Auf Expeditionen tun sie das manchmal sogar, wenn gar kein Notfall vorliegt. Ich habe Bergsteiger beobachten können, die für sich persönlich Lebensmittel im Basislager oder in Camp II horteten, weil sie fürchteten, die allgemeinen Vorräte könnten zur Neige gehen.

Sherpas sind der Auffassung, dass Bergtragödien komplexe Ursachen haben. Die Planetenkonstellation, Prophezeiungen, das Reifen des in früheren Leben angesammelten Karmas sind alles Elemente eines unentrinnbaren Schicksals. Wenn man in diese Mischung das gesunde Urteilsvermögen einfließen lässt, kann sich jedoch ein völlig anderes Ergebnis einstellen. Ich bin überzeugt, es wären weniger Menschen gestorben, wenn die Bergführer sich konsequent an ihre Strategie für den Gipfeltag gehalten und größeres Gewicht darauf gelegt hätten, ihre Kunden zu lenken, statt um jeden Preis einen Gipfelerfolg zu erzwingen. Die Opfer, die jener Tag forderte, kamen nicht durch einzelne Ereignisse oder Entscheidungen zustande, sondern eher durch eine ganze Reihe falscher Entschlüsse, gepaart mit unglücklichen Umständen. Letztlich muss man aber auch sagen, dass alle sich persönlich dafür entschieden hatten, an jenem Tag den Berg zu besteigen.

Sich körperlich auf den Everest vorzubereiten ist relativ einfach. Die mentale Vorbereitung ist da schon schwieriger. Der Bergsteiger muss Umsicht entwickeln und vor allem darf er sich dem Berg nicht mit Hochmut nähern. Für uns Sherpas ist jeder Schritt von Achtung erfüllt. Die meisten ausländischen Bergsteiger respektieren unseren Glauben und unsere Sitten und halten sich auch an sie. Tun sie es nicht, dann billigen wir ihnen zu, dass die Bergdämonen und Götter »darüber hinwegsehen« werden – weil jene das Wirken unsichtbarer Kräfte in ihrer Umgebung nicht erkennen.

Wir sollten immer auf extreme Wetterverhältnisse gefasst sein. Was die Medien zum »Jahrhundertsturm« vom 10. Mai aufgebauscht haben, war so ungewöhnlich nicht. Ohne Frage haben am 11. Mai auch die Sherpas große Risiken auf sich genommen, um Überlebende zu bergen. Einige der Gipfel-begleiter meinten jedoch, bei besserer Zusammenarbeit wäre Hall vielleicht gerettet worden, Makalu Gau hätte früher geborgen werden können, und auch Fischer hätte vielleicht noch eine kleine Chance gehabt.

Die Sherpas hätten diese außergewöhnlichen Hilfsleistungen allerdings nicht umsonst erbracht. Wie ich später aus Gesprächen mit ihnen erfuhr, hatten sie erwartet, dass jemand aus den Teams von Hall oder Fischer über Funk eine angemessene Belohnung für die Rettung der Bergsteiger aussetzte, etwa in der Größenordnung von 5000 Dollar.

Die Sherpas lieben die Berge und sind stolz auf ihre Arbeit, ihr Hauptmotiv ist jedoch das Geld. Die Gipfelbegleitung von Expeditionen ist ihr Job, nicht ein Freizeitvergnügen. Sie fühlen sich ihrem Team in geschäftlicher Weise eng verbunden, doch geht ihr Pflichtgefühl nicht so weit, ihr Leben unkalkulierbaren Risiken auszusetzen. Anderen das Leben zu retten kann großes *sonam* – Verdienst – bedeuten, auch das ist eine wichtige Motivation. Doch drückt sich mitfühlendes Verhalten auch im Respekt vor dem eigenen Leben aus.

Sherpas sind sehr empfänglich für Gefahrenzulagen. Sie haben sich für einen gefährlichen Beruf entschieden, und sie sind bereit, gegen eine entsprechende Vergütung weitere Risiken auf sich zu nehmen. Trotzdem glaube ich, dass Ang Dorje, der Rob Hall privat und geschäftlich sehr nahe stand, auch ohne einen solchen Anreiz alles getan hat, um ihn zu retten. Robs Tod hat ihn zutiefst erschüttert.

Einige Sherpas meinten später, Hall habe den Berg zu sehr zu seiner persönlichen Bereicherung genutzt, ohne ihm etwas zurückzugeben. Das war sicher nicht ganz gerecht, wenn man bedenkt, dass auch Sherpas den Berg für ihren persönlichen Gewinn nutzen, wenn vielleicht auch nicht in derselben Weise wie die Leiter großer kommerzieller Expeditionen. Es ist die

Suche nach einem Lebensunterhalt, welche die Sherpas auf den Berg treibt. Hinzu kommt, dass Hall sich dadurch, dass er bei seinem Kunden Doug Hansen ausgeharrt hat, Sonam verdient hat – und hoffentlich eine günstige Wiedergeburt.

Ich war überrascht, als ich von einem Sherpa hörte, dass Hansen auf dem schwierigen Weg über den Südostgrat zweimal nahe daran gewesen war, aufzugeben und zum Südsattel zurückzukehren. Hall, der Hansen voraus war, kam den Hillary Step herunter, um Doug Hansen Mut zuzusprechen und ihm hinaufzuhelfen. Nachdem er möglicherweise die Verantwortung auf sich geladen hatte, Hansen weiter zu treiben, als dessen Kräfte reichten, brachte er es offenbar nicht über sich, ihn einfach am Gipfel im Stich zu lassen und dem Tod zu überantworten. Egal wie man über sein Urteilsvermögen und seine Motive denkt, Hall war ein treuer Freund und ein echter Gentleman.

Die Presse malte genüsslich ein Szenario aus, in dem Hall und Fischer als Konkurrenten auftraten, denen es nur ums Geld ging. Bei all ihrem Ehrgeiz und Tatendrang glaube ich jedoch nicht, dass sie Rivalen im eigentlichen Wortsinne waren. Sie wollten beide nur den Erfolg für sich und ihr Team. Beide holten das Letzte aus sich heraus in der Hoffnung, so einen neuen Rekord aufzustellen, der ihnen wiederum neue Kunden bringen würde. In Amerika habe ich gelernt, wie sehr die westliche Kultur auf den Erfolg fixiert ist. Die Bergführer mussten Leistung vorweisen, sie mussten zeigen, dass sie liefern konnten, was von ihnen verlangt wurde.

Dieses zwanghafte Erfolgsstreben war es, das Hall und Fischer in Schwierigkeiten brachte. Sie besaßen eine Art von Draufgängertum, das unter überschaubaren Verhältnissen meist zum Erfolg führt. Beim Everest liegen die Dinge aber anders. »Den Everest kann man nicht erobern – man muss sich raufschleichen, und dann nichts wie weg«, hat es Ed Viesturs einmal ausgedrückt. Aber auch das gelingt nur, wenn der Berg es zulässt, möchte ich hinzufügen.

In den Jahren 1952 und 1953 sorgten sich viele Sherpas, dass nach einer erfolgreichen Besteigung keine weiteren Expeditionen stattfinden würden, der Everest »Geschichte« geworden wäre. Diese Ängste äußerten sich auch in Vorbehalten gegenüber den Bemühungen meines Vaters, hauptsächlich vor seiner ersten Besteigung. Ähnlich fürchtete der stets praktisch denkende Ang Tsering, der Sirdar von Rob Hall, dass die tödlichen Unfälle des Jahres 1996 einige Sherpas ihre Arbeitsplätze kosten würden. Doch kaum war die Saison vorbei, da mussten Bergführer und Sherpas überrascht feststellen, dass die kommerziellen Bergführerunternehmen mit Anfragen nach Everest-Besteigungen geradezu überschüttet wurden. Es ist offenbar gerade die Tatsache, dass sie ihr Leben aufs Spiel setzen, die für viele Ausländer den Kick an der Sache ausmacht. Und je größer dieser Kick, umso besser.

Den Sherpas macht es nichts aus, dass meist nur die Ausländer Ruhm und Ehre für die erfolgreichen Besteigungen ernten. Die meisten unter ihnen wollen nichts als eine gute Bezahlung, möglichst mit Bonus, weil sie vor allem für ihre Familien sorgen und etwas für ihr Dorf tun wollen. Natürlich schätzen sie faire Behandlung und persönliche Anerkennung dadurch nicht minder.

Mir fiel wieder ein, was Trulshig Rinpoche über die Nöte gesagt hatte, in welche die Menschen in der Nachbarschaft des Chomolungma in früheren Zeiten gerieten, weil sie den Berg beschmutzten und die Göttin Miyolangsangma vernachlässigten. Das Nichtwissen, der Zorn und die Gier des Samsara, welche die Achse des Lebensrades bilden, sind unendlich, und mir schien, als wären wir in einen neuen Kreislauf von Nachlässigkeit und Leid eingetreten, der Ursache und Wirkung des kollektiven Karmas.

Vom Basislager aus rief ich über Satellitentelefon Soyang an und berichtete ihr, so gut ich konnte, was ich über die Ereignisse auf dem Berg wusste. Besorgte Verwandte hatten bereits mit ihr telefoniert, und aus ihrer Stimme hörte ich auch die Ängste der anderen heraus. Trotzdem schien sie guter Dinge, vermutlich weil sie annahm, dass ich nun bald nach Hause kommen würde. Ohne direkt zu sagen, dass wir vielleicht einen zweiten Versuch unternehmen würden, teilte ich ihr mit, dass wir noch ein paar Tage im Basislager bleiben würden, um uns über die Lage klar zu werden.

Besonders betroffen machte mich die von einem indischen Nachrichtensender übermittelte Information, dass drei Sherpa-Bergsteiger einer indischen Expedition ebenfalls am 10. Mai über die Nordseite den Gipfel des Everest erreicht hatten. Sie waren alle drei tragisch umgekommen, wie eine japanische Expedition, die ebenfalls von dieser Seite aufstieg, feststellte. An dieser Expedition nahm auch Ang Tharkay teil, der jüngere Bruder meiner Mutter, der auf den Rat meines Vaters hin in die indisch-tibetische Grenzpolizei eingetreten war. Der Bericht nannte keine Namen, was meine Unruhe beträchtlich erhöhte.

Die Inder sind meine Landsleute, und ich erinnerte mich, wie ich mir in jugendlichem Überschwang gewünscht hatte, an der indischen Expedition von 1983 teilzunehmen, der Expedition, bei der die erste indische Frau den Gipfel erreichen sollte. Mein Schwager Lhatoo Dorjee war damals mit dieser Expedition auf dem Gipfel gewesen.

Indische Bergsteiger hatten zu jener Zeit noch nicht von sich reden gemacht, und auch heute gibt es nur wenige Inder, die Bergsteigen als Sport betreiben. Mittlerweile haben aber immerhin fünfunddreißig Absolventen des Himalayan Mountaineering Institute, das mein Vater gegründet hat, den Everest erklommen. Die indischen Bergsteiger sind mit Eifer und Ausdauer bei der Sache, und sie haben sich von ganzem Herzen einem »traditionellen« Bergsteigerethos verschrieben, das von Kameradschaftlichkeit und nicht von Konkurrenzdenken geprägt ist. Sie genießen in Indien aber keineswegs das Ansehen von Filmschauspielern oder Industriellen. Ihre Liebe zu den Bergen, und vielleicht auch das Bedürfnis nach einer Pilgerschaft, sind ihr einziger Antrieb. Für diese Liebe haben die drei Bergsteiger auf der Nordseite ihr Leben gelassen.

Später hörte ich Berichte, die allerdings nie zweifelsfrei bestätigt werden konnten, dass die Japaner die indischen Sherpas auf ihrem Weg zum Gipfel überholten, zu einem Zeitpunkt, als jene bereits Probleme hatten. Die Vorstellung, dass sie ihnen vielleicht hätten helfen können, stimmte mich traurig, und ich fragte mich, ob es wirklich sein konnte, dass Bergsteiger einfach an anderen vorbeigezogen waren, die in Schwierigkeiten steckten. Sehr erleichtert empfing ich dann die Nachricht, dass mein Onkel nicht zu den Vermissten gehörte. Froh war ich auch, als ich hörte, dass Matt Dickinson, der sich dem Gipfel von der Nordseite genähert hatte, der Meinung war, die Japaner hätten in dieser Höhe und unter diesen Bedingungen sowieso keine Hilfe leisten können.

Am 14. Mai, vier Tage nach dem Sturm, improvisierten die tief erschütterten Teamgefährten von Rob Hall und Scott Fischer eine Gedenkfeier am Lhap-so des Basislagers. Das war das letzte Mal, dass alle restlichen Teammitglieder beisammen waren. Im Laufe des Tages reisten dann die ersten Bergsteiger grüppchenweise ab.

Es war ein wolkenverhangener Morgen und etwas Düsteres lag über der rasch organisierten, aber dennoch bewegenden Feier. Schweigend standen die Überlebenden da, ihre Erfrierungen von Verbänden bedeckt, während die Sherpas Wacholderzweige am Fuß des kleinen Steinaltars vor dem Lhap-so entzündeten. Sie hielten das Feuer während des gesamten Gottesdienstes am Brennen. Der duftende Rauch, der sich nach oben schlängelte, lenkte unsere Blicke zu den Bergen und zum Gipfel. Im Stillen bat ich Miyolangsangma, uns allen zu vergeben, und dankte ihr, dass doch so viele noch mit dem Leben davongekommen waren.

Lobsang Jangbu und Ang Tshering, die Sirdars von Fischer und Hall, bereiteten die rituellen Objekte und die Opfergaben vor. Ein Mönch, der auch Bergsteiger war, saß mit gekreuzten Beinen da und rezitierte buddhistische Texte, während ausländische Bergsteiger auf dem Altar vor einem Foto von Fischer Süßigkeiten und andere Opfergaben arrangierten.

Einer nach dem anderen traten die Bergsteiger und die Helfer aus dem Basislager vor, um ihren toten Kameraden die letzte Ehre zu erweisen. Neal Beidleman war der Erste. Er kämpfte mit den Tränen, bis er seine Rede schließlich doch weinend abbrechen musste. Einige rezitierten Gedichte, und viele weinten, auch Lobsang Jangbu, der für Scott Fischer wie ein Bruder – oder wie ein Sohn – gewesen war. Andere erinnerten sich an Erlebnisse mit den verstorbenen Bergsteigern, so als suchten sie in der Vergangenheit ein Stück Lebendigkeit, die sie nicht fahren lassen wollten.

Ich betete für die verstorbenen Bergsteiger um eine günstige Wiedergeburt, wobei ich auch an meinen Vater dachte. Dieser 14. Mai war zugleich der zehnte Jahrestag seiner Beerdigung. Ich dachte daran, wie sehr ich ihn vermisste und wie sehr ich wünschte, wir hätten mehr Zeit miteinander verbracht. Zu oft war er unterwegs gewesen oder war abgelenkt und hatte keine Zeit für meine Fragen über das Bergsteigen und das Leben. Und über den Tod. Gern hätte ich ihn jetzt neben mir gehabt, um von ihm etwas über die Nachwelt und das nächste Leben zu erfahren, mich von ihm leiten zu lassen und mit seiner Hilfe jenen Übergang besser zu verstehen, den er bereits gemacht hatte und den nun die Bergsteiger vollzogen, für die wir beteten.

Ich war in den Vereinigten Staaten gewesen, als mein Vater starb. Das letzte Mal hatte ich ihn ein Jahr zuvor in einem Gästehaus der Regierung in Neu-Delhi gesehen, einige Tage bevor ich ins College ging, noch vor meiner ersten Reise nach Übersee. Mein Vater stellte mich den legendären indischen Bergsteigern Colonel Narendra »Bull« Kumar und Commander Jogindra Singh vor, zwei sehr alten Freunden von ihm. Die beiden waren interessante Typen, die es weit gebracht hatten. Damals hatte ich jedoch andere Dinge im Kopf. Es war in Delhi, dass mein Vater und ich zum ersten Mal über unser Leben und die Zukunft sprachen. Er gab mir den Rat, hart zu arbeiten, ehrlich zu sein und mir selbst treu zu bleiben.

»Das College wird für dich ganz neu und fremd sein«, sagte er, »aber ich habe Vertrauen, dass du auf dich aufpassen kannst. Damit will ich sagen, ich vertraue dir voll und ganz.« Damals in Delhi war er für mich mehr als mein Vater. Er war ein Reisegefährte, ein Pilger – ein Negdrog, ein Wegbegleiter auf dem Pfad des Lebens. Dann hatte ich mit einem Mal das unangenehme Gefühl, dass ich ihn nicht mehr wiedersehen würde. Er muss das Gleiche gespürt haben, denn ich glaube, er hat in diesem Augenblick bewusst seine Rolle als Vater abgelegt, weil er ahnte, dass eine unfreiwillige Trennung bevorstand. Beim Abschied kamen mir die Tränen.

Jeder Sherpa und jeder Bergsteiger wusste, dass der Everest tödliche Risiken barg, trotzdem schienen einige Bergsteiger aus dem Westen von der Tragödie zutiefst überrascht worden zu sein, als könnte und dürfte so etwas einfach nicht passieren.

Dergleichen müssen die Familien von Sherpas immer wieder durchmachen, dachte ich. Es klingt vielleicht hart, aber trotz der vielen Tränen und der Aufgeregtheit um mich herum hatte ich das Gefühl, dass nicht viele den Verlust tief und ehrlich betrauerten. Einige der Überlebenden schienen richtig erleichtert zu sein, dass es nicht sie getroffen hatte. Sie gaben sich so, als hätte die Tragödie lediglich ihre Freude über den Gipfelerfolg ein wenig getrübt. Araceli meinte, einige würden sich entschuldigen für das, was sie auf dem Berg getan hatten. Die Tränen, die vergossen wurden, waren auch oft wohl nicht nur Zeichen des Kummers, sondern auch der Anspannung. Die Konfrontation mit dem Tod kann dazu führen, dass wir uns infrage stellen und unser Leben überdenken, doch wer war dazu wirklich bereit?

Wenn jemand stirbt, tauschen Menschen aus dem Westen wie zu einer Art Katharsis ihre Erinnerungen und Gefühle aus. Das ist meiner Meinung nach aber kein befriedigendes Mittel, um einen Übergang wie den Tod zu begleiten. Sherpas berührt der Tod von Angehörigen emotional nicht weniger, doch drücken wir unsere Trauer und unsere Schuldgefühle mehr durch Rituale und religiöse Handlungen wie Opfergaben und Gebete aus. Mit Freunden zu reden und gemeinsam Tränen zu vergießen reicht nicht aus. Nach unserem Glauben braucht es die Verwandten, Lamas, Gebete und Sühneopfer, um die Verstorbenen zu einer günstigen Wiedergeburt zu geleiten.

In den Tagen nach der Tragödie des 10. Mai ging mir im Kopf herum, was ich über den Tod gelernt hatte – wie man sich auf ihn vorbereiten und ihm gegenübertreten sollte, und was er bedeutete. Für Buddhisten ist der Tod ein entscheidender Wendepunkt im Rad des Lebens, dem endlosen Kreislauf von Geburt, Tod und Wiedergeburt. Er ist Teil eines Kontinuums, das hoffentlich, nach nicht allzu vielen Millionen Umläufen, in der Erleuchtung und der Befreiung aus diesem Kreislauf endet – für den einzelnen Menschen, aber schließlich auch für alle fühlenden Wesen.

Wodurch wird das alles bestimmt? Die Lamas sagen, die

Schlüsselfaktoren unserer Wiedergeburt seien unsere Verdienste und das Karma, das wir im Laufe unseres Lebens angesammelt haben, unsere Gedanken angesichts des Todes und unsere Fähigkeit, die Schrecken des Bardo zu meistern, der Übergangsperiode nach dem Tod. Der Buddhismus lehrt uns besondere Wachsamkeit gerade in diesem verwirrenden Zustand, damit wir die furchtbaren Visionen und Geräusche des Bardo als Manifestationen unserer eigenen unbewältigten negativen Gefühle zu erkennen vermögen.

Ich habe beobachten können, dass Sherpas, Nepalesen und Inder tendenziell das Leben weniger ernst nehmen als westliche Menschen, vielleicht weil es für sie nur eines von vielen Leben ist. Man könnte einwenden, dass wir zu fatalistisch sind und uns in der Überzeugung, dass wir wiedergeboren werden, leichtfertig der Resignation hingeben. Doch wäre es ein großer Fehler, sich einfach damit zufrieden zu geben, in die samsarische Existenz wiedergeboren zu werden, die wir nicht loslassen wollen. Ein Grund dafür ist, dass wir vielleicht nicht als Menschen wiedergeboren werden, wenn wir nicht große Verdienste angesammelt haben. Das kostbare Geschenk einer Wiedergeburt als Mensch wird nur wahren und rechtschaffenen Gläubigen oder jenen zuteil, die in früheren Leben ein gutes Karma angesammelt haben. Man kann es als Antrieb, aber auch als entmutigend empfinden, wenn die Lamas sagen, eine Wiedergeburt als Mensch sei so unwahrscheinlich wie die Tatsache, dass eine Schildkröte, die irgendwo im Ozean schwimmt, in ein auf gut Glück ausgeworfenes Netz gerät.

Es ist mithin eine Schande, die Chance einer kostbaren menschlichen Wiedergeburt zu verschenken. In den Bergen habe ich Leute aus dem Westen getroffen, die ungewöhnlich große Risiken auf sich nahmen. Und in Kathmandu kann man nachts die Stadtjugend beobachten, wie sie wie besessen auf Motorrädern oder in Autos, bei denen die Scheinwerfer ausgeschaltet sind, herumrast. All diese Menschen können die Gefahr entweder nicht abschätzen, oder sie wollen sie schlicht herausfordern.

Die Grundsätze und Lehren des Buddhismus waren das Einzige, was mir in dieser Tragödie half, und ich spürte, wie mein Vertrauen in sie wuchs. Meine Gefühle waren wie die aufgewühlte See, aus der die Worte der Lamas wie eine Insel, eine Zuflucht auftauchten. Die »Zuflucht« bei den »drei Kostbarkeiten« – der Buddha, die Lehren des Dharma und die spirituelle Gemeinschaft – sind der Kern des Buddhismus, und sie sind die erste Stufe, wenn wir uns der Spiritualität zuwenden.

Sobald wir Zuflucht genommen und gefunden haben, leisten wir das Bodhisattva-Gelübde, uns in jeder Beziehung von Mitgefühl leiten zu lassen und all unsere Verdienste anderen zukommen zu lassen.

Das schien mir auch irgendwie richtig zu sein, weil es mir ebenso logisch vorkam wie die Gesetze der Physik und der Thermodynamik, mit denen ich mich auf dem College in Wisconsin beschäftigt hatte. Für einen Buddhisten stehen Religion und Wissenschaft jedenfalls nicht im Widerspruch. Die geistigen Prinzipien und Erklärungen spiegeln sich in den Gesetzen des physikalischen Universums. Auch die neuesten wissenschaftlichen Erkenntnisse bestätigen nur, was schon Buddha gelehrt und Religionsgelehrte vor mehr als zwei Jahrtausenden beobachtet haben.

Karma ist beispielsweise nichts anderes als das Gesetz von Ursache und Wirkung. So wie in der Natur jede *actio* eine gleich große *reactio* bewirkt, haben all unsere Taten mit der Präzision eines physikalischen Gesetzes entweder positive oder negative Folgen. Oder betrachten wir die Reinkarnation: Wie die Materie (in der physikalischen Welt) weder geschaffen noch zerstört wird, so auch nicht das Bewusstsein (in der spirituellen Welt).

Auch die »Big Bang«-Theorie findet sich schon im Buddhismus. Das Universum entsteht, dehnt sich aus und fällt schließlich in sich zusammen, um wieder von neuem zu beginnen. Und auch die Freisetzung von Energie durch Kernspaltung wurde schon vor langer Zeit von den Lamas vorausgesehen und beschrieben.

Der Buddhismus verlangt keine gläubige Unterwerfung. Er möchte ganz einfach, dass wir selbst Nachforschungen anstellen. Er bietet eine Erklärung des Kosmos, des äußeren sowohl wie des inneren. Ein Verständnis dieser Prinzipien würde mir nun helfen, da ich versuchte, mein Inneres mit der äußeren Aufgabe in Einklang zu bringen, herauszufinden, warum wir hier sind und wohin wir gehen.

Nach der Gedenkfeier gingen die meisten auseinander, um zu packen und ihre Abreise vorzubereiten. Viele der Bergsteiger zogen es vor, allein statt mit ihrem Team ins Tal hinabzusteigen – ganz so, als wäre ein Team eine nützliche Sache für eine Besteigung, bedeutete aber sonst keinerlei erhaltenswerte Gemeinschaft. »Ist der Fluss überquert, wirft man den Stab weg« heißt bei uns ein Sprichwort. Ich sah ihnen nach und ging dann in unser Küchenzelt. Die anderen Sherpas hingen dort in trüber Stimmung herum. Einige hatten nicht einmal ein Dankeschön von den Kunden erhalten, die sie, oft unter unsäglichen Mühen, vom Berg hinabgeleitet hatten. Die Kunden verschwanden einfach, ohne sich zu verabschieden. Das blieb nicht unbemerkt.

Zum ersten Mal in dieser Saison fühlte ich mich am Berg so einsam wie seit meiner Anfangszeit in den Vereinigten Staaten nicht mehr. Als ich mit achtzehn Jahren in Amerika ankam, war ich tief beeindruckt von der Größe des Landes. Sherpas vom Lande, solche wie mein Vater zum Beispiel, haben feste, aber ziemlich ungenaue Vorstellungen vom modernen Ausland. Bevor es auch bei uns Geographieunterricht gab, haben wir alle Länder in einen Topf geworfen: Hongkong, Malaysia, Japan, die Vereinigten Staaten und England waren für uns sämtlich nur Provinzen einer einzigen modernen Welt, die alle dicht beieinander, aber weit weg von uns lagen.

Amerika ist ein junges Land mit einer dynamischen, noch in Entwicklung begriffenen Kultur – »unreif«, würde ich sagen. Auf den Gebieten der Technik und des materiellen Wohlstands hat man dort zwar einen enormen Vorsprung vor den Entwicklungsländern, was Kultur und Traditionen betrifft, ist man allerdings weniger weit. Als ich in den Vereinigten Staaten lebte, empfand ich einen Mangel an Bedeutung und Verbundenheit, so als ob dem Land die Seele fehlte. So viel Kraft überall, aber nichts, das sie bündelt.

Wie viele Sherpas war ich davon ausgegangen, Amerika verdanke seinen Reichtum und seinen technologischen Standard einem spirituellen Vorsprung. Wer von unserem Volk aber einmal in Amerika war, fragt sich jedoch, wo der Sinn für das Heilige und die Spiritualität geblieben sind. Dieser Mangel, so sehe ich es heute, ist der Grund für die rastlose Unzufriedenheit und die Orientierungslosigkeit, unter der viele Amerikaner leiden. Reichtum und materieller Besitz haben die Menschen nicht glücklich gemacht. Vielleicht geht es ihnen schlechter denn je.

Ich habe Hindus aus Nepal und Indien bei ihrem ersten Besuch in Metropolen wie New York begleitet. Sie waren tief beeindruckt, ja sogar überwältigt von der Technik, den Flugzeugen, Dämmen, Brücken und Wolkenkratzern. In den Schluchten aus Beton und Stahl der Städte kamen sie sich unlebendig und unbedeutend vor. Buddhisten aus dem Himalaja sind aber nur vorübergehend von solchem Menschenwerk beeindruckt, was wohl daran liegt, dass wir uns der Vergänglichkeit aller Dinge bewusst sind. Wir wissen, dass all das in nicht allzu langer Zeit – sogar bald, wenn man bedenkt, dass wir die Zeit nach Äonen und Weltzeitaltern messen – zu Staub zerfallen wird.

Ich habe Verständnis dafür, dass meine Landsleute, besonders die jungen Menschen, ihre Kultur und ihre Werte aufgeben, um Träumen im Ausland nachzujagen: Sie können auf diese Weise genug Geld verdienen, um dann auch etwas nach Hause zu schicken. Zudem ist das Bildungssystem im Himalaja in einem beklagenswerten Zustand. Trotzdem tut es mir weh, dass viele meiner Landsleute die Träume, die sie verfolgen, vielleicht nie verwirklichen werden und dass sich, wenn sie es doch tun, das Glück oft dennoch nicht einstellt. Werden sie in ihrer eigenen Kultur wieder heimisch werden, wenn sie eines Tages nach Hause zurückkehren, um zu ihren Wurzeln zu finden? Wissen sie dann, wohin sie sich wenden können, werden sie die Disziplin und die Geduld aufbringen, ihr Herz und ihren Geist den Lehren zu öffnen, die in ihrer Heimat im Lauf der Jahrhunderte entwickelt worden sind?

Ausländische Besucher im Khumbu beklagen oft das Verschwinden althergebrachter Sherpa-Traditionen und manche fühlen sich sogar mitschuldig an diesem Einbruch der Moderne. Dabei sind Touristen sicher nicht die Hauptverantwortlichen für diese Entwicklung, auf jeden Fall nicht direkt, und sie überschätzen meiner Ansicht nach ihren kulturellen Einfluss. Trekker und Bergsteiger haben den Sherpas genügend Wohlstand gebracht, um sie zu materialistisch denkenden Konsumenten zu machen, aber Stil und Inhalt dieses Konsums haben sie kaum mitgeprägt. Asiatisches Fernsehen, indisches Kino und die Zerstreuungen der Hauptstadt setzen bedauerlicherweise die neuen kulturellen Maßstäbe. Der Materialismus wird in Ost und West vielfach als der einfachste Weg zur menschlichen Erfüllung empfunden, doch auf lange Sicht mag sich das als Irrtum erweisen.

Im Großen und Ganzen erhalten sich Traditionen besser, wenn sie nicht mit der Außenwelt in Berührung kommen. Da überrascht es, dass die Sherpas des Khumbu trotz eines Stroms von jährlich 15 000 relativ wohlhabenden Touristen, der durch ihre Dörfer zieht, ihre Traditionen in einem erstaunlichen Maße bewahrt haben. Ein Beispiel für neu erwachtes kulturelles Bewusstsein ist der aus gestiegenen Einkommen resultierende Trend, religiöse Festlichkeiten und Traditionen intensiver zu pflegen. Es werden auch wieder mehr Söhne in die Klöster geschickt. Um es anders auszudrücken: Einige Sherpas verwenden ihr Geld also dafür, bessere Sherpas zu werden.

Auf dem College war ich ständig mit Unterschieden zwischen dem Osten und Westen konfrontiert. Aufmerksam lauschte ich den Gesprächen und Bemerkungen meiner Gleichaltrigen und verglich meine Herkunft und meine Erfahrungen mit den ihren. Viele wussten genauso wenig über das Ausland wie die Dorfbewohner der Generation meines Vaters. »Du kommst aus Darjeeling? Irre, Mann – ist ja spannend«, war eine übliche Reaktion, wenn ich mich vorstellte, worauf dann gleich die Frage kam: »Wo liegt denn das, Darjeeling?«

Amerika kam mir gut organisiert, immer auf alles vorbereitet und pünktlich vor – ganz anders als Nepal und Darjeeling. Es fiel mir nicht schwer, mir einzureden, dass ich mich mit wichtigen Dingen beschäftigte, auch wenn ich mich manchmal fragte, was das eigentlich war. Und was erreichten die Leute um mich herum? Erfolg galt allen als der Heilige Gral, und meine Klassenkameraden begannen ihm schon nachzulaufen, noch bevor sie ihren Abschluss gemacht hatten. Was erhofften sie sich davon? Mehr Freizeit? In Amerika gibt es zahllose Zeit sparende Geräte und andere Annehmlichkeiten. Warum also haben Amerikaner allem Anschein nach weniger Zeit als andere, die dies alles nicht haben?

Ein ausländischer Entwicklungshelfer hat einmal ausgerechnet, dass die Bauern des Himalaja, die als Selbstversorger leben, mehr Freizeit haben als die Menschen im Westen. Es stimmt, dass wir mangels Küchengeräten drei Stunden brauchen, um unser Abendessen zuzubereiten und fast ebenso lange für die Morgenmahlzeit. Aber wenn wir kochen, sind wir nicht allein, es herrscht Betrieb, man diskutiert, Besucher kommen, man lacht und lernt auch etwas dabei. Ein Großteil unserer Arbeit ist auch Vergnügen, wobei wir ohnehin nicht zwischen Arbeit und Erholung unterscheiden.

Zu Beginn der Achtzigerjahre habe ich in Darjeeling als Schüler der Oberstufe auf der St. Paul's zum ersten Mal Fernsehen geschaut. Man schärfte mir ein, mindestens fünf Meter Abstand zu halten. In Amerika musste ich überrascht feststellen, dass viele Leute glaubten, die Wrestling-Shows im Fernsehen seien echt. Nein, sogar die Kämpfe dort sind künstlich! Und braucht man wirklich all diese Dinge, für die dort Werbung gemacht wird?

Ich bin nicht dafür, Buddhismus zum Pflichtfach in der Schule zu machen, doch ist es ein Jammer, dass die Grundlage des Buddhismus, die »vier edlen Wahrheiten«, den Menschen, die sie so dringend brauchten und herbeisehnen, nicht in einfacher Weise vermittelt werden können:

1. Was geboren ist, ist dem Leiden unterworfen.
2. Ergötzendes Begehren erzeugt Leiden.
3. Ausmerzen des Begehrens beendet das Leiden.
4. Der Hohe Achtfache Pfad des Buddhismus führt zur Aufhebung des Begehrens.

Die »vier edlen Wahrheiten« erscheinen unkompliziert. Die Lamas sagen, sie zu verstehen und zu befolgen sei noch einfacher. Inmitten all der Verführungen von Luxus und Erfolg fällt es den Menschen jedoch schwer, sie in die Tat umzusetzen. Wenn wir aber nicht bereit sind, den ersten Schritt zu tun, werden wir diese Wahrheiten nie verstehen. Es gehört wohl zur menschlichen Natur, an dem festzuhalten, was uns Vergnügen bereitet, und Anstrengungen aus dem Weg zu gehen – wobei es meiner Ansicht nach hauptsächlich die Angst vor Arbeit ist, die uns behindert.

In den Vereinigten Staaten sind mir überall Leute begegnet, die auf der Suche nach der schnellen Wahrheit waren, nach Instant-Versionen von Spiritualität. Viele Menschen im Westen glauben, sie kämen in den Himmel, den ich für die Entsprechung der Erleuchtung oder des Nirwana halte, indem sie einfach sagen, dass sie an Gott glauben. Ich glaube nicht, dass das so einfach ist. Die Lamas messen starken mystischen Erfahrungen wie der »Wiedergeburt« großen Wert bei, weil sie uns den Wert des Glaubens offenbaren. Doch solche mystischen Erfahrungen sind nur ein Anfang, nicht schon ein Ergebnis, denn sie bedeuten keineswegs den Eintritt in den Himmel oder eine günstige Wiedergeburt – möglicherweise vermitteln sie nicht einmal außerordentlichen Einblick oder Verständnis. Alle unseren normalen Erfahrungen sind zeitlich begrenzt, auch die eines »Wiedergeburts«-Erlebnisses – selbst der Triumph, auf dem höchsten Gipfel der Erde zu stehen.

Der Buddhismus lehrt uns, wie wir solchen Erfahrungen Dauer verleihen können, ohne dass wir deshalb auf Berge klettern müssten. Zum Unglück für die meisten Menschen ist es aber anscheinend bedeutend schwerer, der buddhistischen Lehre zu folgen, als auf Berge zu steigen. Die Lamas sagen zwar immer wieder, dass die Lehren auf unserer Handfläche zu finden seien, doch auch mir ist es, wie so vielen, nicht leicht gefallen, sie zu entdecken.

Zehn Menschen waren, so viel wir wussten, bislang auf dem Berg gestorben. Wieder musste ich an Chatral Rinpoche denken, der mich gefragt hatte: »Warum willst du das überhaupt tun?« Warum wollten wir das eigentlich tun? War es den Preis wert, den diese Menschen dafür gezahlt hatten?

Eine schwierige Entscheidung

*Einen zweiten Versuch zu unternehmen war eine schwierige
Entscheidung, zu der ich mich ohne Rücksprache mit meiner Frau,
unserem Familien-Lama und den anderen Teammitgliedern nicht durchgerungen hätte.*

Innerhalb eines Tages war das Basislager wie leer gefegt. Ich fühlte mich zermürbt und entmutigt. Der Mount Everest war nicht länger der Berg, den mein Vater bestiegen hatte, er war nicht länger mein Berg. Sollte ich mich mit der neuen Sachlage abfinden und zu meiner Familie in eine weniger bedrohliche, freundlichere Welt zurückkehren? Würden Bergsteiger und Sherpas in der restlichen Saison nur noch die Wut des Chomolungma zu spüren bekommen?

Gedanken und Gefühle tobten in meinem Kopf wie Tiere, die ihrem eigenen Schwanz hinterherjagten. Ich war hin- und hergerissen zwischen meinem buddhistischen Glauben, meinen Überzeugungen, meinen Sherpa-Traditionen, meiner beruflichen Verpflichtung, der Liebe zu meiner Familie und meinem unauslöschlichen Verlangen, den Berg zu besteigen.

Für uns war der Everest in weite Ferne gerückt, denn andere hatten ihren Besteigungsversuch mit dem Leben bezahlt. Diejenigen, die lebend vom Gipfel zurückgekehrt waren, versanken in Trauer und Verzweiflung. Und jeder, der einen weiteren Versuch wagen wollte, musste in Kauf nehmen, auf dem Weg zum Gipfel eines erzürnten Bergs über die Leichen seiner Freunde zu steigen. Ich klammerte mich an das hoffnungsvolle Bild meines Vaters auf dem Gipfel und suchte Zuflucht bei Miyolangsangma. Aber sie waren nicht immer für mich da. Ich konnte sie nicht immer erblicken. Im Augenblick waren sie in Nebel gehüllt.

Der Gedanke an Soyang, die schwanger war und sehr unter Morgenübelkeit zu leiden hatte, löste quälendes Heimweh in mir aus. Sie war dagegen, dass wir noch einmal in Richtung Gipfel loszogen, und Ed Viesturs' Frau Paula war derselben Meinung. Da ich ebenfalls erst vor kurzem geheiratet hatte, konnte ich gut nachfühlen, welche Gefühle Ed plagen mussten. Der Tod seiner Freunde Hall und Fischer hatte ihn tief getroffen, und seine Sorge wurde noch größer, als die Südafrikaner ankündigten, sie würden einen neuen Gipfelversuch unternehmen.

Araceli erklärte, sie wolle nicht über eine Route aufsteigen, die mit Leichen gepflastert sei. Sumiyo war besonders der Tod von Yasuko Namba nahegegangen. Allmählich beneidete ich die Bergsteiger, die schon abgereist waren; sie brauchte wenigstens nicht mit anzusehen, wie andere dieselben Fehler noch einmal machten.

Man muss den Produzenten von MacGillivray Freeman Films hoch anrechnen, dass sie uns nicht unter Druck setzten, den Versuch zu wiederholen, obwohl immerhin ein 5-Millionen-Dollar-Projekt auf dem Spiel stand, bei dem eine Million oder mehr bereits ausgegeben war. David stellte klar, dass die Entscheidung, ob wir es noch einmal versuchen wollten, bei uns liege. Und Greg MacGillivray erklärte, wenn das Team den Eindruck habe, der Aufstieg sei zu gefährlich, werde er unsere Entscheidung voll und ganz akzeptieren.

Verständlicherweise blickten auch die meisten Gipfelbegleiter, nachdem sie bereits zwei Monate am Berg verbracht hatten, einem weiteren Gipfelversuch mit Unbehagen entgegen. Die demoralisierten Sherpas, die nichts zu tun hatten, als im Basislager herumzuhängen, begannen mit Leidenschaft *sho* zu spielen, ein traditionelles Würfelspiel. Einige unter ihnen suchten mit unklaren Beschwerden Dr. Jim Litch und andere Ärzte im Basislager auf. Litch hatte den Eindruck, dass sie vor allem eine Verabreichung von Hoffnung und Zuversicht brauchten. Viele nahmen an, dass die Saison unter einem bösen Zauber stand. Einige lehnten das Ansinnen, noch einen Versuch zu wagen, empört ab, andere ignorierten die Frage einfach. Sie hatten mitbekommen, dass die Medien in aller Welt die Geschichte aufgriffen – die Tragödie sollte eine Titelgeschichte von *Newsweek* werden –, und nicht wenige sorgten sich, dass die Todesfälle Bergsteiger wie Kunden abschrecken würden, was in Zukunft nur weniger Arbeit bedeuten konnte. Überdies waren sie schlichtweg müde und erschöpft.

Auch waren die Sherpas keineswegs davon überzeugt, dass die Pechsträhne auf dem Chomolungma mit dem Sturm ausgestanden war. Während der Evakuierung der letzten Bergsteiger am 12. Mai ereignete sich auf der Lhotse-Flanke ein weiterer schlimmer Unfall. Klev Schoening, der Fischers Expedition angehörte, war auf einem Auge fast blind, eine Folge von Erfrierungen, die er sich nachts auf dem Südsattel zugezogen hatte. Deshalb stieg er dicht hinter Wangchuk Lama ab, dem Sirdar der nepalesischen Everest-Säuberungsexpedition, die mit Scotts Team zusammenarbeitete.

Nicht weit von der Stelle, an der Chen Yu-Nan gestorben war, prasselten plötzlich Felsbrocken die Lhotse-Flanke herab. Beide warfen sich zu Boden, Lama lag rechts von Schoening. »Ein Stein hatte Wangchuk am Kopf getroffen«, erzählte Schoening später. »Es hat sich angehört, als würde ihm jemand eins mit einem Baseballschläger verpassen – ein furchtbares Geräusch. Er ist in sich zusammengesackt und fing dann an, vor mir am Fixseil abzurutschen.« So etwas ist immer beunruhigend, weil ein stürzender Bergsteiger im raschen Fall alle Sicherungen reißverschlussartig ausreißen kann. »Ich konnte mich aber noch vor ihn werfen und ihn abbremsen. Ich hatte den Eindruck, dass er seinen letzten Atemzug tat, es war wie ein Todeskeuchen.«

Dann kamen beide wieder ins Rutschen und ein weiterer Felsbrocken traf diesmal Lamas Rucksack. Die Schlitterpartie endete gefährlich nah an der oberen Kante des Bergschrunds. Als Neal Beidleman zu ihnen aufschloss und sie vom Seil losmachte, hatte Lama aufgehört zu atmen. Glücklicherweise setzte sein Atem bald wieder ein und im Lauf einer Viertelstunde wurde er wieder wacher; schließlich trafen auch Sherpas ein und gaben ihm Sauerstoff. Beidleman und ein Sherpa halfen ihm über die letzten Fixseile hinunter, und im Talgrund der Lhotse-Flanke konnte er sogar wieder allein laufen.

Niemand hatte Wangchuk Lama aufgefordert, zu Camp III aufzusteigen. Er selbst hatte einige Sherpas überredet, mit ihm hinaufzumarschieren und bei der großen Rettungsaktion zu helfen – nur ein Beispiel von vielen für die Hilfsbereitschaft von Sherpas. Er wurde nach Kathmandu geflogen, wo er sich schließlich voll und ganz erholte, was aber die Leute im Basislager erst am Ende der Saison erfuhren.

Ich hatte mich inzwischen mit Bijaya Manandhar, dem nepalesischen Verbindungsmann des IMAX-Teams, angefreundet. Als wir einmal gemeinsam am Rande des Gletscherbruchs saßen und rauchten, vertraute ich ihm meine Sorgen an. »Ich habe ein schlechtes Gefühl«, sagte ich. »Am liebsten würde ich meine Sachen packen und verschwinden, so wie alle anderen.«

»Du hast hier die Chance deines Lebens«, erwiderte er. »Du bist unter einer Milliarde Menschen für diese Expedition ausgewählt worden, und du solltest David für diese Möglichkeit dankbar sein.« Er rief mir in Erinnerung, wie wichtig es sei, seinem Traum zu folgen. »Bring das Projekt zu Ende, steig auf den Berg – und komm wieder runter. Zieh's einfach durch und triff deine Entscheidungen, wenn Probleme auftauchen. Gib nicht auf.«

Sein Rat war ziemlich untypisch für einen Hindu, denen sonst eine gewisse Neigung zum Fatalismus eigen ist. Alles, was uns in diesem Leben zustößt, so meinen sie, wird uns am sechsten Tag nach der Geburt von einer Göttin namens Baabi auf die Stirn geschrieben. Vielleicht wusste Bijaya mehr über mich als ich selbst. Er hatte nicht viele Kontakte im Basislager und seine Einschätzung der Ereignisse war ziemlich unbeeinflusst. Als Nepalese war ihm Nationalismus nicht fremd, trotzdem hat er nie auf meine oder die Nationalzugehörigkeit meines Vaters angespielt. Ich war indischer Staatsbürger, und auch mein Vater hatte einen indischen Pass gehabt, aber Bijaya betrachtete uns einfach als Nepalesen und war stolz auf uns. Jeder, der Nepali sprach, musste irgendwie auch Nepalese sein.

Dann fiel mir ein, dass mein Vater sich nach der zweiten Schweizer Expedition im bitterkalten Herbst 1952 den Everest aus dem Kopf geschlagen hatte. Er war krank und ausgelaugt. Bis Anfang 1953 hatte er mit den Folgen seiner Malaria zu kämpfen. Dann hatte ihn Major Wylie überredet, sich den Briten anzuschließen – nicht mithilfe philosophischer Erwägungen oder Prophezeiungen, sondern einfach indem er ihn an seinen Traum erinnerte. Wylie stärkte meinem Vater von Anfang an und während der ganzen Expedition den Rücken und unterstützte ihn auch bei der politischen Nervenprobe, die ihn nach der Erstbesteigung erwartete.

Bijaya war mein Major Wylie. Wenn die übrigen Teammitglieder sich entschlossen, noch einen Versuch zu wagen, dann würde ich es mir auch überlegen, sagte ich mir insgeheim.

Schließlich erklärte Ed mir und David, er wolle es noch einmal versuchen. Er sehe keinen Grund, warum der Berg von einem Fluch belastet sein solle. »Der Everest ist kein Todesurteil«, meinte er. Robert war derselben Meinung. Araceli und Sumiyo wollten es sich durch den Kopf gehen lassen.

Es gab keinen logischen Grund, den Gipfelvorstoß nicht noch einmal zu wagen. Ließ man die Tragödie außer Acht, hätte es keinen besseren Zeitpunkt für einen Aufstieg geben können. David meinte, im Grunde müssten wir uns nur unserer eigenen Angst stellen, die durch die unglückselige Tragödie geweckt worden sei. Der Berg habe sich nicht verändert, betonte er. Höchstwahrscheinlich würden wir hier nie wieder als Gruppe und nie wieder in besserer körperlicher Verfassung zusammenkommen. Die Hochlager waren größtenteils mit genügend Vorräten aufgefüllt, und wir standen vor einem teilweise offenen Wetterfenster, das sich kurzfristig sogar noch weiter auftun konnte, sich aber ganz sicher in absehbarer Zeit schließen würde. Auf jeden Fall liefen unsere Genehmigungen am 1. Juni ab.

Aber ohne die Sherpas würde nichts gehen. Außerdem musste ich mit Soyang sprechen, die sich wohl nur schwer würde überzeugen lassen. An jedem Tag, den ich am Everest verbrachte, entzündeten Soyang und ihre Mutter morgens vor ihrem Hausaltar Butterlampen und stiegen dann auf das Dach des Hauses, um Wacholderweihrauch anzuzünden und zu Miyolangsangma zu beten. Ich machte mir schon fast Sorgen, dass es der Göttin langsam zu viel wurde.

Ich rief Soyang über Satellitentelefon an und teilte ihr mit, dass wir in Betracht zögen, noch einmal aufzusteigen. Ich war auf ihren Widerstand gefasst, forderte ihn jedoch nicht heraus. Vielleicht könne sie noch einmal Geshe Rinpoche aufsuchen, regte ich an, um ihm zu erklären, was auf dem Berg geschehen sei, um dann eine weitere Prophezeiung zu erbitten. Eine günstige Prognose würde auch die Sherpas beruhigen und könnte sie letztlich dazu bewegen, noch einmal in Richtung Gipfel zu ziehen. Ich sah darin unsere einzige Chance.

Bedingungen können sich verändern, ja sie verändern sich tatsächlich ständig. Ich hatte jetzt mehr Angst vor der Antwort des Lama als vor dem Berg, weil ich ahnte, dass sie über meine Zukunft entscheiden und mich wieder mit meinem unerfüllten Wunsch konfrontieren würde. Ich erwog, Soyang zu sagen, sie solle ihn lieber doch nicht fragen. Doch nein, die Entscheidung, ob wir es noch einmal versuchen sollten, war zu hart, um sie allein zu treffen – sie war härter als das blaue Eis der Lhotse-Flanke, härter vielleicht als der Aufstieg zu dem unnahbaren Gipfel selbst. Diese Tortur übertraf die gewöhnlichen Qualen des Bergsteigens.

Soyang erklärte, wenn die Prophezeiung günstig ausfiele, würde sie nachgeben.

Während sie am Telefon wartete, überlegte ich mir die Formulierung meiner Frage an Geshe Rinpoche: »Am Chomolungma hat es einige Todesfälle gegeben. Wenn wir zum Berg zurückkehren und einen weiteren Gipfelversuch unternehmen ... werden wir dann auf günstige Bedingungen treffen und wohlbehalten zurückkommen?«

Vielleicht wäre es einfach nur unfair, zu fragen, ob man den Gipfel erreichen werde, aber der eigentliche Grund, warum man eine solche Frage nicht stellen sollte, ist, dass die Antwort die seelische Einstellung zur gestellten Aufgabe beeinflussen kann. Wenn wir im Voraus wüssten, dass wir den Gipfel erreichen oder aber scheitern würden, hätten wir alle wohl nicht unsere ganze Kraft eingesetzt. Es ist das Nicht-Wissen, das uns vorantreibt.

Als ich Soyang am nächsten Morgen wieder anrief, erkannte ich an ihrer Stimme sofort, dass sie gänzlich unbeschwert war. Sie berichtete, Geshe Rinpoche habe die rituellen Würfel betrachtet und dann gerufen: »Geht! Geht hinauf!« Trotz der bisherigen Todesfälle, sagte er, sei mit ausgezeichnetem Wetter zu rechnen und wir würden gut zurechtkommen. »Und alle werden wohlbehalten wiederkehren«, habe er ihr versichert. Er habe noch erwähnt, dass ich an einer Stelle unweit des Gipfels Angst bekommen werde, aber dann solle ich nur ein wenig Chaane, gesegnete Reiskörner, und den Mandala-Sand, den er mir gegeben hatte, ausstreuen.

Die Sturmwolken über dem Gipfel hatten sich verzogen. Ich teilte Geshe Rinpoches Antwort den Sherpas mit, die immer noch in gedrückter Stimmung im Basislager herumlungerten. Die Nachricht weckte ihr Interesse und sie ließen sich die Sache durch den Kopf gehen. Im Lauf der nächsten Stunden beobachtete ich, wie sich ihre Stimmung aufhellte. Sie sprachen nun wieder über den Berg und erörterten sogar, welche Lasten zu welchen Hochlagern transportiert werden mussten, um die Vorräte aufzustocken. Au Passang, der alte Mann, der sonst nicht viele Worte machte, erklärte gelassen, er wolle es noch einmal versuchen. Das bestärkte die jüngeren Sherpas, die seine dreißigjährige Expeditionserfahrung sehr achteten.

Für mich und die anderen Teammitglieder trug die Wiederauferstehung von Beck Weathers dazu bei, unsere Entscheidung zu besiegeln. Beck hatte uns Hoffnung gebracht, einen erlösenden Lichtstrahl inmitten von Tod und Verzweiflung. Obwohl er kein großartiger Bergsteiger war, hatte mich Becks Erzählung von seiner selbst eingestandenen Torheit, seiner eisernen Entschlossenheit, seiner ungeheuren Dankbarkeit und einer vielleicht göttlichen Intervention tief bewegt. Wäre von Beck nichts übrig geblieben als eine tiefgefrorene Leiche auf dem Südsattel, hätte ich den Berg mit anderen Augen gesehen. Nein, über Chomolungma lag in dieser Saison kein Fluch. Beck war das Zeichen, das wir suchten, das Zeichen dafür, dass Miyolangsangma inmitten von Chaos und Fehleinschätzungen getan hatte, was sie konnte, um sich gnädig und verzeihend zu zeigen.

Einer der Gipfelbegleiter meinte, Beck Weathers sei wieder zum Leben erwacht, als Rob Halls scheidender Geist den Berg hinabreiste und von ihm Besitz ergriff. Der Zeitpunkt stimmte nicht ganz überein, aber die anderen Sherpas hielten es für denkbar, dass es sich so zugetragen haben könnte. Sherpas können über eine Fülle von Visionen und übernatürlichen Ereignissen berichten, die vor allem in großen Höhen und besonders auf dem Chomolungma vorkommen. Ich glaube, dass viele dieser Visionen ernst zu nehmen sind, während andere vielleicht nur auf Luftspiegelungen und Halluzinationen beruhen. Meine Neugier wurde später dann aber doch geweckt, als nämlich der amerikanische Bergsteiger und Filmemacher Jeff Rhoads 1998 in Gipfelnähe eine ungewöhnliche Begegnung mit einer Göttin – oder einem Geist – hatte, von der er berichtete.

Rhoads näherte sich mit einem anderen Amerikaner, Wally Berg, vom Südgipfel aus dem Hillary Step. Vor ihnen stiegen zwei Bergsteiger auf, die sie nicht kannten. Der erste war sehr langsam und behinderte den zweiten, der zu überholen versuchte. Wie alle Kletterer auf dem Weg zum Gipfel waren beide dick eingepackt und gut ausgerüstet, aber als Rhoads und Berg den zweiten Bergsteiger einholten, merkte Rhoads, dass es eine Frau war. Rhoads räumt ein, dass er wegen Sauerstoffmangels vielleicht nicht besonders sorgfältig auf Details geachtet hatte. Und wenn Wally Berg die Bergsteigerin nicht auch gesehen hätte, dann hätte er sich vielleicht einreden lassen, dass er sich die Begegnung nur eingebildet hatte.

»Als der zweite Bergsteiger, also diese Frau, den langsameren überholte«, berichtete Rhoads, »legte sie los, wie ich noch nie jemanden in dieser Höhe habe klettern sehen – es war, als ginge sie einen Bürgersteig entlang. Als Wally und ich oben auf dem Hillary Step angelangt waren und weiter in Richtung Gipfel stiegen, sahen wir sie aber nicht mehr vor uns. Auch auf dem Gipfel war keine Spur von ihr. Wir begegneten ihr überhaupt nicht mehr. Ich fand das damals ziemlich verwirrend, aber ganz besonders merkwürdig kam es mir vor, als wir später erfuhren, dass an diesem Tag gar keine Frauen zum Gipfel unterwegs gewesen waren, niemand einen Daunenanzug in dieser Farbe getragen hatte und alle anderen Bergsteiger, die den Gipfel erreicht hatten, bekannt waren.

Ein Jahr zuvor waren meine Frau Kelly und ich gemeinsam

auf dem Everest gewesen, und als wir nach Idaho zurückkamen, besuchte uns eine gute Freundin, die Hellseherin ist.
Kaum war sie eingetreten, verkündete sie: ›Ihr habt einen Geist
in eurem Haus.‹ Wie man sich vorstellen kann, verblüffte uns
das ziemlich, zumal das Haus ganz neu war. Wir hatten es
gerade erst gebaut.«

Die Hellseherin meinte, dass sie den Geist wohl vom Everest mitgebracht hätten. »Ihr Geist ist eindeutig anwesend«,
sagte die Hellseherin. »Es ist eine Frau mit asiatischen Gesichts-
zügen.«

»Und wie ist sie in unser Haus geraten?«, wollte Jeff Rhoads
wissen.

»Auf dem Berg hat es eine Tragödie gegeben, und dieser
Geist steht mit den Todesfällen dort in Verbindung.« Tatsächlich waren ja zwei Asiatinnen hoch oben auf dem Berg umgekommen – Yasuko Namba und Passang Lhamu.

Die Hellseherin erklärte ihnen, wie sie den Geist austreiben
sollten, also verbrannten die beiden Wacholderzweige und
führten ein kleines Ritual in ihrem Haus durch. Und bevor sie
sich 1998 zu einem neuerlichen Everest-Versuch auf den Weg
machten, erklärten sie dem Geist, er könne nicht bleiben, er
solle in ihr Gepäck steigen und mit ihnen zum Everest zurückkehren. Offensichtlich ist er diesem Rat gefolgt, denn in ihrem
Haus ist er seitdem nicht mehr aufgetaucht.

Dieser Bericht bestätigte mir im Nachhinein meine Vermu-
tung, dass nicht nur Sherpas derartige Erfahrungen machen.
Sie sind nicht nur Erfindungen unserer Sippe. Die Rhoadsens
haben mir versichert, dass sie unablässig eine starke überwelt-
liche, spirituelle Anwesenheit spüren, wenn sie den Everest
besteigen, dass dies auf anderen Bergen aber nicht der Fall sei.
Ich kenne noch andere ausländische Bergsteiger, denen es ähnlich geht.

Sherpas, die 1997 den Berg bestiegen haben, berichten von

einem Amerikaner, der Scott Fischers Ehering barg, den Fischer an einer Schnur um den Hals getragen hatte. Nachdem der Amerikaner den Ring genommen hatte, stürzte er prompt 120 Meter tief ab. Er war zwar nicht schwer verletzt, sagte aber, er habe den Eindruck gehabt, als hätte ihm jemand einen Stoß versetzt. Die Sherpas meinten, es sei Fischers umherwandernder Geist gewesen. Die Freunde des Mannes konsultierten später in Amerika einen Navajo-Schamanen, der erklärte, nicht ein Geist habe ihn gestoßen, sondern eine weibliche Gottheit, eine Göttin.

Es war nicht ganz einfach, die Motivation wieder aufzubauen, um zu einem bereits früher erreichten Punkt aufzusteigen, von dem man dann wieder abgestiegen war. Außerdem mussten wir die 28 Sauerstoffflaschen ersetzen, die auf dem Südsattel verbraucht worden waren. Wir erhielten die Flaschen hauptsächlich von Halls und Fischers Teams und liehen und kauften dann noch einige, bis wir unseren Vorrat wieder auf insgesamt 70 Stück aufgestockt hatten. Wir wollten erst oberhalb von Camp IV Sauerstoff einsetzen – mit Ausnahme von Ed, der den Everest ein zweites Mal ohne Flaschensauerstoff besteigen wollte.

Nun bestellten wir einen zweiten Puja – zu dem wieder derselbe Lama aus dem Dorf Pangboche herbeigerufen wurde –, und wir bauten einen neuen Lhap-so. Wongchu und das Team erklärten, diesmal dürfe keiner auch nur im Traum daran denken, im Basislager Fleisch zu braten.

Die Route durch den Gletscherbruch war nicht mehr sicher und musste ausgebessert werden. Mal Duffs Team, das die Leitern und Fixseile installiert und gewartet hatte, war im Begriff aufzubrechen. Freundlicherweise beauftragte er zwei seiner Sherpas, noch zu bleiben und die Arbeit im Gletscherbruch fortzusetzen.

Am 17. Mai, als wir uns zum zweiten Mal auf den Weg durch den Khumbu-Gletscherbruch machten, waren wir wieder ganz bei der Sache und spürten neue Zuversicht. Oberhalb des Gletscherbruchs trat ich erneut den Weg durch den Sonnenkollektor des Western Cwm an und war dankbar, dass ich diesen nur noch einmal würde durchqueren müssen. Inzwischen erschien uns Camp II geradezu gemütlich und vertraut.

Das Wetter hoch oben auf dem Berg spielte jedoch nicht ganz mit. Wir hatten aber auch keinerlei Neuigkeiten von dem Meteorologen in London erhalten, der Satellitendaten für uns auswertete und uns seine Prognosen über Satellitentelefon übermittelte, was die Expedition einiges kostete. Nach wie vor wehte wie ein Wimpel die typische Schneefahne vom Gipfel. In dieser Nacht – und auch in den folgenden Nächten – lagen wir in unseren Zelten und lauschten dem bösartigen Grollen des Windes hoch oben am Berg. Der Zug rollte immer noch, die Boeing 747 versuchte endlos abzuheben.

Das Team von Todd Burleson stieß ebenfalls zu Camp II vor, um einen weiteren Versuch zu unternehmen, aber seine Kunden hatten Bedenken wegen des Wetters und trauten dem Berg nicht. Nach der zweiten Nacht in Camp II beschlossen sie, die Expedition abzubrechen. Sogar einige unserer Sherpas, die durch die günstige Prophezeiung ermutigt worden waren, begannen zu bezweifeln, dass sich das Wetter bessern würde. Einer von ihnen schlug vor, doch lieber umzukehren.

Geduld. Wieder rief ich mir in Erinnerung, was mich mein Vater über Geduld gelehrt hatte. Er hatte den Gipfel erst beim siebten Anlauf erreicht. Sieben ist eine Glückszahl unserer Familie wie für Sherpas überhaupt. Meine Großmutter Kinzom hatte sieben Söhne und mein Vater sieben Kinder. Eine Gruppe von sieben Personen gilt auf Reisen oder bei der Arbeit als günstige Zahl.

Dem Wind zum Trotz hatte ich den Eindruck, dass die stille

Gestalt von Miyolangsangma über uns thronte und uns mit ihrer Gnade beschützte. Als ich im Zelt lag und betete, hatte ich das Gefühl, dass sie wusste, warum ich gekommen war; sie verstand den Sinn meiner Pilgerschaft. Vielleicht erkannte sie, dass ich und andere Besucher des Bergs in der Lage waren, eine Transformation durchzumachen, wie sie selbst und die anderen der »Fünf Schwestern des langen Lebens« sie hier auf den vier anderen Gipfeln im Umkreis von 60 Kilometern rund um den Everest durchgemacht hatten. Guru Rinpoche bekehrte sie alle und bewog sie, Verteidigerinnen des buddhistischen Glaubens zu werden; heute gelten sie als Emanationen der Fünf Dakinis, der Gefährtinnen der Fünf Buddhas. Zudem symbolisieren sie das reine Wesen der Fünf Elemente – Luft, Himmel, Erde, Wasser und Feuer.

Menschen gehen nicht zuletzt deshalb in die Berge, weil sie die Reinheit dieser Elemente – oder Göttinnen – in ihrer Ursprünglichkeit erleben wollen. In den Bergen lässt man weltliche Bindungen zurück, und da materielle Ablenkungen fehlen, ist man hier für spirituelles Denken offen. Wenn wir auf den Ozean hinausblicken, zum Himmel und den Wolken aufschauen oder die Felswand eines Bergs betrachten, findet unser Verstand keine Worte dafür. Was ist es eigentlich, was wir da sehen? Nichts Reales – nur Farbe und Form. Und wenn wir aufhören, das, was wir wahrnehmen, mit Begriffen zu versehen, wird die Lücke durch eine Stille gefüllt, die uns dem Verständnis der Leere ein Stück näher bringt.

Beim Bergsteigen sorgt die Geistesgegenwart, die in gefährlichen Situationen vonnöten ist, wie von selbst dafür, dass wir nicht zerstreut sind, und diese Konzentration erzeugt Achtsamkeit und das Gefühl, vollkommen lebendig zu sein. Jede Handlung ist von Bedeutung, weil jede Bewegung eine Frage von Leben und Tod ist. Ein Kletterer antwortete einmal auf die Frage, warum er hohe und extrem schwierige Steilwände im

Alleingang und ohne Seil besteige: »Weil es die Konzentration fördert.«

Jeder, der ganz bewusst in die Berge reist, befindet sich gewissermaßen auf Pilgerschaft zu Miyolangsangma und den anderen Schwestern des langen Lebens. Aber theoretisch brauchten wir gar nicht in die Berge zu gehen, um sie zu visualisieren und ihnen Opfergaben darzubringen. Wir sollten versuchen, die spirituelle Erfahrung der Berge überallhin mitzunehmen.

Wenn wir in eine normale Umgebung zurückkehren, erscheint uns das Weltliche oft bedeutungslos. Wir müssen in die Berge zurückkehren, um Nahrung für jene befreiende Erfahrung zu finden, weil wir äußere Landschaften und Ereignisse brauchen, um etwas zu begreifen. Statt zuzulassen, dass sich vollkommene Geistesgegenwart, vollkommene Achtsamkeit jederzeit – und in ungefährlicher Umgebung – entwickeln, werden wir süchtig nach Umständen und Erfahrungen mit gewissen Eigenschaften. Der Buddhismus regt an, dass sich Bergsteiger auf das Wesentliche ihres Strebens – Achtsamkeit und Befreiung – konzentrieren, statt auf die Umgebung, die sie zu brauchen glauben, damit sich dieser Zustand einstellt.

Die Wolken, die sich unterhalb von uns Tag für Tag jedes Mal ein wenig früher bildeten, kündigten die bevorstehenden Monsunregenfälle an. Im Sommer entstehen infolge der tropischen Hitze über dem Indischen Ozean riesige Mengen feuchter Luft, die durch Konvektionsströmungen, die das 5000 Meter hohe tibetische Hochplateau erzeugt, über den Subkontinent in Richtung Himalaja gezogen werden. Wenn die feuchtigkeitsgesättigte Luft am Gebirge aufsteigt, kühlt sie sich ab und der Wasserdampf kondensiert in Form schwerer Regenfälle, die vor allem im Süden des Gebirgszugs niedergehen.

Während ich in Camp II hockte, hatte ich Zeit, darüber zu spekulieren, warum so viele Himalaja-Gipfel als Göttinnen angesehen werden: Sie sind hoch und imponierend, gewiss, aber sie stellen auch ein immenses Reservoir an Schnee und Eis dar, das die Landwirtschaft in den Ebenen mit Wasser versorgt, und für Nepal und Nordindien bergen sie ein riesiges Potenzial an Wasserkraft.

Die »Tätigkeit« von Miyolangsangma wird als *unerschöpfliches Geben* bezeichnet. Sie verleiht denen, die sie verehren, ein langes Leben, Wohlstand und Kraft. Ein Lama aus dem Khumbu meinte einmal, es sei die Macht von Miyolangsangma gewesen, die uns all die ausländischen Touristen und deren Reichtum zugeführt habe. Als Gegengabe fordere sie Glauben.

Der Glauben hat sogar Einfluss auf das Strömen des Wassers, wie eine Geschichte illustriert, die die Bewohner von Namche-Basar über die dortige Quelle berichten, die mitten im Ort entspringt. Vor dreißig Jahren ist das Wasser dieser Quelle vollständig versiegt – als hätte jemand den Hahn zugedreht. Drei Tage lang floss nicht ein einziger Tropfen, weshalb die Dorfbewohner ihr Wasser aus einer kleineren Quelle holen mussten, die zehn Minuten zu Fuß entfernt war. Dann erfuhren sie, dass an dem Tag, bevor das Wasser versiegte, ein Soldat im benachbarten Armeelager eine Ziege geschlachtet und ihre Eingeweide in der Quelle gewaschen habe. Dies beleidigte die Nagas, die Schlangengeister, die über Qualität und Strömung des Wassers wachen; die Nagas waren geflohen, sodass die Quelle austrocknete. Nach drei Tagen ohne Wasser bestellten die Dorfbewohner einen Lama, der die Nagas rituell wieder herbeilockte, und sofort begann das Wasser in alter Stärke zu sprudeln.

Ich glaube, dass die Ereignisse sich oft tatsächlich so zugetragen haben, wie sie in solchen Geschichten geschildert werden, auch wenn bei dieser Erzählung das Ende allzu vorhersehbar scheint: Der Soldat erkrankte an einem infektiösen Hautausschlag und starb kurze Zeit darauf.

Nachdem wir zwei Tage in Camp II verbracht hatten, waren wir der Sache ziemlich überdrüssig, und die Sherpas wurden allmählich widerspenstig. Vielleicht wollten uns die Götter dieses Jahr wirklich deutlich machen, dass wir unerwünscht wären. Mein Traum war aber immer noch lebendig. Wie David gesagt hatte, ist der Wind, den man aus der Ferne hört, immer schlimmer als der Wind, in dem man tatsächlich aufsteigt. Außerdem hatte er einmal bemerkt, es sei besser, sich dem Berg in Stiefeln zu stellen, als im Zelt zu liegen und sich das nur auszumalen – oder wie das Sprichwort sagt: »Der Tiger der Fantasie ist grimmiger als der Tiger des Dschungels.«

Am Morgen des dritten Tages hörten wir von unserem britischen Meteorologen, der Jetstream habe sich nach Norden verlagert. Das Gutwetterfenster öffnete sich und wir machten uns in fröhlicher Stimmung auf den Weg. Wenigstens würden wir, ob wir nun den Gipfel erreichten oder nicht, in ein paar Tagen den Heimweg antreten.

Mit dem Aufstieg zu Camp III ließ ich mir Zeit, teilweise weil die sengende Mittagssonne hier ähnlich wie im Western Cwm ziemlich unangenehm werden kann. Im Zelt war es auch nicht kühler, und wenn es nichts zu tun gab, zogen wir uns bis aufs T-Shirt aus und warteten auf den Sonnenuntergang. Sobald die Sonne hinter dem Grad verschwand, kühlte es aber wieder rasch ab.

In Camp III teilte ich ein Zelt mit Sumiyo und Robert. Sumiyo, die zwischen uns lag, plagte nach Einbruch der Dunkelheit ein hartnäckiger Husten. Ihre Anfälle ließen etwas nach, wenn sie sich aufsetzte, und so brachte sie fast die ganze Nacht im Sitzen zu. Sie wollte nicht, dass David im Zelt nebenan sie hörte, weil er sie sonst vielleicht vom Gipfelteam ausgeschlossen hätte. Auch ich blieb fast die ganze Nacht auf, um ihr den Rücken zu reiben.

Am nächsten Morgen empfahl David, Sumiyo solle für den

Aufstieg von Camp III zu Camp IV auf dem Südsattel Flaschensauerstoff benutzen. Für mich war der Weg zum Südsattel – vor allem das Gelbe Band und der Genfer Sporn – der anstrengendste Teil der Route. Das Gelbe Band hat einen kniffligen Überhang, und weil es eine Felswand ohne Schnee ist, rutschen Steigeisen leicht ab, sodass man sich wie mit Rollschuhen auf einer Schlittschuhbahn fühlt. Dennoch bekamen wir ein ganzes Magazin IMAX-Film auf diesem gefährlichen Abschnitt voll, nachdem wir gewissenhaft alles gut gesichert hatten – die Menschen und auch die Kamera.

Vom Genfer Sporn stiegen wir 30 Meter bis zum Südsattel ab, und während ich in dem Ausblick schwelgte, stellte ich mir vor, wie wohl mein Vater diese Stelle erlebt hatte. Genau wie 1953, das heißt eigentlich wie immer, fegte ein erbarmungsloser Wind über das Gelände. Mein Vater hatte mir erzählt, wie außerordentlich mühsam es ist, in dieser Höhe auch nur einen einzigen klaren Gedanken zu fassen, und jetzt begriff ich, was er meinte. Ich suchte nach den Landmarken, die ich auf seinen Fotos gesehen hatte, zum Beispiel den großen Felsbrocken, der die Kangshung-Flanke überblickt.

Der Südsattel ist eine breite Felsebene, in deren Südwestecke, Richtung Lhotse, Camp IV (das achte Lager von 1953) steht. Er ist so flach, dass man glaubt, an den Kanten der Steilhänge nach Osten und Westen sei die Welt zu Ende. Es ist eine karge, beinahe außerirdisch anmutende Welt, die am Rande des Lebens existiert, und die Grenzen, wo sich die Farben treffen, scheinen zu vibrieren. Die Luft ist dort so knapp, dass ich bei jedem Atemzug Dankbarkeit empfand.

Als ich zum Gipfel aufblickte, dachte nur eines: *Wie zum Teufel sollen wir da hinaufkommen?* Die Route, die vor uns lag, sah unheimlich steil aus. Mein Vater und die anderen, die hier vor mir aufgestiegen waren, hatten einfach einen Fuß vor den anderen gesetzt, aber mein Vater hatte immerhin Ang

Lhamu gehabt, die ihn führte, und die Prophezeiung, dass ein Himalaja-Buddhist als Erster den Gipfel erreichen würde.

Ich inspizierte das Gelände rund um Camp IV – den Müll, die Sauerstoffflaschen und, nur 25 Meter von unserem Lager entfernt, einen vollständig konservierten Leichnam, der ausgestreckt dalag. Ungefähr 120 Meter entfernt befanden sich die sterblichen Überreste von Yasuko Namba. Tote vom Südsattel herunterzuholen ist schwierig und riskant, aber begraben kann man sie auch nicht. Den Lebenden bleibt nichts zu tun, als hier zu stehen und sie zu betrachten. Für mich waren sie eine Mahnung daran, wie gefährdet unsere Existenz ist.

Wir stellten neben unseren Vorratszelten vier weitere Zelte auf und sicherten sie mit etlichen Felsbrocken und Kletterseilen – wir warfen nicht etwa nur ein, zwei Leinen über die Zelte, um sie gegen den Sturm zu wappnen, sondern gleich vier oder fünf. Ein Gorak – ein Rabe – hüpfte über das Geröll, und ich beschloss, seinen Besuch als günstiges Vorzeichen zu deuten. Er war so weit hergekommen, um Futter zu erbetteln, und wenn ich etwas griffbereit gehabt hätte, hätte ich es ihm gegeben.

Camp IV ist im Grunde nur eine Zwischenstation, ein Ort, wo man sich ausruht und Flüssigkeit aufnimmt. Man schlägt sein Lager auf (eine mühselige Angelegenheit in dieser Höhe), bereitet eine Mahlzeit zu, die man kaum hinunterbekommt, legt sich hin, ohne schlafen zu können, und steht dann um halb elf Uhr nachts wieder auf, um seine Ausrüstung vorzubereiten, versucht noch einmal, etwas zu essen – alles in allem scheint der Aufenthalt in Camp IV also kaum der Mühe wert zu sein. Ich konnte mir kaum vorstellen, noch höher zu campieren, aber Anfang der Fünfzigerjahre war man überzeugt, dass es unmöglich sei, an einem Tag den Gipfel zu erreichen und gleich wieder zum Südsattel zurückzukehren. Damals wurde unweit des Balkons in 8380 Meter Höhe am Anfang des Südostgrats ein weiteres Hochlager, das neunte Lager, errichtet.

Unsere logistische Pyramide stand, und wir befanden uns beinahe an ihrer Spitze. Beim Gipfelvorstoß sollten vier Sherpas die Kamera, das Stativ und die Filmmagazine tragen, zwei beförderten den Sauerstoff für die anderen nach oben und zwei weitere hatten den Auftrag, am Südostgrat ein Sauerstofflager für die zurückkehrenden Bergsteiger anzulegen. Wenn alles gut ging, würde das Gipfelteam, bestehend aus elf Bergsteigern und Sherpas, spätestens um elf Uhr vormittags oben ankommen, um dann zwischen zwei und vier Uhr nachmittags wieder auf dem Südsattel zu sein, sodass uns noch ein Sicherheitsspielraum von ein paar Stunden bis zum Einbruch der Dunkelheit blieb.

Den Gipfel erreichen in der Regel nur Bergsteiger, die hartnäckig, geduldig und motiviert sind, was wohl der Grund dafür sein dürfte, warum etwas ältere Bergsteiger bei Bergen wie dem Everest, die große Ausdauer erfordern, besser abschneiden. Aber selbst wenn das Wetter stabil ist, darf man nicht erwarten, dass es von zehn Mitgliedern eines Teams mehr als fünf bis sechs bis zum Gipfel schaffen. Alles kann passieren: Erkrankungen, Unfälle und andere Unwägbarkeiten, die kein Bergsteiger in der Hand hat.

Sumiyo war mit ihrer gebrochenen Rippe nur langsam vorangekommen. Wir hatten sie oberhalb von Camp III überholt, obwohl sie eine Stunde vor uns aufgebrochen war und Sauerstoff benutzte. David, dem klar war, dass wir uns eine kranke beziehungsweise nicht voll leistungsfähige Bergsteigerin oberhalb des Südsattels nicht leisten konnten, musste die schwierige Entscheidung treffen, ihr die Anweisung zu geben, in Camp IV zurückzubleiben. Die Todesfälle der jüngsten Zeit hatten uns noch vorsichtiger werden lassen, obwohl es ohnehin zu empfehlen war, dass ein Teammitglied auf dem Südsattel wartete und sich für Kommunikationsaufgaben und Notfälle bereithielt.

Obwohl Sumiyo mit dieser Entscheidung gerechnet haben muss, schien es ihr das Herz zu brechen. Sie weinte und ich tröstete sie nach Kräften. Ich erinnerte mich nur zu gut an meine eigenen Tränen, die jähe Wut und Enttäuschung, die ich als Achtzehnjähriger verspürt hatte, als mein Vater mir nicht erlaubte, an der indischen Everest-Expedition teilzunehmen. Auch mein Vater war erst neunzehn gewesen, als Anfang 1933 ausländische Bergsteiger in Darjeeling eintrafen und in der Stadt mit großer Geschäftigkeit die Vorbereitungen für die erste britische Expedition seit 1924 getroffen wurden. So wie ich mich gefürchtet hatte, meinen Vater um Hilfe zu bitten, so hatte er sich gescheut, in dem Respekt einflößenden Planters' Club vorstellig zu werden, wo der Expeditionsleiter Hugh Ruttledge oben auf der Veranda saß, während sich die Arbeit suchenden Sherpas in einer Reihe aufstellten. Mein Vater war abgelehnt worden, weil er zu jung war, daran konnten auch seine Freunde unter den Sherpas nichts ändern, weil sie zu wenig Einfluss auf die Briten hatten.

Als Anfang 1935, zwei Jahre später, die britische Forschungs-expedition unter Führung von Eric Shipton aufbrach, wäre mein Vater beinahe wieder nicht dabei gewesen. Shipton und Karma Pal, der einheimische Vermittler der Sherpas, hatten ausschließlich Leute für das Team ausgewählt, die ein Zeugnis vorweisen konnten, das bereits Expeditionserfahrung belegte. Mein Vater fragte sich, wie er nach dieser Methode je seine erste Anstellung bekommen sollte.

Dann kamen Shipton und seine Kollegen zurück und ver-kündeten, sie brauchten noch zwei weitere Sherpas. Mein Vater borgte sich khakifarbene Shorts samt Buschhemd und stellte sich rasch zu den anderen zwanzig Kandidaten in die Reihe. Man fragte ihn nach seinem Zeugnis, was er wohl ver-stand, doch konnte er damals weder Hindi noch Englisch, weshalb er also eine Antwort schuldig blieb. Einer von Shiptons Kollegen forderte meinen Vater und einen anderen Sherpa auf, beiseite zu treten. Niedergeschlagen wollte mein Vater sich auf den Heimweg machen, aber man hielt ihn zurück – er war doch tatsächlich ausgewählt und nicht etwa abgewiesen worden. Der andere Auserwählte war Ang Tshering gewesen, der später am Nanga Parbat umkommen sollte.

Am Spätnachmittag kroch ich in unser Zelt auf dem Südsattel, das ich wieder mit Sumiyo teilte, und begann meine Ausrüstung vorzubereiten. Ich packte die Sachen in der Reihenfolge, in der ich sie brauchen würde, sodass alles schnell zur Hand war. Die Fahnen und andere Dinge, die ich auf dem Gipfel lassen wollte, kamen ganz nach unten. Dann folgten mehrere Paar Handschuhe, Socken, Sonnenbrille, Schneebrille und eine kleine Thermosflasche Tee sowie Süßigkeiten, die Energie liefern sollten. Obenauf packte ich das Wasser, und die Ersatzbatterien für meine Stirnlampe steckte ich in die Jackentasche.

Sumiyo schmolz Wasser zum Kochen, aber bei dem Geruch der Fertignahrung wurde mir schlecht, weshalb ich mich wieder verzog und meinen Freund Dorje, einen ausdauernden Bergsteiger, in seinem Zelt besuchte. Wir kochten uns Vermicelli-Nudeln, und bevor ich wieder in mein Zelt zurückkehrte, rauchten wir noch eine Zigarette, was meine höhenbedingten Kopfschmerzen ein wenig linderte.

Wie mein Vater es getan hatte, betete ich unablässig um gutes Wetter und unsere sichere Rückkehr. Ich konnte seine Gebete hören und sprach sie lautlos mit.

Auch die Gebete meiner Mutter waren mit mir, und ich hatte das Gefühl, dass ich ihren starken Glauben und ihre meditative Konzentration in mich aufnahm. Kurz nach meiner Abreise zum Studium in den Vereinigten Staaten hatte sie sich für mehrere Monate in den Gebetsraum im Obergeschoss unseres Hauses zurückgezogen. Die Mahlzeiten reichte ihr unsere Köchin Ai Lhakpa, die bereits fünfunddreißig Jahre lang für unsere Familie sorgte, durch die Tür.

Nicht viele Menschen haben die Zeit für spirituelle Übungen. Sie müssen ihre Familie ernähren und sich um ihre Kinder und später um ihre Enkel kümmern. Meine Mutter hatte diesen Lebensabschnitt bereits hinter sich, und Enkel hatten sich noch nicht eingestellt. Über mehrere Monate hinweg führte sie die vier »vorbereitenden« rituellen Übungen – *ngöndro* genannt – durch, die eine ausgewogene und friedliche Meditation ermöglichen und den Weg zur Erleuchtung öffnen. Dazu gehörte das Herstellen von 100 000 Mandalas aus Getreide, die sie dann der Gottheit opferte. Sie rezitierte 100 000-mal das *Guru-Yoga*-Mantra, warf sich 100 000-mal auf einem glatten, flachen Brett nieder und rezitierte 100 000-mal das *Vajrasattva*-Mantra. Diese Übungen gipfeln darin, dass jedes damit gewonnene Verdienst der Erleuchtung aller fühlenden Wesen gewidmet wird – was voll und ganz dem großzügigen Wesen meiner Mutter entsprach.

Sie hatte auch die Annehmlichkeiten unseres Hauses immer wieder anderen zur Verfügung gestellt. Die Mönche aus dem benachbarten Kloster kamen häufig zum Essen zu uns, duschten und ruhten sich aus. Manchmal hatte ich den Eindruck, dass die Mönche sie ausnutzten, was zu meinem jugendlichen Zynismus gegenüber dem System des geistlichen Schutzes beigetragen haben mag. Bei uns gibt es ein Sprichwort: »So wie es dir kälter erscheint, je mehr du dich anstrengst, dich aufzuwärmen, so werden die Mönche umso dünkelhafter, je mehr du sie achtest.« Aber die Faulheit oder Undankbarkeit, die die Mönche zuweilen zeigten, störten meine Mutter nicht, weil allein die Reinheit der Absicht und der selbstlose Akt des Gebens dem Gebenden Verdienst bringt.

Meditation stand im Mittelpunkt der Übungen meiner Mutter, weil dies eine ausgezeichnete Technik ist, um die buddhistischen Ideen der Leere, der Vergänglichkeit und des Mitgefühls verstehen zu lernen. Auch in unserem Zelt auf dem Südsattel setzte ich mich hin, meditierte, so gut es ging, und rief mir dabei in Erinnerung, was mich meine Mutter und die Lamas gelehrt hatten. Vielleicht war es der Sauerstoffmangel in meinem Gehirn, aber hier überkam mich ein Augenblick der heiteren Gelassenheit, als hätten meine Eltern eine mit Segnungen gefüllte Zeitkapsel für mich hinterlegt, die ich genau hier und jetzt öffnen sollte. Ich hatte die elfenbeinerne Gebetskette meiner Mutter dabei und ließ deren hundertundacht Perlen immer wieder durch die Finger gleiten. Dann nahm ich die Kette in beide Hände, rollte sie energisch zu einer Kugel zusammen, drückte sie mir auf Augen und Gesicht, ließ dabei Miyolangsangmas Bild in mir aufsteigen und dankte ihr für das Glück, das mir und meiner Familie bereits zuteil geworden war. Ich dachte an die Einsatzbereitschaft und Fürsorglichkeit meines Vaters, an die Frömmigkeit und Achtsamkeit meiner Mutter und wünschte, dass die Früchte solcher buddhistischen Lebenspraxis mir helfen würden – wenigstens jetzt, beim Aufstieg zum und beim Abstieg vom Gipfel. Dann legte ich mich hin und konnte ohne zusätzlichen Sauerstoff schlafen, wenn auch nur kurz.

8

Hindernisse und Segnungen

Thilen und Lhakpa Dorje, zwei Sherpas unseres Teams, überwinden den Hillary Step, der von einem Gewirr alter Fixseile überzogen ist. Der Blick fällt hinab zum Kangshung-Gletscher in Tibet, mehr als 3300 Meter in die Tiefe.

Ich lag in meinem Zelt auf dem Südsattel und konnte gut nachfühlen, was mein Vater hier empfunden haben musste. Er war neununddreißig Jahre alt, als er entschied, dass sein Versuch mit den Briten sein letzter sein sollte. Oft genug hatte er nun sein Leben auf diesem Berg riskiert, und auch Kinzom, seine Mutter, hatte ihn gebeten, künftig davon zu lassen.

Für die erste Gipfelgruppe waren die Briten Charles Evans und Tom Bourdillon ausgewählt worden. Ihr Tagesziel war der Südgipfel mit der Alternative, unter günstigen Bedingungen vielleicht auch bis zum Gipfel vorzustoßen. Bei ihrem Abmarsch vom Südsattel zum Südgipfel am 26. Mai, die Gipfelflaggen im Gepäck, hatte sich mein Vater bereits innerlich darauf eingestellt, dass sie es vielleicht schaffen würden. Als zweite Gipfelgruppe hatte Colonel John Hunt ihn und Edmund Hillary vorgesehen.

Diese Expedition war die letzte Chance für die Briten und sie brauchten dringend einen Erfolg. Als mein Vater der Gipfelgruppe nachschaute, hörte er Hunt und einen anderen Bergsteiger darüber reden, wie großartig es sei, wenn man den Gipfel rechtzeitig zur bevorstehenden Krönung von Königin Elizabeth II. erreichen würde. Da wurde ihm klar, warum den britischen Mitgliedern und nicht ihm und dem Neuseeländer Edmund Hillary der erste Versuch zugestanden worden war: Die Eroberung des Everest sollte ein Geschenk für die Königin werden. Schließlich war ja auch der Berg nach einem Briten benannt worden, nach Sir George Everest, einem Landvermesser des 19. Jahrhunderts.

Mein Vater und die anderen Sherpas fühlten sich ebenfalls unter Erfolgsdruck, auch wenn ihnen Königin Elizabeth und der englische Nationalstolz wenig bedeuteten. Nepal hatten die Briten nie beherrscht, im Unterschied zu Indien, das aber im Jahre 1953 auch schon seit sechs Jahren unabhängig war. Allein die Möglichkeit, dass einer der Ihren bei der Erstbesteigung dabei sein konnte, spornte sie an: Das würde ihrem Volk und ihren indischen und nepalesischen Landsleuten große Ehre einbringen und sich möglicherweise sogar finanziell und beruflich auszahlen. In den Dreißigerjahren waren viele Sherpas davon überzeugt, die Briten würden sie – natürlich abgesehen vom Lastentransport – vor allem deshalb auf die Gipfel mitnehmen, damit ihre Erfolge nicht ohne Zeugen blieben. Das glaubte mein Vater schon längst nicht mehr.

Am 26. Mai stiegen Dawa Namgyal und der Leiter der Expedition, John Hunt, ebenfalls hoch in den Berg, allerdings nur, um Ausrüstung zum damaligen Lager neun auf dem Südostgrat zu transportieren. Sie erreichten ihr Ziel jedoch nicht ganz. Als sie den Rückmarsch zum Südsattel antraten, kam mein Vater ihnen entgegen, zusammen mit Edmund Hillary, der gerade erst von weiter unten beim Südsattel angekommen war. Hunt hatte Probleme mit seinem Sauerstoffgerät, das noch mit einem geschlossenen Kreislauf arbeitete. Er war völlig erschöpft und verlor sogar für einige Minuten das Bewusstsein. Mein Vater und Hillary geleiteten ihn zu seinem Zelt und flößten ihm Zitronensaft ein, damals das Standardgetränk der Briten am Everest. Nachdem Hunt und Dawa Namgyal sich etwas erholt hatten, berichteten sie, dass sie eine Höhe von 8335 Meter erreicht hatten, nur 60 Meter unterhalb von Lager neun, wo sie die Sauerstoffflaschen und Vorräte im Schnee zurückgelassen hatten. Mein Vater versorgte Hunt weiter mit Zitronensaft. Es machte ihn stolz, als Hunt ihm sagte, er werde seine Hilfsbereitschaft nie vergessen.

Bourdillon und Evans waren immer noch hoch im Berg und setzten dort ihren Aufstieg fort. Auch sie hatten Probleme mit den Atemgeräten mit dem geschlossenen Kreislauf, und sie kamen nur schleppend voran. Dann verschlechterten sich die Schneeverhältnisse, und die Zeit begann, ihnen davonzulaufen. Ihnen blieb nur die Umkehr, doch hatten sie immerhin den Südgipfel erreicht, den höchsten Punkt, den Menschen jemals erklommen hatten. Bis zum Gipfel sind es von dort nur noch 85 Höhenmeter.

Mit Schnee und Eis bedeckt und im Zustand äußerster Erschöpfung kamen Evans und Bourdillon zum Südsattel zurück. Nachdem sie sich einigermaßen erholt und ausreichend getrunken hatten, beantworteten sie ausführlich die Fragen über die Route, die ihnen Hillary und mein Vater stellten. Für meinen Vater waren ihre Auskünfte ein Beispiel für den Geist, der unter Bergsteigern herrschte: die Bereitschaft, den Erfolg mit anderen zu teilen und als Team zu arbeiten. Ohne Zweifel wären er und Hillary zu diesem Zeitpunkt nicht auf dem Südsattel gewesen, wenn andere Bergsteiger und Sherpas ihnen nicht den Weg bereitet hätten.

Trotz ihrer enttäuschenden Niederlage schätzten Evans und Bourdillon die Hindernisse weiter oben nicht allzu schwierig ein. Evans sagte meinem Vater, dass die Route jenseits des Südgipfels lang, steil und gefährlich aussehe, doch war er zuversichtlich, dass sich auch die eine Stelle, an der jener zerklüftete, senkrechte Fels aufragte, überwinden lassen würde.

In dieser Nacht wurde das Lager der britischen Expedition vom Sturm gebeutelt. In einem durch Sauerstoffknappheit ausgelösten Wachtraum glaubte mein Vater, einer seiner Hunde attackiere das Zelt und versuche es in Fetzen zu reißen. Fest in seinen Schlafsack gewickelt, betete er, der Wind möge nachlassen und das Wetter sich bessern.

Der Sturm flaute jedoch nicht ab, weshalb er und Hillary

eine weitere Nacht auf dem Südsattel ausharren mussten. Hunt, Bourdillon und Evans wünschten ihnen Glück, bevor sie wieder zum vorgeschobenen Basislager abstiegen. Sie ließen sie mit Ang Nyima, Pemba, George Lowe und Alf Gregory auf dem Südsattel zurück.

Die fünf Bergsteiger verbrachten ihre zweite ungemütliche Nacht in den Zelten, tranken so viel wie möglich und versuchten sich warm zu halten, so wie es die Bergsteiger heute noch tun. Zur Begleitmusik des Sturms, der die Zeltwände peitschte, zwangen sie sich, auch etwas feste Nahrung zu sich zu nehmen.

Was mich betraf, so gab ich mich dem zweifelhaften Trost hin, dass für jeden, der auf dem Everest sein Leben ließ, fünf andere den Gipfel erreicht hatten. Mein Vater musste sich, als er damals hier in der Dunkelheit lag, dagegen vor Augen halten, dass bislang achtzehn Menschen bei diesem Versuch zu Tode gekommen waren und keiner es geschafft hatte.

Ich erhob mich ungefähr um zehn Uhr abends und begann, Schnee für den Tee zu schmelzen, würgte etwas Essen hinunter und quälte mich in meine für den Aufstieg vorgesehene Daunenmontur. Trotz der Mühsal, die in 8000 Meter Höhe auch die einfachste Verrichtung bereitet, hatte ich das Gefühl, dabei sehr effizient, beinahe unwillkürlich vorzugehen. Noch einmal überprüfte ich meinen Atemregler und die Sauerstoffflasche. In dieser kritischen Höhe konnten wir uns den Ausfall des lebenswichtigen Hilfsgeräts nicht leisten. Schlecht funktionierende Atemgeräte hatten schon manchen körperlich noch leistungsfähigen Bergsteiger den Gipfel gekostet – und einige auch das Leben.

Der Himmel war klar und ruhig. Ich war bereit. Einen Augenblick noch blieb ich sitzen, atmete tief durch und betete zu Miyolangsangma, damit sie mir Kraft gebe.

Ed verließ Camp IV bereits um elf Uhr abends, um einen Vorsprung zu haben, weil er den Aufstieg ohne zusätzlichen Sauerstoff bewältigen wollte. Um 23.30 Uhr kam David vorbei, überprüfte noch einmal die Sauerstoffflaschen und meldete ans Basislager, alles sei in Ordnung und wir würden nun aufbrechen. Im Basislager stand Changba auf, ging zum Lhapso und zündete dort einige duftende Wacholderzweige an. Gemeinsam mit anderen Sherpas würde er den Wacholder am Brennen halten, bis wir zu Camp IV zurückgekehrt waren. David und Robert brachen gegen Mitternacht auf, zusammen mit Jangbu, Lhakpa und Gombu, der die Kamera trug. Araceli, Dorje und ich folgten ihnen kurz darauf und hinter uns kamen Thilen und Muktu Lhakpa.

In Dunkelheit gehüllt marschierten wir über die Ebene des Südsattels, bis wir auf den Eisbuckel trafen, ein tückisches, etwa 100 Meter breites Eisfeld, das so steil und glatt ansteigt wie eine Bobbahn. Hier gibt es normalerweise keine Fixseile, und unsere Steigeisen fanden kaum Halt, ein Umstand, der vor allem beim Abstieg gefährlich werden konnte. Von dort führte ein glattes, steiles Schneefeld zur Basis der »Dreiecksflanke«, wo wir uns in die Fixseile einklinken konnten, die eine der geführten Expeditionen zwei Wochen zuvor hier zurückgelassen hatte.

In extremer Höhe nimmt die körperliche Leistungsfähigkeit rapide ab. Für den Gipfelversuch hatten wir unseren Sauerstoffvorrat auf drei Liter pro Minute berechnet, aber ich fühlte mich fit genug, ihn auf anderthalb Liter einzustellen. So blieb mir eine Sicherheitsreserve, falls ich in Schwierigkeiten geriet.

Vor dem Abmarsch aus dem Lager hatte es in meinem Bauch rumort und einmal hatte der Durchfall schon zugeschlagen. Nun spürte ich wieder Drangsal. Ich blieb jedoch optimistisch und setzte darauf, dass das Bedürfnis, mich zu erleichtern, einfach vergehen würde, wie das ja manchmal geschieht. Ich musste an eine Geschichte von Wongchu denken. Er war einmal in eine arge Zwickmühle geraten: Hielt er seine Notdurft noch weiter zurück, würde er in die Hose machen, und wenn er es doch versuchte, sein Geschäft zu verrichten, würde der Wind ihn womöglich vom Bergkamm blasen. Schließlich, so erzählte er mir, habe er einfach auf dem Grat eine geeignete Stelle gesucht und die Sache erledigt. Die Erleichterung, die er hinterher empfand, gab ihm einen solchen Energieschub, dass er den Berg nun regelrecht »erstürmte«. Ich jedoch war an einer relativ sicheren Stelle und auch nicht hinter die anderen zurückgefallen, also nahm ich die Gelegenheit wahr. Da merkte ich, dass ich kein Toilettenpapier bei mir hatte. Ich musste erst sämtliche Sherpas fragen, bis endlich einer etwas Einwickelpapier für mich fand.

Die nächsten 300 Höhenmeter des Aufstiegs führen über die Schneefläche der Dreiecksflanke, deren Steigung 50 Grad beträgt, und durch Schneerinnen und den Schwarzen Turm zum Balkon. Dort stößt die Route in 8410 Meter Höhe auf den Südostgrat. Nur ein kurzes Stück ist sie durch Fixseile gesichert und es gibt jede Menge loses Felsgestein. Wenn man dort abstürzt, ist man verloren. Das Leben hängt hier ganz von den eigenen Kräften, den Steigeisen und dem Eispickel ab.

Meine Beine fühlten sich schwer an, eine Folge des Schlafmangels, und ich hatte Probleme mit meinen Gamaschen, die noch ganz neu und deshalb steif waren, aber unentbehrlich, um das Eindringen von Schnee in die Stiefel zu verhindern. Jeder einzelne Schritt war qualvoll und dauerte fünf Sekunden – wobei man ebenso oft durchatmen musste. Die Luftlinie zwischen Südsattel und Gipfel beträgt nur zweieinhalb Kilometer, aber in unserem Tempo kamen wir kaum vier Meter pro Minute voran, also etwa zwei Körperlängen. Selbst Babys krabbeln schneller.

Um den ermüdenden Aufstieg besser bewältigen zu können,

unterteilte ich mir den Tag in kleinere Ziele. Nach dem Südsattel konzentrierte ich mich auf die nächste Etappe, den Südostgrat, den wir bei Anbruch der Tagesdämmerung erreichen wollten.

Ich konnte gerade so weit sehen, wie der Schein meiner Stirnlampe reichte, und alles, was ich hörte, waren die Mantras, die ich mir wie in Selbsthypnose aufsagte, dazu das dumpfe Atemgeräusch in der Sauerstoffmaske. Anfangs hatte ich Probleme mit der Maske, die so groß war, dass ich meine Füße nicht sehen konnte, ohne mir den Hals zu verrenken. Ein Glück dagegen war es, dass die Sauerstoffflasche nur knapp 3 Kilogramm wog; ich konnte mir gar nicht vorstellen, wie mein Vater, die Briten und die Schweizer es damals geschafft hatten, pro Person zwei 9-Kilogramm-Flaschen zu schleppen.

Ich trug dünne Polypropylen-Handschuhe, die ich bevorzuge, weil sie eine bessere Handhabung des Eispickels ermöglichen. Kühl spürte ich die elfenbeinerne Gebetskette meiner Mutter, die ich mir um das Handgelenk geschlungen hatte. Am anderen Arm trug ich die Rolex, die Heinrich Harrer einst meinem Vater geschenkt hatte, zur Erinnerung an ihre gemeinsame Zeit in den Vierzigerjahren in Lhasa. Bei Ausbruch des Zweiten Weltkriegs war Harrer, der damals den Nanga Parbat besteigen wollte, von den Briten in Nordindien interniert worden. Zusammen mit einem anderen Österreicher, Peter Aufschnaiter, gelang ihm die Flucht. Über den Himalaja erreichten sie Tibet und gelangten ein Jahr später nach Lhasa. Mein Vater traf ihn auf seiner Tibetreise mit Professor Tucci und sie wurden Freunde. Die Uhr war etliche Jahre kaputt gewesen, bis ich sie an den Hersteller zur Reparatur einsandte. Man brachte sie kostenlos in Ordnung und schickte sie mir mit einem Begleitschreiben zurück, das ihren historischen Wert betonte.

Nach ungefähr zwei Stunden sah ich auf einmal über mir etwas, das wie bunter Stoff aussah. Zuerst dachte ich, es sei ein

Zelt, und glaubte schon, den Südostgrat erreicht zu haben. Dann tauchte im Schein meiner Stirnlampe ein Paar Bergstiefel auf. Es war der Leichnam von Scott Fischer. Er saß aufrecht mitten auf dem Weg, der Oberkörper und das Gesicht von Schnee bedeckt. Ganz in der Nähe lag eine weitere Leiche, offenbar schon seit mehreren Jahren. Ich erschauderte und sang mehrere Male »Om Mani Padme Hum«, dann machte ich einen Bogen um ihn und setzte meinen Weg durch Dunkelheit und Kälte fort. Ich schüttelte meine Furcht ab und setzte meinen Aufstieg unter Gebeten fort.

Je höher ich stieg, desto stärker spürte ich den Herzschlag im Schädel pulsieren. Es war wie das endlose Crescendo trommelnder Mönche. Praktisch ununterbrochen gab ich mir Rechenschaft über meine Körperfunktionen und meine Reserven, und besonders achtete ich auf die nächsten zwei Meter vor mir, setzte meine Schritte so fest und sicher, wie ich konnte, immer gefasst auf die kleinen Überraschungen, die das Gelände stets bereithalten konnte. Wenn mein Fuß nur ein paar Zentimeter von der Stelle wegrutschte, an die ich ihn gesetzt hatte, kostete es mich ein halbes Dutzend Atemzüge, das zu korrigieren. Wo sonst auf der Welt verbraucht man derart viel Energie in zwanzig Stunden? Niemand würde sich so lange in eine Fitnessmaschine einspannen lassen, ohne Schlaf, fast ohne Nahrung und Wasser, dazu aber 10 Kilogramm Ausrüstung und Sauerstoff auf dem Rücken. Auf dem Everest ist das alles ganz normal.

Ich schloss zu Gombu auf, der Schwierigkeiten zu haben schien. Er habe sich übergeben müssen, sagte er mir. Ich sah, dass sein Sauerstoffregler auf lediglich einen halben Liter pro Minute eingestellt war, stellte ihn höher ein und half Gombu dann, seine Maske zu reinigen.

Nach einiger Zeit erreichte ich den einzigen Ruheplatz unterhalb des Südostgrats. Ed hatte an dem steilen Hang eine

Kuhle in den Schnee gegraben, an der sich dann auch andere niedergelassen und ausgeruht hatten. Dort traf ich Lhakpa Dorje, unseren Berg-Sirdar, der vier Sauerstoffflaschen trug. Es überraschte mich, dass er selbst keinen zusätzlichen Sauerstoff atmete. Offenbar hatte er insgeheim geplant, den Aufstieg ohne dieses Hilfsmittel zu bewältigen. Was mich aber noch mehr beunruhigte, war die Tatsache, dass er im Begriff war, einzuschlafen. Er war bereits sehr ermüdet und litt deutlich unter Sauerstoffmangel.

Ich klatschte vor seinem Gesicht in die Hände, schüttelte ihn und kniff ihn in die Wangen. Langsam erhob er sich und forderte mich auf voranzugehen, doch wollte ich sichergehen, dass er auch wirklich wach war. Sollte er einschlafen, so würde er einfach kopfüber ins Western Cwm abstürzen. Ich schickte ihn also voraus und setzte mich dann einen Moment lang selbst hin. Nachdem ich ihn wieder eingeholt hatte, trieb ich ihn an, und als ich schließlich keinen Zweifel mehr hatte, dass er den Südostgrat erreichen würde, überholte ich ihn.

Ich passierte gerade ein felsiges Gelände, da nahm ich über mir Kletterausrüstung wahr. Das war der Balkon, der Beginn des Südostgrats, und ich kämpfte mich weiter voran bis zu der Stelle, wo David, Jangbu, Araceli, Robert und Thilen warteten. Thilen hatte das Stativ bei sich, aber Gombu war mit der Kamera noch weit unterhalb von uns und kam nur langsam voran. Ed Viesturs hatte hingegen nicht auf uns gewartet, ihm war kalt geworden, worauf er den Aufstieg fortgesetzt hatte.

Auch David war überrascht, als er hörte, dass Lhakpa Dorje es ohne Sauerstoff versuchte. Das bedeutete, dass unser Berg-Sirdar nicht mit voller Kraft beim Lastentransport mithelfen konnte. Und die Kamera sei ja auch noch nicht da. Ich konnte Davids Enttäuschung nachfühlen, während wir den prächtigen Sonnenaufgang beobachteten und der Himmel langsam immer heller wurde. Schließlich schickte er Jangbu, einen besonders kräftigen Kletterer, nach unten, um Gombu die Kamera abzunehmen. Jangbu stieg die 90 Meter ziemlich schnell ab – in dieser Höhe eine beachtliche Leistung.

Das Warten gab mir Gelegenheit, einen der schönsten Sonnenaufgänge zu beobachten, die unser Planet zu bieten hat. Die Sonne stieg unmittelbar hinter dem Kangchenjunga auf, mit dem Makalu im Südosten und dem Lhotse direkt im Süden. Begeisterung ergriff mich, in dieser Höhe auf dem Berg zu stehen und beobachten zu können, wie der erste Schimmer über den Horizont zog und die Welt in goldenes Licht tauchte.

Dann lenkte ich den Blick über das Khumbu hin, das im Frühnebel unter uns lag. Ich erblickte das Dach des Klosters Tengboche, das einzige sichtbare Zeichen einer menschlichen Besiedlung. Bei diesem friedlichen Anblick musste ich daran denken, wie dort ein Mönch jetzt am Morgen die Seemuschel blies, die unter einem Kuppeldach im Hof hing, an die Gebete, den rhythmischen Trommelschlag, der einem nicht mehr aus dem Kopf ging, und die unruhigen, hohen Trompetentöne in der Versammlungshalle.

Als ich die Route, die wir gekommen waren, mit dem Auge verfolgte, konnte ich sehen, welche Schwierigkeiten mein Vater und Raymond Lambert im Frühjahr 1952 bewältigt hatten. Direkt unterhalb des Balkons waren sie östlich des von uns eingeschlagenen Wegs in eine Sackgasse geraten, die sie zur Umkehr gezwungen hatte. Zu guter Letzt hatten sie dann aber doch die Route zum Grat gefunden, die bis heute benutzt wird.

Nie habe ich mich so allein und doch so zu Hause gefühlt wie hier auf dem Südostgrat. Wir ruhten uns exakt auf dem schmalen Felsvorsprung aus, auf dem mein Vater und Hillary ihr letztes Lager vor dem Gipfel aufgeschlagen hatten. Ich durchlebte die Geschichte ihrer Nacht in Lager neun, die sich mir unauslöschlich eingegraben hat. Vor mir sah ich das khakifarbene, dreieckige Zelt, vor dem, halb im Schnee vergraben, die Sauerstoffflaschen und andere Ausrüstung lagen. Drinnen kauerten beide auf engstem Raum.

George Lowe, Alf Gregory und Ang Nyima hatten sie bis hierher begleitet, waren die meiste Zeit vorangegangen und hatten mit ihren Eispickeln Stufen geschlagen. Gegen Nachmittag, als alle schon ziemlich erschöpft waren, erreichten sie den etwa 100 Meter unterhalb des Balkons gelegenen Punkt, an dem Colonel Hunt und Dawa Namgyal umgekehrt waren. Ihnen blieb nichts anderes übrig, als sich die hier liegen gelassenen Lebensmittel, das Zelt und die Sauerstoffflaschen aufzupacken. Schwankend unter der Last von gut einem halben Zentner setzten sie ihren Weg fort.

Auf diesem schmalen Felsvorsprung verabschiedeten sich Hillary und mein Vater dann von Lowe, Gregory und Ang Nyima, denen gerade noch Zeit blieb, vor Einbruch der Dunkelheit zum Südsattel zurückzukehren. Sie begannen, Eis abzuschlagen, um die Stelle ein wenig ebener zu machen. Mit klammen Händen schafften sie es schließlich, das Stoffzelt aufzubauen, wobei sie ihre Sauerstoffflaschen als Anker verwendeten, da brach auch schon die Dämmerung herein. Sie krochen ins Zelt. Hillary musste dabei das Gleichgewicht auf einer schmalen Erhöhung eine Handspanne über meinem Vater halten.

Während Hillary sich um die Sauerstoffgeräte kümmerte, machte mein Vater den kleinen Kocher an, um Schnee für den Zitronensaft und den Kaffee zu schmelzen, was sie dann so schnell wie möglich tranken. Dazu aßen sie Kekse, Suppe, Sardinen und Früchte aus der Dose. Die Früchte waren gefroren und mussten erst über dem Kocher aufgetaut werden.

Mein Vater kroch in Kleidern und Stiefeln in seinen Schlafsack. Hillary zog die Stiefel aus, damit seine Füße besser durchblutet wurden, und stellte sie neben sich. Sie rollten sich zusammen und drückten sich, so fest sie konnten, gegen ihre jeweilige Wand des Zelts, um dieses mit ihrem Körpergewicht gegen die furchtbaren Windstöße zu sichern, die wie aus dem Nichts zuschlugen und, wie mein Vater fürchtete, das Zelt die Kangshung-Flanke hinabzufegen drohten.

Überraschenderweise konnte mein Vater schlafen, wenn er zwischendurch auch häufig aufwachte. Nachdem kurz nach Mitternacht mit einem Mal Windstille eintrat und sie nur noch das Geräusch ihres Atems in den Sauerstoffmasken hörten, fasste er neuen Mut und Zuversicht. Hier oben, im höchsten Biwak der Welt, schien ihnen Miyolangsangma gnädig gesinnt zu sein.

Lange vor Sonnenaufgang setzte mein Vater wieder den kleinen Kocher in Gang, um Schnee für Zitronensaft und Kaffee zu schmelzen, und sie aßen auf, was vom Abend zuvor übrig geblieben war. Als sie aus dem Zelt schauten, war der Himmel klar und ruhig, und ein Lichtschimmer kroch über den Horizont. Über den Tälern lag noch die Dunkelheit.

Da bemerkte Hillary, dass seine Stiefel über Nacht steinhart gefroren waren. Eine ganze Stunde verbrachten sie damit, sie über den Kocher zu halten, wobei sie das Leder abwechselnd über der Flamme erwärmten und es mit den Händen bearbeiteten. Hillary war besorgt, weil sie dadurch so viel Zeit verloren. Zudem hatte er Angst vor Erfrierungen. Er fürchtete, seine Zehen einzubüßen, wie es Lambert passiert war.

Ich sah bildlich vor mir, wie sie schließlich aus dem Zelt herauskamen. Mein Vater erblickte in der Tiefe das Kloster Tengboche, geborgen im grünen Tal, und zeigte es Hillary. Ich sah mich um, und da erblickte ich auch den kleinen goldenen Turmhelm in der Morgendämmerung, der wie eine Himmelsrakete wirkte, und hörte, wie mein Vater leise mit mir sprach: »Om Mani Padme Hum.« So standen wir zusammen, einander so nah wie noch nie, und beobachteten, wie der Everest, hoch über den nebelgefüllten Tälern und den anderen Himalaja-Gipfeln, seinen pyramidenförmigen Schatten in Richtung Westen warf.

Die nächsten Stunden würden den Höhepunkt der britischen Expedition des Jahres 1953 bedeuten und ihr Erfolg oder Misserfolg ruhte ganz allein auf den Schultern von Hillary und Tenzing. Sie zogen ihre Steigeisen an, schnallten sich die 17,5 Kilogramm schweren Sauerstoffflaschen auf und setzten sich langsam in Richtung Gipfel in Bewegung.

Ich folgte ihnen auf den Fersen.

Jangbu erreichte den Balkon ein zweites Mal, diesmal mit der riesigen Kamera. Wir hatten sie »das Schwein« getauft, ein Spitzname, den sie durch ihre Unförmigkeit und die enormen Mengen Film, die sie fraß, voll und ganz verdiente. David und Robert bauten sie auf dem Felsvorsprung auf. Sie hatten mittlerweile komplett ihre Stimme verloren, wie das in großer Höhe häufig vorkommt, wenn man kalten Sauerstoff aus Flaschen atmet, der keinerlei Feuchtigkeit enthält, und so kommunizierten sie in Zeichensprache miteinander.

Um auch den Gipfel des Makalu ins Bild zu bekommen, bat David mich und Araceli, etwas abseits der Route zu gehen, in Richtung der Schneewächte, die über der Kangshung-Flanke hing, wo sich ein Abgrund von Tausenden von Metern auftat. Wir waren nicht angeseilt, und Araceli ließ mich großzügig bis zu dem Punkt vorangehen, an dem wir uns für die Kamera umwenden sollten. Dabei geriet ich vom Kamerablickpunkt aus hinter sie und wurde von ihr verdeckt, sodass uns David bat, noch einmal zurückzugehen, um es ein weiteres Mal zu versuchen – wahrscheinlich der höchste »second take« in der Geschichte des Films. Dieses Mal musste ich noch näher an die Wächte herankommen, weshalb ich bei jedem Schritt die Festigkeit des Schnees mit meinem Eispickel prüfte.

Danach schulterte Jangbu die Kamera und packte noch seine

eigene Ausrüstung oben drauf – ein glatter halber Zentner, eine noch nie da gewesene Leistung in dieser Höhe. So setzte er den Aufstieg fort, bis er die Kamera schließlich an Thilen übergab. Als diesen weiter oben am Berg die Kräfte verließen, stieg Jangbu wieder hinab und übernahm erneut die Kamera.

Die Kraft und Ausdauer von Sherpas ist sehr unterschiedlich, auch unter denen, die in der Lage sind, über den Südsattel hinaus Lasten zu tragen. Jangbu aber war eine Klasse für sich. Es berührte mich sehr, als er mir erzählte, wie im fünften Schuljahr mein Vater, dessen Gipfelfoto die Rückseite seines Sozialkundebuchs zierte, für ihn zum Idol geworden war. Auf dem Weg zur Schule sang er immer »Tenzing, Held des Everest«, einen Schlager, der damals auf Radio Nepal zu hören war. Auch er wollte schon von Kindesbeinen an den Everest besteigen und sicher hat dieser Wunsch Einfluss auf seine enorme Leistungsfähigkeit in großer Höhe gehabt. Jangbu ist zehn Jahre jünger als ich; er wurde fast ein Vierteljahrhundert nach der Besteigung von 1953 geboren.

Wir schleppten uns unserem nächsten Ziel entgegen, dem Südgipfel, der noch 360 Meter über uns lag. Unser Weg führte rechts an der felsigen Wand des Südostgrats vorbei zu den Schneefeldern der Ostflanke. Sie waren zum großen Teil von hüfthohem Schnee bedeckt. Ed ging weiterhin voran und bahnte uns den Weg, immer noch ohne Zuhilfenahme von zusätzlichem Sauerstoff. Er ist wie Jangbu eine echte Naturgewalt.

Auf dem ganzen Weg genoss ich den Ausblick und fühlte mit Freude, wie mein Körper den steilen und nach allen Richtungen freien Hang hinaufstieg. In dieser Höhe klagen viele Bergsteiger darüber, dass sie kaum noch etwas anderes wahrnehmen als Kopf- und Gliederschmerzen. Ich setzte meine halb volle Sauerstoffflasche ab, die ich beim Abstieg an dieser Stelle wieder würde aufnehmen können, und legte eine volle an.

Wieder ging mir ein Energieschub durch den Körper und ich fühlte mich so stark und zuversichtlich wie nie zuvor. Über weite Strecken verzichtete ich sogar auf den zusätzlichen Sauerstoff, weil ich durch die Maske nicht besonders gut atmen konnte und außerdem meine Schneebrille beschlug. Wahrscheinlich hätte ich selbst es auch ganz ohne geschafft, doch hatte ich mir dies nicht zum Ziel gesetzt.

Schließlich brachen mein Vater und Hillary von ihrem Hochlager auf dem Südostgrat auf. Hillarys Stiefel waren immer noch steif und seine Füße kalt, sodass mein Vater die Führung übernahm. Ihr Anstieg erfolgte bei strahlendem Sonnenschein und nur leichtem Wind, ein gewaltiger Vorteil im Vergleich zur bitteren Kälte und den Sturmböen, die Raymond Lambert und meinem Vater ein Jahr zuvor die Kraft geraubt hatten. Sobald Hillarys Füße einigermaßen warm waren, wechselten sich die beiden bei der Führung ab und teilten sich so die Arbeit, einen Weg durch den Schnee zu bahnen. Stellenweise halfen ihnen die Spuren von Bourdillon und Evans, doch meist waren sie vom Schnee verweht, und sie mussten sich selbst Trittflächen in den Schnee trampeln oder hacken.

Unweit des Südostgrats passierten sie den Punkt, an dem mein Vater und Lambert im Frühjahr 1952 umgekehrt waren. Beim Südgipfel fanden sie die beiden Sauerstoffflaschen, die Bourdillon und Evans drei Tage zuvor für sie zurückgelassen hatten. Die Druckanzeigen gaben an, dass die Flaschen noch voll waren, was bedeutete, dass sie aus den eigenen Flaschen ein kräftigeres Gemisch atmen und die anderen für den Abstieg aufheben konnten.

Je näher wir dem Südgipfel kamen, umso steiler fielen die Hänge unterhalb von uns nach Osten und Westen ab, doch trieb mich die Aussicht vorwärts, den entscheidenden Punkt des

Aufstiegs zu erreichen. Dann kam ich zu dem schneebedeckten Steilhang, mit dem mein Vater so große Schwierigkeiten gehabt hatte. Bei jedem Schritt sank ich fast bis zur Hüfte ein. Die Steigung wurde immer extremer, und wie mein Vater damals, so fürchtete auch ich jetzt, der ganze Abhang könne unter mir wegrutschen oder ich könnte die Kontrolle verlieren. Kaum zu glauben, dass mein Vater und Hillary – und natürlich auch Ed Viesturs kurz vor uns – diese anstrengende Etappe, auf der sie sich erst mühsam einen Weg durch den Schnee bahnen mussten, geschafft hatten. Ich hielt an und erhöhte die Sauerstoffzufuhr, um einen klaren Kopf zu behalten, dann nahm ich etwas Chaane – die gesegneten Getreidekörner, die Geshe Rinpoche mir mitgegeben hatte – aus der Tasche und verstreute sie. Dies war offenbar das schwierige Wegstück, von der er bei seiner Götterbefragung gesprochen hatte. Meine Beine zitterten, aber ob vor Kälte, Erschöpfung oder Angst, konnte ich nicht sagen.

An der felsigen Stelle gleich unterhalb des Südgipfels hatte ich erneut ein mulmiges Gefühl. Mein Herz schlug so wild, dass mir die Augen wehtaten. Wir waren nicht angeseilt, noch hatten wir die Zeit, unsere Steigeisen abzulegen. Wer auf diesen glatten Felsen ausrutschte, machte eine rasante und tödliche Schlitterpartie die Südwestflanke hinunter.

Als ich endlich den Südostgrat erreichte, stieg ich auf die schneebedeckte Kuppel des Südgipfels und setzte mich erleichtert erst einmal hin. Es war fast neun Uhr, die gleiche Zeit, zu der auch mein Vater hier angekommen war. Wir hielten beim Aufstieg also denselben Zeitplan ein.

Von hier aus konnte ich den Gipfelgrat und den windgepeitschten Überhang auf der Ostseite des eigentlichen Gipfels sehen. Nun war ich mir sicher, dass ich es schaffen würde. Dann wandte ich mich um und erblickte auf der anderen Seite des Südgipfels in einer Vertiefung Rob Hall. Dort saß er, leicht zurückgelehnt, erfroren. Es schien, als wäre er im Schlaf gestorben; es sah fast gemütlich aus, wie er da in seiner windgeschützten Ecke hockte.

Viele Flaschen, die auf dem Südgipfel herumliegen, enthalten noch etwas Sauerstoff, und es war klar, dass Hall alle benutzt hatte, die er finden konnte. Nun waren sie leer. Unfähig, aufzustehen oder gar zu gehen, hat sich Hall in sein Schneegrab geschickt. Halls Frau Jan hatte David und Ed gebeten, ihr ein Andenken von ihm mitzubringen, vielleicht seinen Ring, aber sie hatten sich nicht dazu überwinden können, ihm etwas abzunehmen. David nahm nicht einmal den Eispickel von Hall mit, der neben diesem lag.

Wovor ich mich auf dem Everest am meisten fürchtete, war, so hilflos zu erfrieren wie Rob Hall oder, wie Beck Weathers, an den Punkt zu kommen, wo der Sauerstoffmangel so starke Müdigkeit und Resignation hervorruft, dass man dagegen nicht mehr ankommt, was dann in aller Stille und ziemlich schnell den Tod zur Folge hat. Schrecklich beim Anblick von Hall war auch die Vorstellung, wie es wäre, von diesem Ort aus zum letzten Mal mit Soyang zu sprechen; Halls Frau tat mir unendlich Leid. Ich musste auch an meinen Cousin Lobsang Tsering denken. Er hatte an einer australischen Expedition teilgenommen und den Gipfel an jenem Rekordtag im Jahre 1993 erreicht, als sich dort siebenunddreißig Menschen drängten. Dann wurde er plötzlich vermisst. Seine Leiche wurde später unterhalb des Balkons gefunden, doch blieb unklar, auf welche Weise er ums Leben gekommen war.

Ich schaute auf den messerscharfen Grat, der sich direkt an den Südgipfel anschloss und von dort zum Hillary Step führte. Im Osten hingen Schneewächten über dem 3000 Meter tiefen Abgrund über dem Kangshung-Gletscher. Im Südwesten fiel der Berg zum Western Cwm 2500 Meter unter uns ab, wo wir nun die winzigen Zelte von Camp II sehen konnten. Die einzige gangbare Route bildete eine schmale Linie, die sich zwischen der Wächte und dem steilen Absturz entlangschlängelte.

Bourdillon und Evans hatten meinen Vater vorgewarnt, dass dieser tückischen Traverse ein neun Meter hoher Felsvorsprung folgte, der heutzutage als »Hillary Step« bekannt ist. Am Südgipfel erhielt ihr Vormarsch jedoch gleich doppelten Aufschwung: Der Schnee wurde fester und sie konnten zwei ihrer Sauerstoffflaschen ablegen.

Araceli und ich gingen an Halls Leichnam vorbei und folgten 100 Meter lang dem gewundenen Grat bis zum Fuß des Hillary Step. Klettertechnisch ist die Stelle eigentlich nicht schwierig, aber so erschöpft und unter Sauerstoffmangel leidend, wie wir in dieser Höhe waren, mussten wir uns ziemlich konzentrieren. Wenn ich meinen Eispickel nur etwa einen Meter rechts von mir in den Schnee hieb, etwas näher am Rand der Schneewächte, konnte ich durch das entstandene Loch ein paar tausend Meter hinunter zum Kangshung-Gletscher sehen. Ich hatte keinerlei Bedürfnis, dem Rand, der jeden Moment abbrechen konnte, noch näher zu kommen.

Mein Vater und Hillary hatten sich an diesem Tag bei der Sicherung ständig abgewechselt.

Über den Felsen des Hillary Step hängt ein Gewirr aus alten Seilen, von denen die meisten nicht mehr sonderlich zuverlässig sind und das Klettern nur erschweren. Wenn jemand hier abstürzt, dann, weil er sich in einem Seil verheddert hat. Ich hätte frei hinaufklettern können, ohne Fixseil, indem ich mir eine Hand voll Seile gegriffen und mich hochgezogen hätte, aber das ist keine besonders sportliche Methode. Und wie die Bergsteiger am 10. Mai zu ihrem Leidwesen feststellen mussten, kann immer nur einer den Hillary Step hinauf- oder hinunterklettern.

Manche ältere Sherpas nennen den Hillary Step auch »Tenzings Rücken«. Hillary, so meinen sie, habe auf diesem Abschnitt zunächst die Führung übernommen, doch als er es nicht schaffte, habe er sich auf den Schultern und dem Rücken meines Vaters kniend ein Stück weit hochdrücken lassen. Mein Vater hat mir nie genau erzählt, wie sie die Sache angegangen waren, doch scheint mir diese Vorgehensweise technisch unwahrscheinlich und zudem unnötig zu sein. Wenn es sich aber tatsächlich so zugetragen hat, dann hat Hillary meinem Vater jedenfalls einen gleichgroßen Gefallen getan, indem er ihn anschließend bei seinem Aufstieg sicherte. Beide zwängten und kämpften sich nach oben, wobei sie in den engen Spalt zwischen dem Fels und der angrenzenden Schneewächte Halt für ihre Füße fanden.

Für mich war der Aufstieg ganz einfach, vielleicht weil ich wusste, dass ich auf Tenzings Rücken stand. Er bot mir seine Schulter an, so wie vielen anderen vor mir, denen er ohne Ansehen ihrer Nationalität über dieses letzte Stückchen hinweggeholfen hatte. Ich hatte den Weg meines Vaters gefunden. Und gleichzeitig war es mein Weg, und je höher ich kam, desto stärker fühlte ich mich. Wir atmeten gemeinsam mit der »dritten Lunge«, wie er es nannte, dem zusätzlichen Luftvorrat, der ihm mehr Kraft gab, je höher er den Berg hinaufstieg.

Ist man auf dem Hillary Step angelangt, so hat man noch eine gute halbe Stunde bis zum Gipfel. Der Weg wird flacher, fällt aber nach beiden Seiten jäh ab. Ein Fixseil sichert einen Teil der Strecke, doch wir trauten ihm nicht so recht. Ich ließ aber immerhin eine Hand daran entlanggleiten, für die Balance und als psychologische Unterstützung. Auf dem letzten Stück nahm ich die Schneebrille ab, weil sie vom Sauerstoff dauernd beschlug, und alle zwei Minuten fror die Sauerstoffmaske zu. Eiszapfen bildeten sich an der Stelle, wo der Sauerstoffschlauch mit der Maske verbunden war. Trotz dieser Störungen überkam mich ein wunderbares Gefühl der inneren Ruhe.

Ed war schon über eine Stunde auf dem Gipfel und wartete dort auf die Kamera. Er begann zu frieren und brauchte unbedingt Bewegung, wobei die einzig mögliche Richtung dazu abwärts war. Er kam Araceli und mir auf dem Weg zum Gipfel entgegen, hob den Daumen und sagte: »Ihr habt's geschafft, Leute!« Dann umarmte er mich.

Viele Jahre lang hatte ich von Chomolungma geträumt, stets sehr lebhaft und angenehm. In diesen Träumen war ich immer mit meinem Vater und älteren, erfahreneren Sherpas unterwegs. Langsam stieg ich bergan, bis ich schließlich den Gipfel sah, doch bevor ich ihn erreichte, wachte ich jedes Mal auf.

Nun würde ich endlich das Ende sehen, den Teil, den mir sogar meine Träume immer vorenthalten hatten. Ich kam zu den »Schneebuckeln«, von denen mein Vater gesprochen hatte, eine Reihe von Erhebungen, die den Horizont verdecken. Jeder scheint der Gipfel zu sein, doch wenn man ihn erklommen hat, erblickt man ein Stück weiter nur den nächsten Buckel. Dann, als ich mich schon an die Enttäuschung zu gewöhnen begann, wurde ich vom Gipfel fast überrascht.

9

Begegnung mit meinem Vater

*Neben den Vermessungsspiegeln hinterließ ich Fotos von
meinen Eltern und Seiner Heiligkeit dem Dalai-Lama.
Anschließend betete ich.*

Höher ging es nicht mehr. Auf einmal blickte ich auf die braunen Bergketten und das hügelige Hochland von Tibet hinunter. Ich hielt die Luft an, aber der Ausblick hätte mir ohnehin den Atem verschlagen. David, der ein Stück entfernt stand, winkte zu mir herüber: »He, komm her.« Dorje, Thilen und Araceli waren auch oben angelangt und lächelten glücklich. Ich ging zu ihnen hinüber. Die anderen aus unserem Team hatten den Gipfel auch schon fast erreicht.

»He, Jam, du hast's geschafft«, sagte David heiser. Wir umarmten uns.

»Danke für alles, David«, sagte ich. Mir kamen die Tränen. Ich sah auf die Uhr: Es war erst halb zwölf. Wir lagen gut in der Zeit, obwohl wir zwischendurch gedreht hatten und immer wieder auf die Kamera warten mussten.

Die Sicht war in allen Richtungen klar, vom tibetischen Hochplateau im Norden zu den bläulichen Vorbergen im Süden, die sich in der indischen Ganges-Ebene verloren. Von diesem Aussichtspunkt sah ich den weiß-braunen Obelisken des Makalu im Südosten, den Lhotse und Lhotse Shar im Süden, den Cho Oyu als westlichen Nachbarn und weiter im Westen den Manaslu, den Annapurna und den Dhaulagiri und schließlich den Kangchenjunga 130 Kilometer östlich. Den Everest mitgerechnet, waren hier neun der zehn höchsten Gipfel der Welt versammelt. Wäre nicht die Erdkrümmung und ein leichter Dunst gewesen, hätte ich wahrscheinlich noch mehr von den Bergketten des Hoch-Himalaja gesehen. Es war ein eigenartiges Gefühl, auf die Himalaja-

Riesen zu schauen, zu denen ich mein Leben lang aufgeblickt hatte.

Nachdem die anderen eingetroffen waren, standen wir schließlich zu neunt auf dem Gipfel – Robert, David, Araceli, ich, Lhakpa, Muktu Lhakpa, Thilen, Dorje und der Hochlager-Sirdar Lhakpa Dorje. Wir alle freuten uns überschwänglich. David gab mir das Funkgerät, damit ich mich beim Basislager melden konnte. »Wir sind da – wir sind auf dem Gipfel und es ist wunderbar«, stammelte ich. Ich hätte lieber etwas Tiefsinnigeres gesagt, vielleicht etwas Poetisches, aber der Sauerstoffmangel beeinträchtigte meine sprachlichen Fähigkeiten. Unten im Basislager antwortete man gut aufgelegt: »Tolle Leistung! Herzlichen Glückwunsch!« Die Begeisterung dort unten wirkte ansteckend.

Ich bat Paula, mich mit meiner Frau in Kathmandu zu verbinden. Als sich Soyang meldete, sagte ich: »Ich bin auf dem Gipfel.« Sie zeigte sich ziemlich überrascht, hatte sie doch angenommen, wir wären noch in Camp II oder III.

»Wenn meine Mutter und ich gewusst hätten, dass du heute auf den Gipfel gehst, hätten wir noch mehr Rituale abgehalten und mehr Gebete gesprochen«, sagte sie. Ihre Überraschung wandelte sich zu vorsichtiger Freude. »Dann brauchst du ihn also nicht noch einmal zu besteigen«, sagte sie zaghaft. »Pass auf, dass du wieder gut runterkommst.« Mein Bruder Dhamey war bei ihr, und Soyang erzählte später, er sei in Versuchung gewesen, die Nachricht gleich überall weiterzuerzählen. Er rief dann aber nur meinen Bruder Norbu und meine Schwester Deki an, um nicht etwa Nerpa anzuziehen, den ungünstigen Einfluss umherwandernder Geister, vor allem nicht, solange ich noch auf dem Gipfel war.

Nachdem die Kamera eingetroffen war, dauerte es noch eine Weile, bis Robert und David sie aufgebaut hatten. Sie mussten den Film mit bloßen Händen einfädeln, damit er sauber lief und um zu gewährleisten, dass sich kein Haar oder andere winzige Objekte im Lichtgang befanden. Diese wären auf der Leinwand tausendfach vergrößert erschienen, wodurch die ganze Aufnahme ruiniert wäre. »Wir haben nur noch eine Filmrolle übrig«, sagte David. »Sehen wir also zu, dass alles stimmt.« Die Kamera funktionierte tadellos und wir nutzten die neunzig Sekunden der über zweieinhalb Kilogramm schweren Rolle voll aus.

Noch eindringlicher als zuvor spürte ich die Anwesenheit meines Vaters. Er beobachtete mich, ermutigte mich, unterstützte mich, war stolz auf mich. Ich teilte mit ihm den Ausblick, den er und Hillary als erste Menschen der Welt gehabt hatten. Einmal hatte er mir erzählt, wie fasziniert Großmutter Kinzom gewesen sei, als er ihr schilderte, dass er vom Gipfel die Klöster Rongbuk und Tengboche habe sehen können – die sich immerhin auf gegenüberliegenden Seiten des Himalaja befinden, mehrere Tagesmärsche voneinander entfernt.

Ich schaute auf die Ruinen des Klosters Rongbuk hinunter, die unterhalb des Rongbuk-Gletschers lagen, und ließ den Blick zu den Almweiden des tibetischen Kharta-Tals wandern, wo mein Vater als kleiner Junge hinter Yaks hergejagt war. Dann drehte ich mich um und sah ihn – meinen Vater.

Er stand direkt hinter mir an der Seite, wo Fels und Schnee aufeinander treffen. Er trug die Daunenjacke und die Wollsachen wie im Jahre 1953, die Sauerstoffmaske hatte er zur Seite und seine Schneebrille auf die Stirn geschoben. Er strahlte – sah er mich an? Sah er mich hier stehen, triumphierend und erschöpft, wie er es gewesen war? Oder spürte nur ich seine Anwesenheit?

Ich musste mich einen Moment sammeln, bevor ich ihn ansprechen konnte. Dann sagte ich:

Für uns beide ist unser Traum wahr geworden.

Ich hörte, wie er klar und ruhig antwortete. *Jamling, du hät-*

test nicht so weit zu gehen brauchen, du hättest nicht diesen Berg besteigen müssen, um bei mir zu sein und um mit mir zu reden.

Dann sagte er, wie sehr er sich freue, dass einer seiner Söhne den Everest bestiegen habe. Er habe immer gewusst, wenn jemand es schaffen würde, dann ich. Später erzählte mir mein Onkel Tenzing Lotay, genau diese Hoffnung habe mein Vater ihm schon Jahre zuvor anvertraut. Mein Onkel sagte zudem, mein Vater sei überzeugt gewesen, dass ich meinen eigenen Weg den Berg hinauf finden müsse.

Ich hatte es nun zwar aus eigener Kraft geschafft, aber mein Vater war die ganze Zeit bei mir gewesen – er war vorausgegangen und hatte für mich Hindernisse aus dem Weg geräumt, er hatte hinter mir gestanden und mir Mut zugesprochen, er war an meiner Seite gewesen und hatte mich zur Vorsicht ermahnt. Als ich nun auf dem Gipfel stand, hatte ich das Gefühl, mit seiner Seele in Verbindung zu stehen, mit seinem Geist, seinem Schicksal und seinen Träumen. Ich hatte zu guter Letzt seinen Segen und seine Zustimmung erhalten. Vielleicht hätte ich wirklich nicht so weit zu gehen brauchen, um bei ihm zu sein und ihn zu verstehen. Aber ich hatte die Reise erst unternehmen müssen, um zu erfahren, dass sein Segen schon immer auf mir geruht hatte.

Der Berg als solcher wurde für mich lebendig, so wie er es für ihn gewesen war. Er hatte sein Leben lang auf diesen Augenblick gewartet und darauf hingearbeitet, und der Berg hatte ihn für seine Mühe und Geduld belohnt: Er hatte sich aus einem leblosen, gleichgültigen und gefährlichen Felshaufen – einem Felsen, der ungerührt so vielen Menschen den Tod gebracht hatte – in ein warmherziges, freundliches und lebenserhaltendes Wesen verwandelt. Miyolangsangma. Ich spürte, wie sie uns beide umarmte.

In ähnlicher Weise hatte mein Vater die Anwesenheit seines

Schweizer Freundes Raymond Lambert auf dem Gipfel gespürt. Damals hatte er den roten Schal getragen, den Lambert
ihm geschenkt hatte. Auch seine Stiefel stammten aus der
Schweiz. Die Socken hatte Ang Lhamu ihm gestrickt, und bei
seiner Balaklavamütze handelte es sich um ein Geschenk von
Earl Denman, mit dem er 1947 von der Nordseite her einen
Gipfelversuch unternommen hatte.

Edmund Hillary hatte drei Fotos gemacht, die meinen Vater
alle mit erhobenem Eispickel auf dem Gipfel zeigen. Eines der
drei Bilder ist selbst nach einem halben Jahrhundert noch so
bekannt, dass man meinen Vater schon an der Silhouette erkennt. Dann buddelte mein Vater im Schnee eine Mulde und
legte den rot-blauen Farbstiftstummel hinein, den ihm seine
Tochter Nima mitgegeben hatte, und dazu ein kleines Päckchen Süßigkeiten – eine traditionelle Opfergabe für Angehörige. Hillary reichte ihm eine kleine schwarz-weiße Stoffkatze,
die ihm Colonel Hunt als Glücksbringer mitgegeben hatte, worauf er sie auch zu den Opfergaben legte. Schließlich sprach er
ein Gebet und dankte Miyolangsangma. Endlich, bei seinem
siebten Versuch, hatte er den Gipfel glücklich erreicht.

Ich hinterließ auf dem Gipfel Fotos von meinem Vater, meiner Mutter und Seiner Heiligkeit des Dalai-Lama, hübsch eingepackt in eine rote Kunststoffhülle, einen Kata-Schal und
– wie mein Vater – einen Schokoriegel als Opfergabe. Außerdem hinterlegte ich die elefantenförmige Rassel, die meine
kleine Tochter aus einem Spielzeughaufen ausgesucht hatte,
vielleicht eine bedeutsame Wahl, wenn man an Trulshig Rinpoches Übersetzung des Namens Chomolungma denkt: »Unerschütterliche Gute Elefantenfrau«.

Araceli holte die *senyera* hervor, die katalanische Flagge,
und ließ sich von David und mir fotografieren. Über Funk
sprach sie mit einem Reporter vom katalanischen Fernsehen.
Dann trat ich vor und nahm die historische Pose meines Vaters

ein, um mich ebenfalls fotografieren zu lassen. Wie ich erst im Nachhinein sah, stimmte sie nicht ganz mit der meines Vaters überein. Sie war praktisch spiegelbildlich. Ganz ähnlich, wie mein Aufstieg auch den meines Vaters widerspiegelte, sein Leben und seine Werte. Dennoch war er meine eigene Leistung.

Noch bevor mein Vater je den Fuß auf den Berg setzte, wusste er, dass man sich ihm mit Achtung und Liebe nähern muss, so wie ein Kind, das auf den Schoß seiner Mutter klettert. Jeder, der den Gipfel mit Aggression angeht, in der Haltung eines Soldaten, der in eine Schlacht zieht, muss scheitern. Deshalb gibt es nur eine angemessene Reaktion, wenn man den Gipfel von Miyolangsangmas Berg erreicht: Dankbarkeit. Wie mein Vater legte ich die Händflächen aufeinander und sagte *thu-chi-chay* – danke schön – zu Miyolangsangma und dem Berg.

Dann rezitierte ich einige Minuten lang ein Gebet der Zufluchtnahme und sprach jeweils am Beginn und am Ende des Gebets ein Mantra.

Om Mani Padme Hum
Lama la gyapsong che
Sanggye la gyapsong che
Chö la gyapsong che
Gedun la gyapsong che
Om taare tutare ture svaha.

(Heil dem Juwel des Lotos, ich nehme Zuflucht beim Guru, dem Buddha, dem Dharma und der Dharma-Gemeinschaft und bitte die Göttin Tara um Segen für die Erleuchtung aller fühlenden Wesen.)

Ich öffnete das Päckchen mit den gesegneten Reliquien der hohen tibetischen Lamas, das mir Geshe Rinpoche gegeben hatte, und streute eine Hand voll auf dem Gipfel aus. Dann warf ich ein wenig Chaane in die vier Himmelsrichtungen und entfaltete die lange Gebetsfahne. Ein Ende band ich an die Katas und die anderen Gebetsfahnen, die an dem Vermessungspfosten befestigt waren, den eine Forschungsexpedition hier aufgestellt hatte.

Ich verbrachte beinahe zwei Stunden auf dem Gipfel, bis ich mich genauso glücklich und zufrieden, wie mein Vater es gewesen war, auf den Rückweg machte.

Die höchste Stelle mit nacktem Felsgrund befindet sich ungefähr 30 Meter unterhalb des Gipfels auf einem Felssims. Mein Vater hatte damals überlegt, ob wohl jemals jemand hier ein Zelt aufstellen und, praktisch auf dem Gipfel, übernachten würde. 46 Jahre später tat Babu Chiri Sherpa genau das. Er verbrachte ohne zusätzlichen Sauerstoff fast zwanzig Stunden auf dem Dach der Welt.

Kurz nachdem wir den Gipfel verlassen hatten, begegneten wir auf dem Gipfelgrat erst Göran Kropp und Jésus Martinez und dann »Zehnmal« Ang Rita – bei seinem zehnten Aufstieg–, der wie selbstverständlich ohne Sauerstoff kletterte. Ich stieg in kurzem Abstand zu Araceli und im selben Tempo wie sie ab. Unterhalb des Südgipfels holte ich sie dann ein. Ihr Gang wirkte unsicher und schwankend, weshalb ich ihr zurief, sie solle stehen bleiben. Als ich bei ihr ankam, hatte sie sich bereits hingesetzt. Sie sah aus, als wollte sie einfach nicht mehr weitergehen, als hätte sie das Handtuch geschmissen. Ich überprüfte ihre Sauerstoffflasche. Offenbar hatte Araceli nicht gemerkt, dass diese leer war. Ich zog eine halb volle Flasche aus dem Rucksack, stellte sie auf drei Liter pro Minute ein und gab sie ihr dann. Sie lebte sofort wieder auf und wir konnten rasch an Tempo zulegen. Zur Sicherheit blieben wir für den Rest des Abstiegs beisammen.

In den Rinnen oberhalb des Südsattels rutschten wir streckenweise auf dem Hintern den harten Schnee hinunter, wobei wir stets die Eispickel bereithielten, um sie im Notfall als Bremse einzusetzen. Als wir den ebenen Sattel erreichten, war ich froh, dass wir noch das restliche Tageslicht nutzen konnten. Langsam legten wir die letzten Meter zu den Zelten zurück. Dort angekommen trank ich Tee, machte Fotos und saß sonst einfach nur erschöpft und glücklich herum. Bald übermannte uns der Schlaf. Wir waren mehr als sechzehn Stunden lang an der Achttausendergrenze gewesen.

Ein, zwei Stunden später wachte ich auf, konnte aber die Augen nicht öffnen – sie brannten so qualvoll, als hätte mir jemand Sand in die Augen geworfen. Ich war schneeblind. Die ultraviolette Strahlung der Sonne, vor allem wenn sie in solchen Höhen vom hellen Schnee reflektiert wird, kann zu starken Hornhautreizungen führen. So etwas ist äußerst schmerzhaft, legt sich aber glücklicherweise nach einiger Zeit wieder. Nachdem mein Vater einmal im Himalaja seine Schneebrille verloren hatte und daraufhin schneeblind geworden war, hatte er zukünftig immer, so wie ich jetzt auch, zwei dunkle Brillen mitgenommen. Wegen der Sauerstoffmaske hatte meine Brille sich aber auf dem letzten Abschnitt vor dem Gipfel beschlagen, sodass ich sie hatte abnehmen müssen.

Ed gab mir antibiotische Augentropfen, die mir Sumiyo dann einträufelte. Meine größte Sorge war, ob ich am Morgen wieder würde sehen können; sollte ich nicht in der Lage sein abzusteigen, befände ich mich in ernster Gefahr. Muktu Lhakpa war zuvor auf dem Südgipfel auch von Schneeblindheit befallen worden. Als ich ihn heulend und jammernd auf dem Südsattel eintreffen sah, hätte ich mir nicht träumen lassen, dass ich das gleiche Leiden bald teilen würde.

Am nächsten Morgen war ich immer noch buchstäblich blind. Mir blieb aber nichts anderes übrig, als den Teil des Weges anzutreten, der für mich der schlimmste werden sollte. Ich rief Dorje und Thilen und bat sie, mit mir abzusteigen. Sie mussten zwar auch einen Teil der Ausrüstung hinunterbefördern, waren aber bereit, mich zwischen sich zu nehmen. Mit geschlossenen Augen packte ich meine Sachen.

Dorje marschierte unmittelbar vor mir, und so machten wir uns auf unseren Abstieg zu Camp III. Auf der Lhotse-Flanke hielt ich mit einem kurzen, äußerst schmerzhaften Blick Ausschau nach Gefahren von oben und konnte dann auf ähnliche Weise einen Eindruck vom Terrain unter mir gewinnen, bevor ich mit geschlossenen Augen weiterstapfte. Schon nach ein paar Schritten musste ich wieder stehen bleiben, um dann fast eine Minute lang abzuwarten, bis der Schmerz nachließ. Diese Prozedur wiederholte ich mehrere Male, wobei ich Gebete dazu murmelte. Ich musste dabei immer an meinen Vater denken. Auch Beck Weathers kam mir in den Sinn. Allmählich begriff ich, was er durchgemacht hatte, auch wenn ich nur einen Bruchteil seiner Qualen erlitt.

In Camp III gaben mir Kropp und Martinez, der Schwede und der Spanier, die mit uns auf dem Gipfel gewesen waren, etwas Saft – Treibstoff, den ich dringend brauchte, um weitergehen zu können. Von Martinez bekam ich außerdem eine extrem dunkle Gletscherbrille, die mir sehr gut tat.

Erst beim Bergschrund oberhalb von Camp II begann ich allmählich zu glauben, dass ich es schaffen würde. Ich stolperte ins Lager und nahm dort den Tee und das Essen, das mir die Küchenmannschaft brachte, dankbar an. Es war Shyakpa, der Sherpa-Eintopf, und obwohl meine Augen fürchterlich schmerzten, fühlte ich mich glücklich und gut aufgehoben.

Bevor ich Camp II erreichte, begegnete ich Ian Woodall und Bruce Herrod, dem Leiter und dem Fotografen des südafrikanischen Teams, die in Richtung Gipfel gingen. Unhöflich wie immer grüßte Woodall uns nicht einmal. Herrod dagegen war ein Gentleman; im Basislager hatte ich mich gut mit ihm verstanden. »Glückwunsch«, sagte er, und ich dankte ihm.

Gott sei Dank ging es mir am nächsten Morgen besser. Nach wie vor trug ich immer noch zwei Schneebrillen. Wir beschlossen, einen weiteren Tag in Camp II zu verbringen, um noch ein wenig zu filmen und in aller Ruhe unsere Sachen zu packen und unseren Müll einzusammeln. Statt fluchtartig den Berg zu verlassen, hatten wir somit einen zusätzlichen Tag, um unsere Gedanken zu ordnen und uns quasi in der Schwebe zwischen dem Berg und der Alltagswelt des Basislagers noch etwas zu entspannen.

Beim Abstieg von Camp II verteilten wir die Lasten gleichmäßig, jeder trug zwischen 35 und 45 Kilogramm. Die Schneeschmelze des Spätfrühlings machte die Überquerung der längsten Leiter im Gletscherbruch zu einer ziemlich halsbrecherischen Angelegenheit, weshalb David einfach nicht widerstehen konnte, Araceli und mich hier zu filmen. Voll bepackt, stiegen wir erst ab und überquerten die Leiter dann noch einmal bergauf.

Die Ankunft im Basislager war ein Fest. Grenzenlos erleichtert und voller Freude stießen wir mit Coca-Cola und Bier an. Ich fühlte mich wie eingebettet in Wärme und Herzlichkeit; die Bergsteiger und das Basisteam vergossen gleichermaßen Freudentränen.

Schon bald stahl ich mich jedoch von den Gratulanten weg und begab mich zum Lhap-so. Dort fand ich Jangbu vor, der bereits betete. Ich nahm das Sungwa-Amulett ab, das mir Geshe Rinpoche gegeben hatte, und legte es auf eine der Schieferplatten, die den Altar zu Füßen des Lhap-so bildeten. Dann trat ich zu Jangbu, setzte alles daran, dass sich alle äußerlichen

Gedanken auflösten, und konzentrierte mich auf Miyolang-sangma und die Schutzgottheiten in meinem Herzen. Noch nie hatte ich so tiefe Dankbarkeit empfunden, und ich schwor mir, dass ich sie mir mein Leben lang bewahren wollte. Und sie erfüllt mich heute noch. Miyolangsangma hatte uns erlaubt, ihren Berg zu besteigen. Sie hatte uns auf unserem Weg beschützt.

Für Araceli waren die Ehrungen, mit denen sie in Spanien und Katalonien als erste Spanierin, die auf dem Gipfel war, überhäuft wurde, nur eine Nebensache. Sie war mit uns auf den Everest gestiegen, weil sie die persönliche Herausforderung und das Klettern liebte. Trotzdem würde sie es genießen, im Mittelpunkt zu stehen, und ihre Rückkehr nach Barcelona hemmungslos feiern. Die Katalonier sind für ihre Freude an Essen, Trinken und Festen bekannt, Aracelis Eltern besitzen zudem ein Feinschmeckerlokal. Im Basislager war sie bald wieder so vergnügt und jugendlich wie zuvor. Sie sah aus, als hätte sie das Flachland nie verlassen.

Wir blieben noch ein paar Tage im Basislager, um zu filmen und gewissenhaft unsere Sachen zu packen. Am 29. Mai, dem 43. Jahrestag der Besteigung meines Vaters, entkorkten wir die übrig gebliebenen Weinflaschen und tranken, was das Zeug hielt. Robert und ich genehmigten uns auch Zigaretten. Die Zeltplane der Küche wurde abgebaut, für uns das Signal, dass die Saison zu Ende ging. Wir fühlten uns wie Teenager, die am letzten Schultag in die Ferien stürmen.

Vor der Abreise versammelten wir uns vor dem Lhap-so, um zum letzten Mal Wacholderweihrauch zu entfachen. Jangbu holte die Tharshing, die Gebetsfahne, ein, während ein ehemaliger Mönch ein Gebet sprach. Ich stand noch lange da und betete, diesmal auch für Bruce Herrod, das freundlichste Mitglied von Ian Woodalls Team. Wir hatten nämlich gerade eine Nachricht erhalten, die unsere Festtagsstimmung dämpfte: Herrod war zwei Tage nach unserem Abstieg, am 25. Mai also, am

Berg ums Leben gekommen. Er hatte den Gipfel erst um fünf Uhr nachmittags, also gefährlich spät, nach zweien seiner Teamkameraden erreicht, war aber nie auf den Südsattel zurückgekehrt.

Abgesehen von seinem eigenen Team waren die IMAX-Bergsteiger die letzten, die Herrod lebend gesehen hatten. Wir waren ihm und Ian Woodall am Gelben Band begegnet. Zwei Tage vor unserem Gipfelvorstoß, am 21. Mai, hatten wir sie schon einmal gesehen, als wir aufstiegen und das südafrikanische Team gerade den Rückzug angetreten hatte. Damals hatten wir uns gefragt, warum sie wohl abstiegen. Woodall und seine Teamkameradin Cathy O'Dowd erklärten, sie seien in schlechter Verfassung, weil sie nicht mehr genug Sauerstoff hätten. Herrod schien jedoch gut in Form zu sein, und ich werde den Gedanken nicht los, dass er, hätte er kehrtgemacht und sich unserem Team angeschlossen, den Gipfel ohne weiteres mit uns erreicht hätte und wohlbehalten zurückgekommen wäre. An dem Tag, als er schließlich am Spätnachmittag zum Gipfel gelangte, war er offenbar in viel schlechterer Verfassung, eine Ironie des Schicksals, wenn man bedenkt, dass Herrod ein viel besserer Bergsteiger war als Woodall. Es sollte der elfte, aber noch nicht der letzte Todesfall der Saison 1996 sein.

Im Basislager sah ich niemanden, der den Südafrikanern zu ihrem Gipfelerfolg gratuliert hätte. Zweifellos hat Ian Woodalls geringe Erfahrung maßgeblich zu Herrods Tod beigetragen. Breashears hätte als Teamleiter keinem seiner Bergsteiger erlaubt, ohne Sherpa oder zu einer Uhrzeit, bei der an eine vernünftige Umkehrzeit nicht mehr zu denken war, in Richtung Gipfel zu ziehen. Offenbar hatte Woodall aus den vorausgegangenen tragischen Ereignissen, denen er ohnehin nicht viel Aufmerksamkeit geschenkt hatte, nichts gelernt. Im folgenden Jahr sollte Anatoli Boukreev dann Herrods Leiche finden. Sie hing am Fuß des Hillary Step an einem Seil. Warum er abgestürzt war, blieb unklar; vielleicht hatte er sich im Gewirr der alten Seile verfangen, eine Sache, wovor ich selbst mich auf diesem Abschnitt am meisten gefürchtet hatte.

Pete Athans, der in jener Saison 1997 mit David Breashears unterwegs war – es war seine fünfte und Davids vierte Everest-Besteigung –, schnitt Herrods drei Wochen später vom Seil und barg auch dessen Kamera. Auf dem entwickelten Film befand sich Herrods einsames Selbstporträt auf dem Gipfel. Es zeigt ihn in der Dämmerung neben den Bildern meiner Eltern und Seiner Heiligkeit des Dalai-Lama kauernd, die ich zwei Tage zuvor dort hinterlassen hatte.

Auf dem Weg ins Tal wurden ich und die anderen Sherpas von Dorfbewohnern mit Kata-Schals begrüßt, in deren Häuser gezerrt und mit Chang und Bier bewirtet. Wir waren reichlich betrunken, als wir schließlich Pangboche erreichten, wo uns ein Verwandter von mir um die Ehre bat, bei ihm zu übernachten, aber wir setzten unseren Weg fort. Erst nach Einbruch der Dunkelheit gelangten wir nach Dewoche, wo uns das restliche Team erwartete. Auch am nächsten Tag erlebten wir allerorts einen ähnlichen Empfang.

Der britischen Expedition von 1953 hatte nach der Besteigung noch ein dreiwöchiger Fußmarsch nach Kathmandu bevorgestanden. Wir dagegen waren nur zwei Tage unterwegs, um am Landeplatz Syangboche oberhalb von Namche-Basar in den Hubschrauber zu steigen, der uns innerhalb einer Stunde in die nepalesische Hauptstadt bringen sollte. Allerdings hatte inzwischen der Monsun eingesetzt, weshalb wir dann noch vier Tage lang bei Nebel in Syangboche festsaßen. Soyang und ihre Eltern, die ungeduldig auf unsere Rückkehr warteten, waren jeden Morgen mit frischem Brot und Früchten beim Flughafen erschienen, hatten aber jeden Tag ohne mich nach Hause zurückkehren müssen.

Als ich endlich hörte, wie sich der russische Mi-17 dem Landeplatz näherte, hatte ich das Gefühl, schon ganz zu Hause zu sein. Überglücklich warfen wir unsere Rucksäcke in den Hubschrauber. Ich atmete erleichtert auf.

In Kathmandu erwarteten uns nicht nur Soyang und ihre Eltern, sondern auch Freunde sowie eine kleine Schar von Reportern. Ich umarmte meine Teamkameraden, die wieder im Hotel »Yak and Yeti« absteigen wollten. Wir waren zu einer Familie zusammengewachsen, von der ich mich nur ungern trennte; fast hatte ich das Gefühl, die Orientierung zu verlieren, wenn ich nun ohne die Kameradschaft und das Band gegenseitiger Unterstützung, das wir geknüpft hatten, in mein normales Leben zurückkehrte.

Im Haus von Soyangs Familie suchte ich sofort den Gebetsraum auf. In der Stille, die mich dort umgab, warf ich mich zu Boden und betete. Miyolangsangma war uns gnädig gewesen, wofür ich ihr noch einmal dankte. Dann verließ ich den Raum, zog mir die Sandalen an und bekräftigte Soyang gegenüber mein Versprechen, dass dies mein letzter Besteigungsversuch eines Achttausenders gewesen sei.

Am Morgen des 2. Juni 1953, drei Tage nachdem mein Vater und Hillary den Gipfel erreicht hatten, gab *All India Radio* bekannt, dass der britische Versuch gescheitert sei – die Nachricht bezog sich wohl auf den vergeblichen Vorstoß von Evans und Bourdillon. James Morris, der Reporter der *London Times*, der die Expedition begleitet hatte, war jedoch praktisch im Laufschritt vom Basislager abgestiegen. Um die Sensationsmeldung nach England zu übermitteln, bevor der Rest der Welt davon erfuhr, gab er seinen verschlüsselten Bericht in Namche-Basar über Polizeifunk an die britische Botschaft in Kathmandu durch, wo Botschafter Summerhayes die Nachricht sofort nach London weiterleitete und dann angeblich fünfzehn

Stunden abwartete, bevor er die übrigen Presseagenturen in Kathmandu unterrichtete. Kritiker bemängelten später, er habe dadurch seine diplomatische Stellung im Dienste einer privaten Zeitung missbraucht. Der König von Nepal wurde ebenfalls etwas verspätet informiert, aber glücklicherweise hatte Seine Majestät die Neuigkeit noch nicht aus anderer Quelle gehört und nahm es den britischen Diplomaten nicht weiter übel.

Die Menschen in Darjeeling hatten sich unterdessen mit einem Scheitern abgefunden. Geduldig warteten sie auf die Nachricht, dass die Expedition nach Kathmandu zurückgekehrt sei. Meine Stiefmutter Ang Lhamu war erleichtert, dass Tenzing – nach seiner, wie sie hoffte, letzten Everest-Expedition – endlich nach Hause kam.

Am späten Abend des 2. Juni wurde Hillarys und Tenzings Erfolg schließlich über den Rundfunk verbreitet. Mitra Babu, ein Freund meines Vaters, hörte die Meldung, eilte zum Haus der Familie in Toong Soong Busti und weckte dort Ang Lhamu. Auch andere wussten inzwischen Bescheid. Überall gingen die Lichter an, Hunde bellten, die ganze Nachbarschaft jubelte und von allen Seiten strömten Verwandte und Freunde zu dem bescheidenen Haus mit dem Blechdach. Bald wurde in der ganzen Stadt spontan gefeiert; am folgenden Tag war sogar schulfrei. Überall in der Stadt wurden Bilder von Tenzing aufgehängt und Regierungsbeamte erwiesen Ang Lhamu die Ehre eines Besuchs.

Mein Vater verbrachte nach seiner Rückkehr vom Gipfel lediglich eine Nacht im Basislager, um dann in nur einem Tag die über 50 Kilometer zu seinem Heimatdorf Thame zurückzulegen, wo er seine Mutter besuchte, meine Großmutter Kinzom. Sie war über sein Erscheinen außer sich vor Freude, natürlich auch über seinen Erfolg. Dann sah sie ihm in die Augen, zweifellos mit demselben liebevoll-ernsten Blick, den Soyang mir schenkte, und sagte: »Dann brauchst du ihn also nicht noch einmal zu besteigen« – dieselben Worte, die Soyang gewählt hatte, als ich vom Gipfel aus über Funk mit ihr sprach.

Obwohl es 1953 noch nicht die Kommunikationsmittel wie heute gab, fand ein Telegramm von Winston Churchill den Weg zu meinem Vater, und bald wurde er mit weiteren Botschaften und Grüßen überschwemmt. Er und Hillary hatten angenommen, dass außerhalb des kleinen Kreises enthusiastischer Bergsteiger sich kaum jemand für ihre Erlebnisse auf dem Everest interessieren würde. Stattdessen erlag aber bald die ganze Welt der Faszination ihres Sieges. Bis zu jener Saison von 1996, als die Tragödie und nicht der Triumph die Medien fesselte, stand der Everest nie wieder so im Brennpunkt der Öffentlichkeit.

Ich fragte mich, so wie sich mein Vater in jener Melancholie gefragt hatte, die sich oft nach vollbrachten Taten einstellt: »Warum hat Miyolangsangma zu guter Letzt doch einem Menschen erlaubt, ihren Gipfel zu erreichen? Und warum wurde gerade ich dazu auserwählt?« Chatral Rinpoche hatte mir erklärt, der Erfolg meines Vaters sei nicht auf Gebete und Meditation während seiner Zeit als Mönch zurückzuführen, sondern offenbar das Ergebnis des Gesetzes von Ursache und Wirkung, das Reifen der Verdienste, die er in vergangenen Leben erworben hatte. Der Rinpoche meinte außerdem, dass auch mein Erfolg teilweise das Ergebnis eines fortgesetzten karmischen Wirkens dieser großen Verdienste sei.

Viele Pläne wurden für meinen Vater gefasst und wieder verworfen, noch bevor das Team überhaupt Kathmandu erreicht hatte. Mitra Babu hatte einen Dichter namens Dharma Raj Thapa gebeten, ein sentimentales Lied auf Nepali zu schreiben, das meinen Vater und den Berg besang (»Unser Tenzing Sherpa bestieg den Gipfel des Himalaja / Er tröstete Hil-

lary und wies ihm den Weg / Nachts schlief er wohl auf blo-
ßem Schnee / Während der schillernde Königsglanzfasan in
Ehrerbietung seine Schwingen ausbreitete / Dieser Sohn des
Himals hat Shivas Frauen mit Stolz erfüllt / Die Völker der
Welt wissen, dass ihm viele lange und günstige Leben beschie-
den sind ...«) Das Lied wurde prompt in Nepal, Indien und
Tibet über Rundfunk verbreitet und bald von den Dorfbewoh-
nern des ganzen Himalaja gesungen und gesummt.

Da die Nepalesen jetzt einen neuen Helden hatten, wollten
sie dem höchsten Gipfel der Welt auch einen eigenen Namen
geben. Von jeher hatte der Berg auch unter den Sherpas den
traditionellen tibetischen Namen Chomolungma getragen, hinzu kam in den Fünfzigerjahren des 19. Jahrhunderts der englische Name Everest. (Ich habe einmal irgendwo gehört, dass
Sir George Everest seinen Namen mit einem langen i wie in
evening ausgesprochen haben soll.) Historisch gesehen hatte
der Mount Everest für die meisten Nepalesen keine besondere
religiöse Bedeutung, also entschieden sie sich für »Sagarmatha« (Himmelsbraue), ein Name, den der Historiker Baburam
Acharya in den Dreißigerjahren vorgeschlagen hatte. Kaum
jemand weiß heute noch, dass diese Bezeichnung nur eine pat-
riotische Neuschöpfung jüngeren Datums ist.

Die eigentlichen Schwierigkeiten begannen für meinen Vater erst nach der Everest-Besteigung, und diese Prüfungen, so
sagte er, seien härter gewesen als der Weg zum Gipfel. Politi-
ker, Bürokraten, Patrioten und die Presse in Nepal und Indien
verlangten, er solle Erklärungen über den Berg, zu seiner Nationalität und zu politischen Fragen abgeben. Noch während
des Abstiegs hatte ihn Major Wylie vor dem gewarnt, was auf
ihn zukommen würde, und ihn beraten, wie er sich verhalten
solle. Mein Vater, von Haus aus eher wortkarg, musste dann
feststellen, dass andere sich nicht scheuten, ihm Worte in den
Mund zu legen.

Die Politik zog mit Macht in ein Städtchen ein, das ein gutes Stück vor Kathmandu lag. Eine lärmende Schar von Journalisten und neugierigen Nepalesen hätte meinen Vater beinahe von seinem Team getrennt. Sie interessierten sich allerdings weder für den Aufstieg noch für die Geschehnisse auf dem Berg; sie wollten von ihm lediglich hören, dass er den Gipfel vor Hillary erreicht habe und dass er Nepalese und nicht Inder sei. Und wenn man gerade dabei sei, welche Meinungsverschiedenheiten habe er denn mit den Briten gehabt? Mein Vater wiederholte einfach hartnäckig, er selbst, Hillary, die Briten und die Sherpas seien gleichwertige Mitglieder der Expedition und sie alle hätten es verdient, für die Leistung gleichermaßen gewürdigt zu werden. Immer wieder erinnerte er die Fragenden daran, dass auch die anderen Sherpas eine entscheidende Rolle beim Gelingen gespielt hätten. Tenzing blieb aber der einzige Held, der sie interessierte.

Mit dieser beinahe schon feindseligen Stimmung, die den Briten entgegenschlug, hatten sie nicht gerechnet. In Banepa, das durch eine befahrbare Straße zu erreichen ist, mussten Hillary und Hunt mit der Ladefläche eines Jeeps vorlieb nehmen. Nachdem ich selbst schon erlebt habe, wie schnell westliche Ausländer im Gewimmel aufgeregter Menschenmengen fremder Länder nervös werden, kann ich gut nachvollziehen, dass sie die Herbeidrängenden, die auf das Fahrzeug zu klettern versuchten, zurückstoßen mussten. Wahrscheinlich hätte ich nicht anders reagiert.

Mein Vater wurde unterdessen vorn in den Jeep gedrängt und musste sich auf die Vordersitze stellen, sodass er in Heldenpose aus dem offenen Dach ragte. Die Schaulustigen entlang der Straße überschütteten Fahrzeug und Insassen mit Zinnoberpulver und Blumen und sangen dazu: »*Tenzing zindabad!*« (Lang lebe Tenzing!) Sie passierten blumengeschmückte Bambusbogen, die die Straße überspannten und teilweise mit bemaltem Papier versehen waren – die Bilder stellten meist einen triumphierenden Tenzing auf dem Gipfel dar, mit einem um die Taille geschlungenen Seil, das ihn mit einer weißhäutigen Gestalt in Bodennähe verband.

Nach der monatelangen Isolation auf dem Berg kamen meinem Vater der Lärm, der Menschenandrang und die Huldigungen, die ihm von allen Seiten zuflogen, wie ein Traum vor, aber das alles stellte für ihn auch eine Belastung dar. Später erzählte er mir, es wäre ihm ganz ehrlich lieber gewesen, als einfacher, namenloser Bergsteiger vom Everest zurückzukehren. Der Wirbel, den die Nepalesen seinetwegen veranstalteten, ihre zwiespältigen Gefühle gegenüber den anderen Sherpas und der kühle Empfang, den sie den Briten bereiteten, waren ihm peinlich.

Auf dem Weg nach Kathmandu machte er einen, wie er selbst sagte, dummen Fehler. Obwohl er damals weder lesen noch schreiben konnte, drängte ihn eine Gruppe von Journalisten oder Politikern (er konnte sie nicht recht einordnen), eine Erklärung zu unterschreiben, welche besagte, er habe den Gipfel vor Hillary erreicht. Das heizte die nationalistischen Gefühle einiger Nepalesen nur noch mehr an und verärgerte verständlicherweise die Briten.

Ang Lhamu und meine Halbschwestern Pem Pem und Nima waren aus Darjeeling nach Kathmandu angereist und kamen ihm fünf Kilometer vor der Stadt entgegen, um ihn zu begrüßen. Sie schlossen sich voller Freude in den Arm. Ang Lhamu legte ihm einen Seiden-Kata um den Hals (er trug immer noch den roten Schal, den ihm Raymond Lambert geschenkt hatte), und die Mädchen überreichten ihm Blumengirlanden, die sie für ihn geflochten hatten. Danach wurde das Gedränge so groß, dass sie ihn beinahe in der Menge verloren hätten.

Mein Vater bestieg zusammen mit seiner Familie, Colonel Hunt und Edmund Hillary eine Pferdekutsche, die ihnen König Tribhuvan geschickt hatte, und wurden von diesem Zaubergefährt in die kleine Hauptstadt gebracht. Erschöpft und überwältigt legte mein Vater die Handflächen aufeinander, um all seine Bewunderer zu begrüßen.

In Kathmandu wurden sie auf direktem Weg in den königlichen Palast gebracht, wo der König meinem Vater einen Orden verlieh, den Nepal Star, die höchste Auszeichnung, die ein Zivilist erhalten konnte, und auch Hillary und Hunt wurden mit Orden geehrt. Alle trugen noch ihre Wanderhosen und ihre arg mitgenommenen Stiefel. Einer der Briten war sogar nur mit einem Pyjama bekleidet, den er angezogen hatte, um es in der tropischen Hitze angenehmer zu haben. Er hielt sich diskret im Hintergrund.

Mein Vater sagte Seiner Majestät, er sei den Frauen dankbar, die ihn auf den Gipfel des Chomolungma gebracht hätten. Damit meinte er vor allem Ang Lhamu und die Mädchen, aber natürlich auch die Göttin Miyolangsangma.

Die Frage, wer zuerst den Fuß auf den Gipfel des Mount Everest gesetzt hatte, verfolgte meinen Vater und Edmund Hillary – und den Geist des Berges –, seit dem Tag, als sie damit auf dem Rückmarsch von Journalisten überfallen wurden. In Kathmandu wurde durch die Presse und andere offizielle Stimmen kategorisch erklärt, Tenzing müsse den Gipfel zuerst erreicht haben, und sei es nur um ein paar Schritte oder Sekunden vor Hillary. Andere meinten, Hillary sei der Erste gewesen oder nur einer von ihnen habe es überhaupt geschafft oder beide nicht oder einer habe den anderen hinter sich hergezogen. Die Wahrheit interessierte anscheinend niemanden, und meinen Vater beschämte es, wie der Mount Everest auf die Niederungen der Nationalpolitik herabgezogen wurde.

Die politischen Verhältnisse in Nepal waren in jener Zeit nicht gerade stabil. Das hundertjährige Rana-Regime, die Herrschaft einer kleinen privilegierten Oberschicht, war zwar verschwunden, aber die von König Tribhuvan versprochene Mehrparteiendemokratie hatte sich noch nicht durchgesetzt. Die jungen politischen Parteien befanden sich also in einem Gerangel um die Macht, während gleichzeitig antiindische Ressentiments wuchsen. Nepal war erst drei kurze Jahre zuvor aus der Isolation getreten, und das Land wünschte sich 1953 nichts sehnlicher als eine starke Symbolfigur, die das Bild von Unabhängigkeit unterstützen half, mit dem man sich vor der Außenwelt präsentieren wollte.

In Kathmandu kochten die Emotionen über, und die Aufregung verbreitete sich wie ein Virus, unterstützt von einer zwar nicht sehr starken, aber dafür desto umtriebigeren Presse. Manche fühlten sich brüskiert, als das Gerücht aufkam, die ersten von der Königin von England und dem Herzog von Edinburgh übermittelten Glückwünsche seien nur an die Briten adressiert gewesen. In Wirklichkeit waren sie zwar durch die Botschaft weitergeleitet worden, hatten sich aber an alle Expeditionsmitglieder gerichtet. Als dann mein Vater eine Einladung zu einem Empfang in der britischen Botschaft ablehnte (aus Gründen, die nichts mit der Expedition zu tun hatten), brodelte die Gerüchteküche erneut.

Colonel Hunt packte die Wut. Bei einer Pressekonferenz in Kathmandu, auf der mein Vater zum Held stilisiert wurde, erklärte Hunt, Tenzing Norgay sei keineswegs ein Held, sondern lediglich sein Berater und Helfer gewesen; er besitze kaum klettertechnische Fähigkeiten und er, Hunt, habe bis auf einen kurzen Abschnitt den Aufstieg oberhalb von 8400 Meter geführt.

Zum Glück für alle Beteiligten zog Hunt diese Behauptung später zurück, wie auch mein Vater die Aussage, er sei als Erster zum Gipfel gelangt, die er auf dem Rückmarsch unterschrieben hatte, widerrief. Um diesen Streitpunkt beizulegen

– und die Nerven aller Beteiligten zu beruhigen –, trafen sich mein Vater und Hillary beim Premierminister und unterzeichneten eine gemeinsame Erklärung, in der es hieß, sie hätten den Gipfel »beinahe gleichzeitig« erreicht.

Das gab dann aber den Spekulationen nur noch mehr Nahrung, da die Leute über das Wort *beinahe* stolperten und wissen wollten, was es zu bedeuten habe. Es interessierte niemanden, dass in den Annalen des Bergsteigens zwischen den Mitgliedern einer Seilschaft, die gemeinsam einen Gipfel besteigen, kein Unterschied gemacht wird, ebenso wie wir für Fluggäste, die in einem Flugzeug vorn sitzen, keine andere Ankunftszeit angeben als für die Passagiere im hinteren Bereich.

In seiner Autobiographie räumte mein Vater ein, Hillary habe den Gipfel ein paar Sekunden vor ihm erreicht. Jahre später erklärte mir mein Vater, er habe diese Konzession gemacht, weil er den hartnäckigen Fragen ein Ende setzen und den Berg und das Bergsteigen von einer wachsenden politischen Erblast befreien wollte. Mein Vater verdient Anerkennung für dieses öffentliche Bekenntnis, war er doch bereit, den Gipfel seinem Freund und Gefährten Hillary zu überlassen, um das Problem beizulegen. Es war seine letzte Geste des Respekts für einen Berg, der, wie er wusste, sich nie würde ganz bezwingen lassen. Ja, die Behauptung, man habe ihn bezwungen, sei sogar arrogant, wenn nicht gar frevlerisch. Den Menschen werde höchstens eine Audienz auf dem Gipfel des Mount Everest gewährt, und auch das nur selten und nur für kurze Augenblicke.

Die Lamas geben uns immer wieder den Rat, sich die heiligen Bodhisattvas zum Vorbild zu nehmen: So wie sie sich verpflichten, jeden errungenen Verdienst der Erleuchtung aller fühlenden Wesen zugute kommen zu lassen, sollten wir unsere Siege und unseren Reichtum anderen anbieten, unsere Verluste und Niederlagen hingegen auf unser Konto verbuchen. Mein

Vater war zwar kein eifriger Buddhist, dennoch glaube ich, dass sein Verhalten im Alltag sich an diesen Prinzipien orientierte.

Niemand stellt in Abrede, dass mein Vater und Hillary im Abstand von wenigen Schritten den Gipfel erreicht hatten. Ich bin mir sicher, dass mein Vater nie auf die Idee gekommen wäre, Hillary beiseite zu stoßen und zum Gipfel zu stürmen, um ihn als eine Art Beute für sich zu sichern. Und Hillary hat das bestimmt ebenso wenig getan. Beide wussten, dass Bergsteiger, die in einer Seilschaft einen Berg besteigen, quasi miteinander verschmelzen. Auf dem Gipfel waren sie eins – eine Mischung aus der Energie und dem technischen Können Hillarys und dem Geist, der Zähigkeit und der Erfahrung meines Vaters. Ihre Fähigkeiten ergänzten sich, sie verschmolzen gleichsam zu einem einzigen Bergsteiger.

Dennoch lässt die Frage, wer der Erste gewesen sei, die Menschen nicht los. Selbst nach dem Tod meines Vaters bedrängt man nun meine Geschwister und mich, sie zu beantworten. Vielleicht habe ich dieses Problem vorausgesehen, als ich ihm die Frage ein Jahr vor seinem Tod selbst stellte.

»Wer war wirklich der Erste?«, fragte ich. Ich war bereits zwanzig Jahre alt, und damals erschien es mir seltsam, dass ich mich nicht schon viel früher dafür interessiert hatte.

»Wir sind als Team geklettert, Jamling. Keiner hätte es ohne den anderen geschafft.«

Für mich war die Sache damit beigelegt und ich bedrängte ihn nicht weiter. Wenn die exakte Chronologie des Gipfeltags jemals klar festgestellt werden sollte, wird dadurch weder Hillary noch mein Vater an Status oder Macht gewinnen oder dem anderen etwas nehmen. Hier steht nichts auf dem Spiel.

Was die alte Prophezeiung betrifft, ein Buddhist aus dem Himalaja werde als Erster den Gipfel erreichen: Angenommen, Hillary wäre ein paar Sekunden eher oben gewesen als mein Vater, würde das fromme Sherpas wenig stören, weil wir nämlich einen ausgeprägten Sinn für das Symbolische haben. Prophezeiungen, und seien sie noch so zutreffend, halten sich in der Regel nicht mit Einzelheiten wie ein paar Schritten oder ein paar Sekunden auf. Ja, der metaphorische Wortlaut ist geradezu darauf angelegt, die wörtlich Denkenden zu verwirren.

Hinzu kommt noch, dass je mehr über diese künstliche und triviale Frage gestritten wird, jene in Vergessenheit geraten, die vor meinem Vater und Hillary am Berg waren – die Sherpas und die Bergsteiger, auf deren Rücken sie sozusagen aufgestiegen sind. Noch vor der Besteigung 1953 wiederholte Hunt ständig, dass der Triumph der Erstbesteiger mit all jenen geteilt werden müsse, die es vor ihnen versucht hatten, vor allem aber mit den Toten.

Besonders die Schweizer hatten zum Erfolg der britischen Expedition beigetragen. Da die Briten wussten, dass die Schweizer einige volle Sauerstoffflaschen auf dem Berg hinterlassen hatten, ließen sie sich Regler anfertigen, die auf diese Flaschen passten. Sie verbrauchten auch ein paar der Lebensmittel, die die Schweizer auf dem Südsattel hinterlegt hatten. Von noch größerem Wert waren jedoch Details über den Everest gewesen, die die Schweizer in zwei Jahren auf dem Berg zusammengetragen hatten und die den Briten weitgehend durch meinen Vater übermittelt wurden. Für Hillary war 1953 die gesamte Route oberhalb des Basislagers neu. Mein Vater hingegen war auf nepalesischer Seite schon zweimal über den Südsattel hinausgelangt und bis auf 300 Meter an den Gipfel herangekommen.

Ja, es gab persönliche Differenzen im Jahr 1953, die sich durch die unterschiedliche Kultur der beteiligten Länder noch verschärften. In der Verwirrung, die auf die Rückkehr der Expedition nach Kathmandu folgte, wurden Fehler gemacht, und ich werde mir nie in jedem Fall ganz sicher sein können, wer dabei zu loben und wer zu tadeln ist. In erster Linie empfinde ich Mitgefühl, wenn ich mir diese erschöpfte und von Heimweh geplagte internationale Bergsteigergruppe vorstelle, die überrascht feststellen muss, dass sie Geschichte geschrieben hat, aber nicht weiß, wie sie mit der Situation umgehen soll. Damals hatte man es zudem mit einem ungesunden Gebräu zu tun, bestehend aus den Überresten des britischen Kolonialismus, einem neu erwachten nepalesischen Nationalismus und einer sensationsgierigen Presse.

Der Buddhismus kann in solchen prekären Situationen eine große Hilfe sein. Er lehrt uns, dass Egoismus und Arroganz Irrwege sind, weil das, was wir wahrnehmen, nicht wirklich existiert, dass die wahre Natur des Geistes die Leere ist und das Ich, das sich von den anderen absetzt, eine Illusion darstellt. Dieses Wissen gibt uns die Freiheit, unser kurzes menschliches Dasein Werken des Mitgefühls zu widmen.

Mein Vater hielt stets an der Überzeugung fest, der Chomolungma sei zu groß, um für persönlichen und nationalistischen Streit herzuhalten; das Privileg, den Everest zu besteigen, sei eine zu große Ehre, um sie durch Engstirnigkeit zu schmälern. Nach einer zwei Jahrzehnte währenden Beziehung zum Everest neigte er dazu, jedem Gespräch über den Berg auszuweichen, weil er ahnte, dass es Miyolangsangma zornig machte, wenn die Leute sie zu politischen Zwecken missbrauchten. Bergsteiger wollen mit Politik meist nichts zu tun haben; und Buddhisten sind generell der Ansicht, politisches Gerede verewige nur Nichtwissen, Zorn und Leiden. Der Berg selbst ist unparteiisch – eine unveränderliche Tatsache, aus der wir nur lernen können.

Je mehr die Leute meinen Vater bedrängten und ihn vereinnahmen wollten, desto mehr zog er sich zurück. Nicht wenige zerbrachen sich den Kopf darüber, welche politische Botschaft er beispielsweise mit der Anordnung der Flaggen zu vermitteln versuchte, die er auf dem Everest hochgehalten hatte. Ganz oben an seinen Eispickel hatte er die Flagge der Vereinten Nationen gebunden, dann folgten die Flaggen von Großbritannien, Nepal und Indien. Die Nepalesen nahmen Anstoß daran, dass die britische Flagge über der ihren wehte, andererseits fanden sie es vermutlich gut, dass die indische noch tiefer platziert war. Mein Vater hatte damit jedoch keinerlei politische Absichten verbunden. Es war ihm lediglich darum gegangen, die der Vereinten Nationen an oberste Stelle zu setzen. Er sah seinen und Hillarys Erfolg nicht vorrangig als individuelle Leistung, die einzelnen Ländern anzurechnen sei, sondern als Tat für die ganze Menschheit. Ihm war auch die Anerkennung wichtig, dass die Expedition von Briten ausgerüstet worden war: Sie hatten alles organisiert und bezahlt – ohne sie hätte auch er es nicht geschafft. Und wenn er die indische oder nepalesische Flagge nach oben gestellt hätte, wobei wieder eine Vorrang über die andere gehabt hätte, so hätte das doch nur den Zwist zwischen beiden Ländern geschürt.

Für meine Flaggenordnung benutzte ich dieselbe Reihenfolge wie mein Vater: die Menschheit, der Sponsor, die Heimat, die Nationalzugehörigkeit. Also kam die UN-Flagge nach oben, dann folgten die Flaggen der Vereinigten Staaten, Nepals und Indiens. Zudem fügte ich die tibetische Flagge hinzu, weil Tibet für die kulturellen und ethnischen Wurzeln der Sherpas steht und es ebenso wie Nepal Anteil an dem Berg hat. Auf dem Gipfel hielt ich zunächst, so wie mein Vater, all diese Flaggen hoch, danach fotografierte mich Robert noch einmal mit jeder einzeln. Ich reihte sie einmal sogar horizontal aneinander, aber bestimmt wird auch mit dieser Ausrichtung irgendjemand seine Probleme gehabt haben.

Ich war der erste Sherpa und der Erste überhaupt, der auf

dem Everest die tibetische Flagge wehen ließ, ein Umstand, der mir am meisten Kritik eingebracht hat – und zwar, man höre und staune, ausgerechnet vonseiten der Khumbu-Sherpas. Sie sind nepalesische Staatsbürger und Nepal erkennt das von China besetzte Tibet nicht als unabhängigen Staat an. Und nun warfen sie mir vor, ich hätte keine Rücksicht auf sie genommen, weil Nepal das Hissen der tibetischen Flagge offiziell nicht erlaubte. Ich wies aber darauf hin, dass unsere Sherpa-Vorfahren aus Osttibet stammen. Auch den Khumbu-Sherpas sollte nicht gleichgültig sein, was die Tibeter durch die chinesische Besetzung mitgemacht haben.

Die Briten und Neuseeländer versorgten 1953 bevorzugt die *London Times* mit Berichten und Fotos, was die Kluft zu den Nepalesen und Indern noch vertiefte. Die Folge war, dass die einheimische Presse sich auf meinen Vater konzentrierte, um zu erfahren, was sich auf dem Berg zugetragen hatte. Auch wollte man ihm um jeden Preis ein Etikett verpassen, ihn in eine Schublade stecken. Es wurde eifrig diskutiert, warum er westliche oder indische oder nepalesische Kleidung trug und warum er Hindi, Nepali, Tibetisch oder Bengali sprach.

Meinen Vater verstörte das alles sehr, früher hatte nämlich nie irgendwer nach seiner Nationalzugehörigkeit gefragt. Er besprach das neu aufgeworfene Problem seiner Identität und Nationalität mit dem nepalesischen Premierminister und unterstrich dabei, er sei aus dem Bauch Nepals geboren – oder wenigstens als kleines Kind hierher gekommen – und auf dem Schoß Indiens aufgewachsen. Er liebe Nepal und fühle sich dem Land verbunden, aber seine Kinder werde er, ebenso wie das bei Kindern anderer prominenter Nepalesen der Fall war, in Indien erziehen lassen. Der Sagarmatha, so betonte er, gehöre nicht zu einem einzigen Land und auch nicht zu zwei Ländern. Er gehöre jedem Land der Erde. Genauso verhalte es sich mit ihm selbst.

Zu seiner Erleichterung setzten der Premierminister und andere höhere Regierungsvertreter ihn nicht unter Druck, wie es noch die niedrigeren Ränge versucht hatten. Sie boten ihm einfach ein Haus und andere Vergünstigungen an, wenn er sich entscheide, in Nepal zu leben, wünschten ihm aber alles Gute und viel Glück, wo immer er sich niederlasse. Zu jener Zeit hatte er bereits den Großteil seines Lebens in Indien verbracht, weshalb er dort auch bleiben wollte. Auch Indien brauchte Helden.

Ich empfinde es als ungerecht, wenn einige Nepalesen und Sherpas behaupten, Tenzing habe die Heimat seines Volkes verraten. Mein Vater und andere Khumbu-Sherpas seiner Generation sind nicht aus politischen Gründen nach Darjeeling ausgewandert. Ihr Umzug hatte rein wirtschaftliche Gründe: Ausländischen Gruppen wurde das Bergsteigen in Nepal nicht erlaubt, weshalb die Sherpas dort erst mit der Öffnung des Landes in den Fünfzigerjahren wieder Arbeit fanden. Und selbst dann hatten sie damit zu rechnen, dass sich Nepal jederzeit wieder gegen die Außenwelt abschotten konnte, wodurch sie abermals gezwungen wären, auf Arbeitssuche nach Darjeeling auszuwandern.

Die indische Regierung hatte einigen Sherpas sogar Posten in Militär und Verwaltung angeboten. Als Jangbu beispielsweise als Vierundzwanzigjähriger in sein Heimatdorf im Solu zurückkehrte, wurde er zum Major der indischen Armee ernannt.

Ich habe auch so meine Zugehörigkeits- und Identitätsprobleme, selbst wenn sie weit weniger kompliziert sind als die meines Vaters. Ich wurde als indischer Staatsbürger in Indien geboren und bin bis zum heutigen Tag Inder. Mein Dilemma betrifft vor allem die kulturelle Identität. Ich habe mich entschieden, dass ich beiden Kulturen angehöre, dem Osten und dem Westen, und beide gehören zu mir. Zu den unerwarteten

Folgen meiner Everest-Besteigung zählt, dass ich meinen Glauben an den Buddhismus wieder entdeckt und Achtung vor den Traditionen des Ostens und des Himalaja gewonnen habe, während ich mir gleichzeitig den forschenden Blick und den Skeptizismus zu bewahren suche, den ich mir im Westen angeeignet habe. Selbst der tibetische Buddhismus ermuntert ja zum Skeptizismus. Seine Heiligkeit der Dalai-Lama sagt, dass wir niemandem aufs Wort glauben sollen – wir sollen alles hinterfragen und unsere eigenen Erfahrungen machen, um dann selbstständig zu entscheiden.

Was den tibetischen Buddhismus auszeichnet, ist in meinen Augen der enzyklopädische Korpus seiner Schriften – sein Kanon, die Kommentare und die offenbarten Texte –, die sich buchstäblich jeder metaphysischen Frage widmen, die je aufgeworfen wurde. Die Lehren des Buddhismus sind ein Leitfaden für das Leben. Ausgeklügelt und doch schlicht, liefern sie uns eine intellektuelle Basis für den Glauben.

Die östliche und die westliche Sicht, obwohl oft so verschieden, widersprechen einander nicht. Das »Geheimnis«, das westliche Menschen auf den Osten projizieren, ist für uns kaum mehr als eine schlichte und ziemlich prosaische Lebensweise. Umgekehrt erscheint uns der Materialismus des Westens als rätselhaftes, exotisches Wunder. So wie die Trekker die Einfachheit und Ganzheitlichkeit unserer althergebrachten Lebensweise bewundern, so begeistern sich Sherpas für Autos, Mode und Computer. Statt auf dem Weg der kulturellen Evolution, den wir in entgegengesetzten Richtungen beschreiten, einfach aneinander vorbeizugehen, schlage ich vor, die gesunde Synergie auszudehnen, die bereits – wenn auch nur latent – zwischen beiden Hemisphären des Denkens existiert.

Ohne Hilfe von Ost und West hätten weder ich noch mein Vater den Everest besteigen können. Auch Sherpas sind auf moderne Technik angewiesen. Leichte Daunenkleidung, Flaschensauerstoff und Steigeisen mit Frontalzacken machen das extreme Bergsteigen erst möglich. Wir benötigen außerdem die Finanzierung und Organisation durch ausländische Sponsoren. Ebenso wichtig ist für uns aber auch die Unterstützung durch die Großfamilie und die Führung durch die »drei Kostbarkeiten« – den Buddha und die Schutzgottheiten, die Lehren des Dharma und unsere Gemeinschaft der Lamas und gläubigen Buddhisten.

10

Das Ende des Begehrens

*Der Trauerzug für meinen Vater war fast zwei Kilometer
lang. Tausende strömten nach Darjeeling, um ihm die letzte Ehre
zu erweisen. Wir begleiteten die Bahre zur Einäscherung
beim Himalayan Mountaineering Institute,
das er gegründet hatte.*

Anfang Juli 1953 flog mein Vater zusammen mit seiner Familie in König Tribhuvans Privatflugzeug von Kathmandu nach Indien. Im Haus des Gouverneurs von Westbengalen in Kalkutta gab es weitere Empfänge und Festlichkeiten. Auf Filmaufnahmen ist zu sehen, dass er fast wie ein Gott verehrt wurde, gleichzeitig aber auch, wie anstrengend das alles für ihn war.

In Neu-Delhi erhielt er eine Audienz beim »Pandit« (Gelehrter), Premierminister Jawaharlal Nehru. Der Pandit wollte mit meinem Vater über dessen Zukunft reden und bot ihm seine Hilfe an. Tenzing war dankbar für Nehrus Rat. Die Briten hatten ihn nach London eingeladen, aber er wollte ablehnen, unter anderem deshalb, weil man seine Familie ursprünglich nicht mit eingeladen hatte.

Nehru riet meinem Vater, die Reise dennoch anzutreten. Er nahm ihn dann zu sich nach Hause mit, wo er zu ihm sagte: »Also, zur Königin von England können Sie unmöglich in khakifarbenen Wanderhosen und ausgetretenen Schuhen gehen.« Er öffnete seinen Kleiderschrank und gab meinem Vater fünf Anzüge – die beiden hatten dieselbe Größe. Er schenkte ihm sogar einige Sachen, die noch von seinem Vater stammten, und vergaß auch Ang Lhamu und meine Halbschwestern nicht. Mein Vater spürte gleich, dass er in Nehru einen Freund gefunden hatte, dem er sich anvertrauen konnte, ungeachtet dessen Position als Staatschef. Der Pandit wurde wie ein Vater für ihn.

Mein Vater fragte ihn, was er seinerseits für ihn tun könne, worauf Nehru mit ihm über die Zukunft des Bergsteigens in

Indien sprach. »Ich möchte, dass Sie mir tausend Tenzings ausbilden«, sagte er. Und so entstand das Himalayan Mountaineering Institute (HMI) in Darjeeling. Bergsteigen hatte bis dahin in Indien kaum eine Rolle gespielt. Das HMI sollte nun Kenntnisse und Fertigkeiten in dieser Disziplin unter Indern und Angehörigen anderer südasiatischer Völker heranbilden und ihnen die Liebe zu den Bergen vermitteln. Auch die Armee versprach sich einigen Nutzen davon. Es wurde schließlich unter militärischer Oberaufsicht gegründet und meinem Vater wurde die Verantwortung für die Ausbildung übertragen. Das Institut sollte zu einer weithin anerkannten Einrichtung im indischen Staatswesen werden.

Von Delhi aus flogen Ang Lhamu, Pem Pem, Nima und mein Vater mit Charles Wylie nach London. Damals brauchte man mit dem Flugzeug drei Tage von Indien nach England, was Übernachtungen in unterschiedlichen Ländern bedeutete. Meine Familie hatte sowohl indische als auch nepalesische Pässe dabei, weshalb Wylie bei jeder Zwischenlandung für jeden Pass und jedes Familienmitglied die Formulare in dreifacher Ausfertigung auszufüllen hatte.

Zusammen mit den britischen Expeditionsmitgliedern und deren Angehörigen nahmen sie an einem prächtigen Empfang im Buckingham-Palast teil. Wylie geleitete meinen Vater samt dessen Familie durch die 6000 Menschen, die sich ihm zu Ehren versammelt hatten und natürlich alle ein Autogramm von ihm wollten. Einige Male musste Wylie ihn regelrecht abschirmen und die Bittsteller barsch abweisen. Die Nepalesen sind stolz auf ihre Gastfreundschaft, aber der Pomp, die Größe und die Begeisterung auf diesem königlichen Empfang kamen ihnen jetzt, verglichen mit der bescheidenen Willkommensfeier, die man den Briten in Kathmandu hatte bieten können, wie ein Traum vor.

Die Königin schlug John Hunt und Edmund Hillary zu Rittern und verlieh meinem Vater die höchste Auszeichnung unterhalb dieser Würde, den Georgsorden, der als die bedeutendste Ehrung gilt, die an Ausländer vergeben werden kann. Angesichts der gerade erst errungenen Unabhängigkeit hätte die Ritterwürde in Indien wahrscheinlich ohnehin nicht viel gegolten. Mit lebhaftem Interesse befragte die Königin meinen Vater nach der Besteigung. Er schlug das Angebot John Hunts, für ihn aus dem Hindi zu übersetzen, aus und antwortete ihr in einfachem Englisch.

Dann fragte die Königin Ang Lhamu, was diese getan habe, als sie von der erfolgreichen Besteigung erfuhr. »Ich habe für meinen Mann eine Kanne Milch gekauft«, antwortete sie. Diese Geste war ihr spontan in den Sinn gekommen, sie war symbolisch für jene Zeit in den Dreißigerjahren, als sie meinen Vater kennen gelernt hatte. Damals hatte er die Milch seines Arbeitgebers an die wohlhabenden Leute des Viertels verkauft, in dem sie arbeitete.

Mein Vater war erfreut, auf diesem Empfang auch Eric Shipton zu treffen, den Leiter zweier vorangegangener britischer Expeditionen zum Everest. Voller Stolz erinnerte er Shipton daran, dass just jener ihm achtzehn Jahre zuvor die erste Anstellung bei einer Expedition gegeben hatte.

In der hierarchisch strukturierten indischen Gesellschaft ist es fast undenkbar, dass jemand aus seiner Kaste heraustritt. Noch nie war deshalb jemand von so niedriger Herkunft wie Tenzing über Nacht zu Weltruhm gelangt. So wurde er, gerade weil er während der Dämmerung des britischen Kolonialismus emporkam, für viele Millionen Menschen in Indien zum Hoffnungsträger und zum Symbol der nationalen Unabhängigkeit.

Jedes Schulkind in Indien und Nepal kennt die Geschichte von Tenzing und Hillary auf dem Everest. Wenn ich heute, über ein halbes Jahrhundert nach ihrer Besteigung, nach Nepal oder Indien einreise – für die meisten eine erniedrigende Angelegenheit –, brauche ich nur meinen Namen zu nennen oder das Gespräch auf meinen Vater zu bringen, und schon steht so manch ein Offizier praktisch vor mir stramm. Todernste Bürokraten bekommen glänzende Augen und reagieren mit Neugier und Staunen. Viele hochrangige indische Beamte haben Kurse am Himalayan Mountaineering Institute besucht. Auch die Nepalesen sind nach wie vor stolz darauf, dass Tenzing einer der Ihren war.

Nirgendwo wurde meinem Vater jedoch mehr Respekt gezollt als im indischen Bundesstaat Westbengalen. Bis zum heutigen Tag besuchen Bengalis zu tausenden das Institut in Darjeeling. Das Fremde und Bedrohliche, das den Bergen für die Menschen aus den tropischen Ebenen anhaftet, trägt sicher erheblich dazu bei, dass mein Vater für sie ein geheimnisvoller und großer Mann ist.

Was jedoch die Vorstellung der ihn bewundernden Bengalen am meisten fesselt, das ist der Glaube der Hindus, der Everest sei die Wohnstatt Shivas. Nach der Besteigung haben ihn einige Hindus tatsächlich gefragt, ob er Shiva gesehen habe. Als ob der nationalistische Druck noch nicht genug gewesen wäre, bedrängten fromme Hindus meinen Vater, von spirituellen Erlebnissen oder Visionen bei seiner Besteigung zu berichten.

Einige Hindus beteten meinen Vater im Wortsinne an, selbst heute kommt das noch vor. Besonders Fromme sind der Ansicht, nur als Manifestation von Shiva selbst habe er es schaffen können, als Erster den Gipfel zu erreichen. Als mein Vater einmal in Delhi im Krankenhaus lag, drangen wildfremde Menschen in sein Zimmer ein, berührten seine Füße und begannen zu weinen. Endlose Pilgerströme sind an unserer Haustür in Darjeeling vorbeigezogen, und nicht selten habe ich Menschen auf der Straße vor unserem Haus aus Dankbarkeit dafür weinen sehen, wenigstens einmal das Gartentor berührt zu haben. Von klein auf wussten wir, dass er kein gewöhnlicher Vater war.

Die Verehrung wurde bald eine Last, und mein Vater bemühte sich, ihr aus dem Weg zu gehen. Familie und Freunde fanden es immer urkomisch, wenn er bei der Gartenarbeit war, einer seiner Lieblingsbeschäftigungen, und ihm bengalische Touristen zuriefen: »He, Gärtner! Wo ist denn Tenzing Sahib? Ist er zu Hause?« Gewöhnlich antwortete ihnen mein Vater dann: »Nein, er ist wohl in die Stadt gegangen.« Wenn er ausging, nahm er oft einen versteckten Pfad, der hinter dem Haus durch ein Gehölz aus Bergbambus zu einer etwas höher gelegenen Straße führte.

Ich glaube nicht, dass er auf dem Gipfel nach Shiva gesucht hat. Er war eher an Hinweisen interessiert, ob George Mallory und Andrew Irvine – die beiden Briten, die von Norden kommend 1924 auf ihrer Everest-Expedition verschollen waren – den Gipfel erreicht hatten. Experten der Geschichte des Bergsteigens glauben, dass der Film in Mallorys Kamera noch entwickelt werden könnte, sollte man sie eines Tages finden. Wenn die zwei Briten tatsächlich auf dem Gipfel waren, dann haben sie das sicherlich mit einem Foto dokumentiert.

Mallorys Leiche wurde schließlich im Frühjahr 1999 entdeckt, auf die Woche genau 75 Jahre nach dem unglückseligen Versuch der Gipfelbesteigung. Die Kamera fand sich jedoch nicht bei ihm, und auch sonst keine Hinweise auf einen Gipfelerfolg. Die Suche nach der Leiche von Irvine und der Kamera geht weiter.

Nach der Besteigung verbrachten Soyang und ich eine Woche in Kathmandu bei ihren Eltern. Dann machten wir uns mit unserem Töchterchen Deki im Auto über die kurvenreichen Straßen ostwärts in Richtung Darjeeling auf den Weg. Die Reise dauert zwei Tage. Als wir die Grenze nach Indien überschritten, trafen wir dort zu unserer Überraschung zahlreiche Freunde und Verwandte, die aus Darjeeling angereist waren, um uns zu begrüßen. Sie legten mir Katas um den Hals und boten uns Tee und Kekse an. Ich sah auch Autos, die Banner mit Willkommensgrüßen für mich auf der Motorhaube trugen. Als wir dann Darjeeling erreichten, versammelten sich Gratulanten zu einer improvisierten Parade, die mich zu Ghang-la, dem Haus unserer Familie, geleitete.

Ich kam zunächst nicht durch das Eingangstor, wo sich in Erwartung meiner Ankunft eine aufgeregte Menschenmenge, hauptsächlich Sherpas, versammelt hatte. Rufe erschollen, dann stellten sich die Leute hastig zu beiden Seiten des Wegs auf und bildeten einen Kordon entlang der Betonstufen, die zu unserem Haus führen, so als wäre ich die Inkarnation eines hohen Lamas. Zuerst wurde ich zu drei Personen geleitet, die neben dem Gartentor standen, um mich in aller Form mit dem *sujhaang*-Ritual willkommen zu heißen. Er soll den Ankömmling, beispielsweise auch den Gästen bei einer Hochzeit, segnen und ihm Glück bringen.

Die drei Personen, die einen mit dem Sujhaang begrüßen, brauchen nicht miteinander verwandt zu sein, aber sie müssen aus intakten Familien stammen, in denen die Eltern und alle Geschwister noch am Leben sind und es keinen Trauerfall gibt, sodass sich ihr Glück auf die von ihnen begrüßte Person übertragen kann. Einer bot mir Chang an, der andere Milch und der dritte hielt das Tsema, ein unterteiltes Tablett mit Tsampa und Butter auf der einen Seite und Gerste auf der anderen. Von allem nahm ich ein wenig, dann schnipste ich mit dem Ringfinger der rechten Hand etwas davon als Opfer für die Götter in die Luft.

Als ich auf dem obersten Treppenabsatz ankam, konnte ich kaum noch über die wohl über hundert Katas hinwegschauen, die sich zu einer Art Joch um meinen Hals aufgetürmt hatten.

Jemand rief, nun wären zum ersten Mal Vater und Sohn auf dem Gipfel gewesen. Das ist aber wohl schon mindestens ein Mal vorher der Fall gewesen.

Bier und Chang flossen in Strömen. Man nötigte mich, eine ganze Flasche leer zu trinken, bevor ich überhaupt ins Haus hineinkam. Die herzliche Begrüßung verwandelte sich rasch in eine große Feier. Bevor der Nachmittag im Trubel endete, stahl ich mich jedoch in den Gebetsraum und schloss die Tür hinter mir. Vom Thangka über dem Altar sah Miyolangsangma auf mich herab. Ich warf mich dreimal davor zu Boden und sprach dann ein Gebet, nicht so sehr ein Abschlussgebet als eines zu einem Neuanfang.

Alle anwesenden Sherpas teilten mit mir die Freude, den Everest erklommen zu haben. Sie schätzten es, wie ich meinen Eltern Respekt gezollt hatte, was man am besten durch Leistung und gute Taten zum Ausdruck brachte, und ganz besonders bei einem Unterfangen, das in der Tradition der Familie steht. Viele in unserer Gemeinschaft haben erlebt, wie ihre Brüder, Schwestern, Söhne und Töchter die Heimat verlassen haben, um ihr Glück anderswo zu suchen, und nicht alle davon sind zurückgekehrt. Traurigerweise sind aber auch unter jenen, die zu Hause geblieben sind, Verluste zu beklagen. Es gibt kaum eine Sherpa-Familie, die nicht bei Bergsteigerunfällen Angehörige verloren hätte.

Als zweitältester Sohn habe ich immer irgendwie hinter meinem strebsamen Bruder Norbu zurückgestanden. Auf dem College in Wisconsin habe ich regelmäßig ziemlich schlechte Noten kassiert und hatte auch sonst so meine Schwierigkeiten. Wenn ich durch die Straßen ging, konnte es vorkommen, dass mich junge Kerle aus einem Wagen heraus als »Schlitzauge« beschimpften. Ich gebe zu, dass ich die Provokation nicht selten annahm, um die Kerle dann gehörig zu verprügeln, obwohl ich deshalb fast vom College geflogen bin.

Ich hatte einen Gönner, der mich in meiner Zeit auf dem College unterstützte, und ich bedaure heute die Schwierigkeiten, die ich ihm und seiner Familie damals bereitet habe. Zehn Jahre später hatte ich bei der Premiere des IMAX-Films in Chicago jedoch Gelegenheit, ihnen vom Podium herunter für ihre Hilfe zu danken. Die ganze Familie war in Tränen. Ich war wieder zu meinen Anfängen zurückgekehrt, und in gewisser Weise hatte ich das Gefühl, zugleich meinem Vater und meiner Mutter zu danken.

Viele meiner Verwandten waren angesichts unserer Ausbildung in Amerika überrascht, dass überhaupt ein Kind von Tenzing in dessen Fußstapfen treten sollte. Ich überblicke unsere weit verzweigte, mehrere hundert Personen zählende Familie nicht vollständig, doch bin ich mir sicher, meine Verwandten fanden es gut, dass ich eine Frau aus meiner Heimat geheiratet und einen Beitrag zu unserer Gemeinschaft geleistet habe. Mein Onkel Tenzing Lotay, der in unserer Nähe wohnt, meinte einmal, meine Eltern hätten beide vorausgeahnt, dass ich derjenige sein würde, der in Darjeeling bleiben, sich um die Familienangelegenheiten kümmern und unsere Traditionen weitertragen würde. Deki und Norbu haben Partner im Westen gefunden und leben jetzt in Amerika; mein Bruder Dhamey hat die Tochter eines Botschafters von Bhutan geheiratet, mit der er heute in Hongkong lebt.

Auch Norbu hat dem Himalaja durch seine Arbeit bei der American Himalayan Foundation sehr geholfen. Dhamey plant, wieder in unsere Heimat zurückzukommen – und wahrscheinlich auch zeitweise in Bhutan zu leben, wo es Sitte ist, dass der Schwiegersohn zur Familie der Frau zieht. Es kommt nicht oft vor, dass eine Bhutanesin einen Sherpa heiratet, doch die Verbindung zu Chatral Rinpoche, dem Guru und Lehrer beider Familien, hat viel dazu beigetragen, die ethnischen Barrieren zu überwinden.

Als ich auf dem Gipfel stand, hatte ich das Gefühl, etwas abgeschlossen zu haben, gleichzeitig empfand ich es als einen ersten Schritt, einen Anfang, so wie die Jahre nach 1953 der Beginn eines neuen und anderen Lebens für meinen Vater wurden. Der Gipfelerfolg befreite mich von der Fixierung auf ein ehrgeiziges Ziel. Er befreite mich davon, meinem Vater nachzueifern und ihn zu suchen. Er brachte mich auf meinen eigenen Weg. Hoffentlich wird mich dieser Weg eines Tages zu noch mehr Einsicht, Mitgefühl und innerem Frieden führen.

Tausende reisen Jahr für Jahr in den Himalaja, und hunderte machen den Menschen, die dort leben, Hilfsversprechungen. Nur wenige kehren jedoch tatsächlich dorthin zurück, um ihr Versprechen einzulösen. Mein Vater und Edmund Hillary gehören zu jenen, die es getan haben, und ich habe mir vorgenommen, es ihnen gleichzutun. Die weltweite Anerkennung, die die Sherpas inzwischen genießen, geht teilweise auch auf die Arbeit zurück, die mein Vater in späteren Jahren geleistet hat. Auch ich sehe mich als Botschafter unseres Volkes. Ich möchte einen Beitrag dazu leisten, die Sherpas und unsere Kultur ins Bewusstsein der Welt zu bringen und ihnen die nötige Hilfe zu verschaffen, sodass sie mit Bildungsmöglichkeiten, einer ausreichenden Gesundheitsversorgung und einem Mindestmaß an Lebensstandard ins 21. Jahrhundert gehen können. So haben sie dann auch die Fähigkeit und die Motivation, ihre Zukunft selbst in die Hand zu nehmen.

Wenn gläubige Sherpas vor der Besteigung des Bergs den Lhap-so im Basislager aufsuchen, schließen sie Miyolangsangma in ihr Herz und beten mit aufrichtiger Verehrung zu ihr. Nicht wenige verpflichten sich hier zu guten Taten, sollten sie sicher und erfolgreich vom Berg zurückkommen. Im Laufe der Jahre haben viele Sherpas, darunter auch Jangbu und Wongchu, in ihren Dörfern Trinkwasseranlagen oder kleine Wasserkraftwerke errichten lassen, Schulen gebaut, Geld und

Arbeitskraft in die Restaurierung von Klöstern gesteckt und rituelle Feierlichkeiten unterstützt, deren Segen der ganzen Gemeinschaft zugute kommt.

Auch ich habe gelobt, mich in diesem Sinne zu engagieren, was auch einer der Gründe ist, warum ich den Segen Seiner Heiligkeit des Dalai-Lama gesucht habe. Im Dezember 1996 habe ich mit 350 000 anderen gläubigen Buddhisten im westbengalischen Salugra an einer dreitägigen Initiation in die Lehren des Kalachakra (»Rad der Zeit«) teilgenommen, die von Seiner Heiligkeit veranstaltet wurde. Soyang, ich und unsere Tochter Deki bekamen neben dem Dalai-Lama Ehrenplätze, wenngleich es Soyang unangenehm war, so über der Versammlung zu thronen. Im Verlauf der insgesamt einwöchigen Veranstaltung wurden wir auch einmal zu einer Audienz vorgelassen. Es war das erste Mal seit meinen Kindertagen, dass ich bei einem solchen Anlass mit dem Dalai-Lama zusammentraf. Er zeigte sich erfreut, dass ich den Everest bestiegen und auf dem Gipfel die Flagge Tibets entfaltet hatte. Dann legte er uns die Hand auf den Kopf und segnete uns. Vielleicht hat dieser Segen ja zur glücklichen Geburt unserer Zwillinge beigetragen, die Soyang anderthalb Jahre später zur Welt brachte.

Manche der Teilnehmer an der Expedition zum Everest im Frühjahr 1996 wurden vom Unglück verfolgt. Lobsang Jangbu, ein hervorragender Sirdar und enger Freund von Scott Fischer, erhielt im Herbst 1996 ein Angebot von einer japanischen Expedition, die den Lhotse besteigen wollte. Befreundete Sherpas versuchten ihm das Vorhaben auszureden, hauptsächlich weil die Herbstsaison viel kälter ist und als gefährlicher gilt. Lobsang hatte bereits für sich beschlossen, teilweise auf Drängen seiner schwangeren Frau, dass er nach der Herbstsaison die Himalaja-Expeditionen ganz aufgeben würde. Er hatte bereits Vorbereitungen getroffen, um zeitweise in die Vereinigten Staaten überzusiedeln und sein Trekking- und Bergsteiger-unternehmen weiter auszubauen.

Auch Lobsang war ein Anhänger von Geshe Rinpoche, den er vor jeder Expedition aufsuchte, um die Götter befragen zu lassen und seinen Segen zu holen. Vor der Frühjahrssaison waren wir uns beim Rinpoche begegnet.

Zum großen Leidwesen für alle, die ihm gefolgt waren und ihn respektiert hatten, starb Geshe Rinpoche im Juli kurz nach unserer Expedition.

Lobsang wollte sich dem Berg nicht ohne den Rat eines Lamas nähern, also besuchte er im Herbst auf dem Weg zum Basislager den Lama von Tengboche und bat ihn um eine Göt-terbefragung. Sie fiel sehr ungünstig aus, sodass der Rinpoche Lobsang dringend davon abriet, in der Herbstsaison auf den Berg zu steigen.

Lobsang war jedoch bereits fest als Sirdar engagiert worden, und er hatte aufgrund seiner hervorragenden Leistungen im Frühjahr einen ziemlich guten Preis ausmachen können. Dank seiner auf fünf Everest-Expeditionen gesammelten Erfahrung vertraute er auf seine Fähigkeiten.

Er befand sich oberhalb vom Camp III, als sich eine mäch-tige Schnee- und Eislawine von der Lhotse-Flanke löste und donnernd in das Western Cwm stürzte. Auf ihrem Weg riss sie einen japanischen Bergsteiger und mehrere Sherpas mit sich, die aber wie durch ein Wunder unverletzt blieben. Einige Berg-steiger, die sich an einer exponierten Stelle des Gelben Bandes befanden, hatten nicht so viel Glück. Ein Franzose und zwei Sherpas, aus drei verschiedenen Expeditionen, wurden von den Schneemassen hinweggefegt. Einer von ihnen war Lobsang Jangbu.

Alles, was man von ihm fand, war ein Teil seines Haar-schopfs. Einen Monat nach seinem Tod brachte seine Frau ihr erstes Kind zur Welt, einen Jungen.

Es war das erste Mal, dass Lobsang ohne den Segen und Rat von Geshe Rinpoche geklettert war. Überdies hatte er die ungünstige Weissagung des Lama von Tengboche unbeachtet gelassen. Nur ein Zufall? Niemand kann dies mit Sicherheit sagen, ich jedenfalls glaube es nicht. Ein Sherpa meinte, Scott Fischers umherirrender Geist, sein *shrindi*, habe Lobsang in den Abgrund gerissen. Für Lobsang war Fischer wie ein Vater gewesen, und wenn die Seelen zweier Menschen und ihr Karma in dieser Weise eins geworden seien – wie das beispielsweise auch zwischen Mann und Frau oder Vater und Sohn vorkommt –, dann seien sie auch im Glück wie im Unglück miteinander verbunden. Im Lichte einer solchen Karma-Verbindung betrachtet, wäre Lobsang Jangbu vielleicht ohnehin im Verlaufe der Saison gestorben, auch wenn er gar nicht geklettert wäre.

Ich bin davon überzeugt, es ließe sich statistisch nachweisen, dass sich in große Gefahr begibt, wer die Worte eines hohen Lama missachtet, besonders wenn der Lama eine entsprechende Prophezeiung gemacht hat. In den meisten mir bekannten Fällen, in denen Sherpas gegen den Rat ihrer Lamas geklettert sind, eine Reise oder etwas anderes unternommen haben, ist ihnen irgendein Missgeschick widerfahren. Bei dieser hohen Korrelation zwischen ungünstiger Voraussage und eingetretenem Unglück ist unsere Vorsicht in solchen Angelegenheiten kaum reinem Aberglauben zuzuschreiben.

Nicht selten häuft sich in einer Familie das Unglück. Ngawang Topgay, der Sherpa aus Scott Fischers Team, der zu Beginn der Saison mit Verdacht auf Lungenödem per Hubschrauber ausgeflogen wurde, war Lobsang Jangbus Onkel. Er starb noch vor Einsetzen des Monsuns in Kathmandu. Das war der zwölfte und letzte Tote des Frühjahrs 1996.

Wenn jemand »verfrüht« oder bei einem Unfall stirbt, kann es sein, dass sein Geist umherwandert, solange noch nicht entschieden ist, ob er in den Himmel oder in eines der vielen Höllenreiche geschickt wird. In einigen Fällen irrt ein solcher Shrindi nur orientierungslos umher, ohne überhaupt zu wissen, dass er tot ist, bis er merkt, dass er keinen Schatten wirft und keine Spuren im Sand hinterlässt. Andere Shrindi leiden oder sind auch bösartig, und so kann es kommen, dass sie Krankheit und Unglück über Lebende bringen. Die Schamanen in den Dörfern erkennen manchmal die Gegenwart eines Shrindi daran, dass ein Verwandter oder Bekannter des Verstorbenen dieselbe Krankheit bekommt. Wenn also beispielsweise jemand unter Anfällen von Erbrechen stirbt oder an einer Gesichtsverletzung, dann geht man davon aus, dass ihm nahe stehende Personen, denen übel wird oder die sich ebenfalls im Gesicht verletzen, vom Shrindi des Toten heimgesucht werden.

In diesen Fällen versetzt sich der Schamane in Trance, um herauszufinden, was der Shrindi will. Sind dessen Forderungen einmal erfüllt und der Shrindi damit besänftigt, erholt sich die betroffene Person meist schnell. Ich fand es sehr interessant, dass ein solcher wandernder Geist bei den Navajos mit dem Wort *chindi* bezeichnet wird.

Im Herbst 1996 kam Dawa Sherpa, ein herausragender Sirdar, der im Frühjahr mit dem südafrikanischen Team unterwegs gewesen war, bei einer koreanischen Expedition ums Leben. Am gleichen Tag wurde seine Tochter geboren. Er stammte aus einer wohlhabenden Familie; seine Verwandten charterten einen Hubschrauber, um seinen Leichnam zur Einäscherung in sein Heimatdorf Solu fliegen zu lassen.

Im Winter 1997 kam Anatoli Boukreev ums Leben, wie Ed Viesturs ein echter Naturbursche, und zu jener Zeit sicher der weltbeste Bergsteiger. Er wurde bei einer Besteigung des Annapurna I von einer Lawine erfasst. Sehr traurig stimmte mich auch der Tod von Ngawang Tenzing im Frühjahr 1998. Er war jener Sherpa gewesen, der am Tag, nachdem er den Gipfel ohne Sauerstoff erklommen hatte, Makalu Gau oberhalb des Südsattels wiederbelebt und ihn dann ins Lager hinuntergebracht hatte. 1998 war Ngawang, ein hoch geachteter Mönch aus Thame, dem Dorf meines Vaters, mit der Gruppe von Todd Burleson unterwegs, wo man ihn in einem Sturm auf dem Südsattel verlor. Man nimmt an, dass er die Kangshung-Flanke hinabstürzte.

Der taiwanische Teamführer Makalu Gau, der 1999 wieder nach Nepal kam, brach in Tränen aus, als er vom Schicksal Ngawang Tenzings hörte.

Als ich noch auf dem College war, hatte ich kurz vor dem Tod meines Vaters eine Reihe verstörender Träume, in denen ich jeweils an seiner Totenfeier teilnahm. Das nahm mich so mit, dass ich Norbu anrief. Er erzählte mir, bei seinem letzten Besuch in Darjeeling habe ihm ein angesehener Hindu-Sadhu aus der Hand gelesen und ihm prophezeit, dass er wegen einer Familienangelegenheit bald nach Hause reisen müsse.

Im Frühjahr 1986 unternahm unser Vater eine Reise in die Schweiz, wo er sich gründlich untersuchen ließ. Mit seiner Gesundheit schien alles zum Besten zu stehen. Ein paar Wochen später, zurück in Darjeeling, stand er eines Morgens früh auf, um zur Toilette zu gehen. Als er wieder ins Bett ging, klagte er über Schmerzen; kurze Zeit darauf war er tot, wie unsere Mutter erzählte. Todesursache war eine Gehirnblutung. Er war 72 Jahre alt geworden.

Dhamey war zu Hause, Norbu in New Hampshire, ich in Wisconsin und Deki in Michigan. Norbu erhielt einen Anruf von unserem Cousin Phinjo, der ihm mitteilte, unser Vater sei »von uns gegangen«. Phinjo war zu mitgenommen, um das Wort »gestorben« auszusprechen.

Eigentlich hätte er es uns gar nicht mitzuteilen brauchen. Es war am Nachmittag, etwa um die Zeit seines Todes, als ich mich bei der Arbeit plötzlich unruhig fühlte und meine Gedanken nicht mehr sammeln konnte. Irgendetwas sagte mir, dass sich in unserer Familie etwas verändert habe – so würde ich jedenfalls das Gefühl beschreiben –, und das Einzige, worauf sich das in diesem Moment beziehen konnte, war der Tod meines Vaters. Ich konnte mich den ganzen Nachmittag über nicht mehr konzentrieren. Phinjos Anruf überraschte mich nicht.

Wir drei, die wir in den USA waren, trafen uns in New York und flogen dann gemeinsam, unter Tränen, nach Delhi und von dort weiter nach Bagdogra in Westbengalen. Der Distrikt Darjeeling war aufgrund von Unruhen, die mit der Gurkha-Frage zusammenhingen, für Touristen geschlossen, und es sollte an diesem Tag Demonstrationen geben. In Darjeeling selbst war der Streik vorübergehend ausgesetzt worden, um Personen – nicht jedoch Autos – zu ermöglichen, sich zur Beerdigung frei durch die Stadt zu bewegen. Verwandte und Trauergäste, die aus Nepal kamen, wurden aber an der Grenze aufgehalten und an der Weiterfahrt gehindert.

Sir Edmund Hillary, der zu dieser Zeit als Botschafter Neuseelands in Indien war, befand sich ebenfalls auf unserem Flug nach Bagdogra, zusammen mit Lady June Hillary. Sie schlossen sich ebenso wie wir dem kleinen Konvoi aus Armeejeeps an, der uns durch die Ebene und die Serpentinenstraßen hinauf nach Darjeeling geleitete. Sonst waren auf der Straße, die heute »Tenzing Norgay Road« heißt, keine Fahrzeuge unterwegs.

Ursprünglich sollte die Einäscherung meines Vaters neben dem Gemüsegarten von Ghang-la stattfinden, im Hof neben unserem Haus. Als abzusehen war, dass die Menschen zu tausenden herbeiströmten, entschieden wir uns jedoch für das Himalayan Mountaineering Institute. Tenzing Norgay, wurde uns wieder einmal klar, war nicht nur Angehöriger unserer Familie, sondern auch Bürger Darjeelings, Indiens und überhaupt der ganzen Welt.

Ghang-la war überfüllt mit aufgeregt hin und her laufenden Verwandten, die alle besorgt um uns waren, weil wir so jung unseren Vater verloren hatten. Hunderte Menschen zogen in einer Prozession durchs Haus, um ihn ein letztes Mal zu sehen.

Sechs Söhne und Neffen trugen die Bahre mit dem Leichnam über die engen Treppen durch die Tür, worauf wir dreimal das Haus umkreisten. Dann gingen wir zum Gartentor hinab, wo ein mit Blumengirlanden und Kränzen geschmückter Armeelastwagen wartete.

Die Trauerprozession wurde von einem Wagen angeführt, der ganz in Katas und Girlanden aus Ringelblumen eingehüllt und dessen Motorhaube ein Thangka mit dem Rad des Lebens bedeckte. Auf unserem Weg durch die Stadt wurden aus der Menge immer wieder Katas und Blumen geworfen. Die uniformierten Schüler der St. Joseph's, Darjeelings zweiter großer Privatschule, flankierten den Weg der Prozession. Ich stand auf der Ladefläche des Lastwagens neben der Bahre und nickte den Bekannten in der Menge zu. Ich stellte mir vor, wie mein Vater im Jeep des HMI so oft an ebendiesen Menschen vorbei durch diese Straße gefahren war und von Zeit zu Zeit, wenn ihn jemand grüßte oder erkannte, beide Hände zu einem kurzen »Namaste« zusammenlegte.

Als wir am Himalayan Mountaineering Institute ankamen, war die Prozession auf beinahe anderthalb Kilometer Länge angewachsen. Der Lastwagen und das Geleitfahrzeug war inzwischen über und über mit Ringelblumen bedeckt, wie mit orangefarbenem Schnee.

Sämtliche hohen Lamas von Darjeeling nahmen an der Zeremonie teil, darunter auch Chatral Rinpoche und seine Mönche. Es kamen Würdenträger aus Westbengalen und der Gesandte der Königin von England in Indien, der ein Beileidsschreiben Ihrer Majestät überreichte. Tausende Trauergäste drängten sich auf dem Gelände, unter ihnen, wie üblich, hunderte Bettler. Die Menschen sind freigebig, wenn sie trauern, und so finden Hungrige bei solchen Gelegenheiten immer etwas zu essen.

Die Einäscherung fand auf einem Hügel statt, ganz in der Nähe eines Cafés, wo mein Vater nachmittags gern eingekehrt war. Dort war eine Einäscherungsstätte aus Ziegelsteinen errichtet worden, die in der Mitte eine Aussparung hatte. Mönche eilten hin und her, füllten sie mit Holz, Wacholderzweigen, Weihrauch und gesegneten Gegenständen. Verwandte und enge Freunde beschrieben kleine Zettel, die zusammen mit unzähligen Blumen ebenfalls dort abgelegt wurden. Sir Edmund Hillary widmete seine Trauerrede »einem aus tiefstem Herzen vermissten Freund«.

Da geschah etwas Seltsames. An einem sonst strahlend blauen Himmel erschien unmittelbar über uns eine kleine Wolke. Erst fielen nur ein paar Tropfen, dann ergoss sich ein Platzregen über uns, der ungefähr eine Minute anhielt. So schnell der Wolkenbruch gekommen war, verschwand er wieder. Sogar die Mönche hörten einen Augenblick auf zu singen, teils um ihre Schriften vor dem Wasser zu schützen, aber mehr noch wegen des Schauspiels selbst. Ungewöhnliche Witterungserscheinungen bei Totenverbrennungen gelten als sehr günstiges Zeichen. Zu der Zeit tauchte auch der Halleysche Komet nach sechsundsiebzig Jahren wieder am Himmel auf.

Soldaten feuerten einundzwanzig Schuss Salut, dann entzündeten meine beiden Brüder, ich und unser Cousin Lobsang, der sieben Jahre später auf dem Everest ums Leben kommen sollte, den Scheiterhaufen gleichzeitig an den Ecken, die den vier Himmelsrichtungen entsprachen. Wir gossen Ghee, zerlassene Butter, darüber, damit er schneller entflammte. Die Mönche und mehrere Familienmitglieder kamen hinzu, um

Holz in die Aussparungen der gemauerten Einäscherungsstätte zu schieben.

Schließlich war ein lautes Knallen zu hören: der Schädel meines Vaters, der in der Hitze zerplatzte. In diesem Augenblick wird nach unserer Auffassung die Seele – im Buddhismus identisch mit dem Bewusstsein, beziehungsweise der Lebenskraft – vom Körper befreit. Für uns Sherpas kann diese Lebenskraft sowohl in einem Individuum wohnen als auch gleichzeitig in der Natur der Region. Das persönliche Glück hängt also einerseits von der Gesundheit an Körper und Geist ab, aber auch davon, wie man seine Umwelt pflegt. Bei meinem Vater konnte kein Zweifel bestehen, dass er seine Seele sowohl mit der Gemeinschaft als auch mit der ihn umgebenden Natur teilte.

Drei Tage später kamen Norbu und ich wieder, um in Begleitung von drei Mönchen die Asche meines Vaters einzusammeln. Der Einäscherungsplatz war die ganze Zeit über bewacht und der Scheiterhaufen mit Wellblech abgedeckt worden, um ihn gegen Wind und Regen zu schützen. Wir nahmen die Bedeckung ab, und die Mönche betrachteten aufmerksam die Anordnung der Knochen und der Asche, aus der sich gewisse Rückschlüsse über die nächste Inkarnation ziehen lassen. Besonders interessierte sie eine Stelle im feinen Aschenstaub, die Vogelspuren zu zeigen schien. Ein Mönch meinte nach eingehender Betrachtung, ohne Zweifel sei die Reinkarnation unseres Vaters in der Richtung zu suchen, in die die kleinen Fußspuren zeigten.

Wir sammelten alle Überreste ein und kehrten nach Ghangla zurück, wo Norbu auf Geheiß der Mönche begann, sie zu Pulver zu zermahlen. Sie führten diese Arbeit dann für ihn zu Ende. Die pulvrige Substanz verkneteten sie mit Lehm und anderen Zutaten und pressten daraus dann hunderte von kleinen *tsa-tsa*-Votivgaben in Form von Miniatur-Stupas. Sie fanden ihren Weg zu verschiedenen heiligen Stätten in Südasien, darunter die Klöster Thame und Tengboche und die Flanken des Kailash, Tibets heiligem Berg. Der Rest der Asche wurde in den Fluss Teesta gestreut, der die Grenze zwischen dem Distrikt Darjeeling und Sikkim bildet. Dem Wunsch unseres Vaters folgend, unternahm Chatral Rinpoche in Begleitung von sieben Mönchen eine Reise, die ihn zu den heiligen Stätten Nordindiens führte, wo er Almosen und Kleider an die Armen verteilte.

Wir blieben insgesamt neunundvierzig Tage in Ghang-la und hatten alle Hände voll damit zu tun, Telegramme und Briefe zu beantworten. Bei dieser Gelegenheit wurde mir zum ersten Mal klar, wie viel mein Vater dazu beigetragen hatte, dass Sherpas heutzutage überall in der Welt leben. Eine Schweizer Firma brachte bereits eine Sonnenlotion und einen Lippenbalsam unter dem Namen »Sherpa Tenzing« heraus, es gab »Sherpa«-Schuhe, und in Neuseeland wurde sogar ein neue Automarke »Sherpa« genannt – ein Kompaktwagen, höchstwahrscheinlich zu klein für einen Riesen wie Edmund Hillary, der in einer Anzeige für das Auto warb. Der Begriff *sherpa* ist inzwischen auch in den englischen Wortschatz eingegangen und bedeutet Gott sei Dank nicht nur Träger, sondern auch Führer wie etwa in dem Ausdruck »Sherpas der Wall Street«.

Unsere Mutter verteilte Tee und Essen an den endlosen Strom der Gäste, wie man das nach dem Tod eines Ehemannes erwartet. Ab und zu unterbrach sie ihre Arbeit und zog sich lange zum Gebet in den Gebetsraum im oberen Stockwerk zurück, wo sie bei den Mönchen aus Chatral Rinpoches Kloster saß. Die Mönche vollzogen die neunundvierzigtägige Totenwache, wie sie im Tibetischen Totenbuch beschrieben wird, Tag und Nacht, ohne Unterbrechung. Das Ritual soll eine Abkehr der Seele von hiesigen menschlichen Leben und eine Vorbereitung auf das nächste Stadium bewirken, gleichsam als würde man ihr sagen: »Du gehörst nicht länger hierher auf die Erde – du musst weiter.« Es hilft dem Toten dabei, die Richtung zu finden.

Es ist unerlässlich, die Mönche während dieser Zeit gut zu bezahlen und ihnen sowie den Trauergästen nur das allerbeste Essen vorzusetzen. Da das Ganze nicht geringe Kosten verursachte, mussten wir innerhalb der weit verzweigten Familie Spenden einsammeln. Dafür gibt es ein besonderes Buch, in dem jede Schenkung verzeichnet wird. Wenn wir dann zu einer Totenfeier, einer Hochzeit oder einem Neujahrsfest gehen, wird es zurate gezogen, und normalerweise versuchen wir dann, die Summe in doppelter Höhe zurückzugeben.

Am neunundvierzigsten Tag nach dem Tod meines Vaters kam die Gemeinde zur Abschlusszeremonie zusammen. In den fünf Folgejahren wurde jeweils an diesem neunundvierzigsten Tag des Toten gedacht. Danach gilt die Verbindung der Überlebenden zu dem Toten als gelöst. Er ist gegangen, während wir bei den Lebenden geblieben sind.

Ich muss das irgendwie verpasst haben, denn die innige Verbindung zu meinem Vater blieb weitere neun Jahre bestehen. Bis ich den Everest bestieg. Ich habe ihn erst dort auf dem Gipfel losgelassen. Der Respekt, die Liebe und auch die Erinnerungen sind bis heute geblieben – aber nicht das Gefühl der Verbundenheit, das gegenseitige Anstacheln von Vater und Sohn, das Bedürfnis, es ihm recht zu machen und ihn zu beeindrucken, auch nicht der brennende Wunsch, ihn zurückzuhaben.

Wieder in Amerika zurück, weinte ich dort mehr, als ich es in Darjeeling getan hatte, obwohl ich bereits in jungen Jahren auf seinen Tod vorbereitet gewesen bin. Er hätte vom Alter her fast mein Großvater sein können. Bereits vor meiner Geburt hatte er ein erfülltes Leben hinter sich. Nach seinem Tod schrieb ich ihm einen Brief und fragte ihn, warum er mich verlassen habe. Ich wünschte mir, er würde zurückkehren, damit er mich als Erwachsenen sehen könnte. Ich wäre so gern einfach nur mit ihm zusammen gewesen.

Sein Tod hatte eine Lücke in unser Leben gerissen, was heftige Gefühle, auch Zorn, in mir hervorrief. Beinahe zwei Jahre lang litt ich unter Depressionen. Ich suchte Rat bei einem Psychiater des College. Meine Träume wurden erschreckend lebhaft, und lange Zeit hatte ich sogar Schwierigkeiten, hinaus auf die Straße zu gehen. Deki war in dieser Zeit oft krank, einmal fiel sie sogar in ein achttägiges Koma. Als sie wieder zu sich kam, konnte sie sich nur an einen Traum erinnern, in dem ihre Mutter, ihr Vater und *yidam*, ihre Schutzgöttin, an ihr Bett getreten waren, um sich von ihr zu verabschieden. Dies kann unter Sherpas als gutes Vorzeichen gedeutet werden, wie Träume von Tod und Krankheit allgemein.

Im April 1997 wurde beim Einäscherungsplatz am Himalayan Mountaineering Institute eine sechs Meter hohe Bronzestatue meines Vaters enthüllt. Jedes Jahr ziehen eine Viertelmillion Menschen an dem Standbild und dem Einäscherungsplatz vorbei. Ich bin sehr stolz auf diese Statue, doch erinnert sie mich auch daran, dass sein Ruhm zwischen ihm und seinen Kindern stand.

Die Wärme und die Liebe, die er seinen Kindern gegeben hat, waren viel größer und bedeutender, als es das Bild, das die Öffentlichkeit von ihm hatte, je vermitteln konnte. Das Wichtigste war ihm, uns zu guten Mitgliedern der Gesellschaft zu erziehen und uns beizubringen, dass wir unser Glück schätzen lernten. Seine Bescheidenheit hat mich immer tief beeindruckt. Ob er mit einem barfüßigen Träger unterwegs war oder mit der Königin von England sprach, er behandelte alle Menschen gleich. Letztlich hat er nie verstanden, was all die Aufregung und Wichtigtuerei um den Everest eigentlich sollte. Für ihn bedeutete die Besteigung des Everest und Bergsteigen im Allgemeinen nichts als Teamarbeit, Respekt und die Begeisterung für die Berge, die er mit Freunden teilte. Die Vermittlung dieser Werte war der Segen, den ich von ihm erhielt, und sie sind bis heute mein Leitfaden geblieben.

Nach seinem Tod wurde die Verbindung zu meiner Mutter enger. Meine Geschwister und ich benötigten ihre Kraft, die wie die Achse einer Gebetsmühle war, um über sein Ableben hinwegzukommen. Wir brauchten sie auch, um den Druck abzufedern, den die große Familie und das Erbe von Tenzing auf uns ausübten.

Nach meiner Gipfelbesteigung waren einige Leute in Darjeeling neidisch auf mich, auch in unserer weitläufigen Familie. Der Ruhm meines Vaters und vor allem auch seine unverrückbare Großzügigkeit hatten viele Verwandte, Freunde, aber auch Fremde nach Ghang-la gelockt, die alle etwas von ihm wollten. Etliche seiner Geschwister, aber auch deren Kinder und Enkel – insgesamt an die hundert Verwandte – beanspruchten einen Teil von ihm für sich. Das mag einer der Gründe gewesen sein, warum er so viel auf Reisen war.

Mein Vater hatte auch mit Lars Eric Lindblad Freundschaft geschlossen, der einst nach Ghang-la hinaufgewandert war, um ihn kennen zu lernen. Das eröffnete meinem Vater eine völlig neue Karriere: Als Reiseführer von Lindblad Tours lernte er Afrika, die Antarktis, Ägypten, China und alle Gegenden der Welt kennen, von denen er jemals gehört oder die zu sehen er sich erträumt hatte. Meine Mutter machte unterdessen den Führerschein, was für eine Sherpani zu jener Zeit noch sehr ungewöhnlich war. Vom Erfolg meines Vaters angestachelt, gründete sie ein eigenes Reiseunternehmen, Tenzing Norgay Adventures. Heute leite ich die Firma in Darjeeling und habe auch eine Zweigstelle in Kathmandu gegründet. Diese Arbeit ist für mich eine Art Dank an meine Eltern, weil das Unternehmen es ihnen erlaubte, uns alle in die USA aufs College zu schicken.

Sieben Jahre nach dem Tod meines Vaters sah ich meine Mutter bei der Hochzeit von Norbu zum letzten Mal. Als sie starb, drängte es den grollenden, samsarischen Anteil in mir, allen ins Gesicht zu sagen: »Okay, seid ihr nun zufrieden? Das habt ihr doch immer gewollt, dass es mit uns bergab geht oder wir versagen. Nun sind sie beide tot ...« Für unsere Mutter jedoch muss es eine Erlösung gewesen sein – von der Last der Erwartungen, die alle an sie stellten, und von dem Gerede.

Ich bin fest davon überzeugt, dass meine Mutter als Ergebnis ihrer beispiellosen Hingabe und Großzügigkeit eine günstige Wiedergeburt erlebt hat. Wegen eines gestrichenen Flugs der indischen Fluggesellschaft verpasste ich ihre Einäscherung in Darjeeling um einige Stunden. Bei meiner Ankunft sagte mir ein Mönch, ein Regenbogen habe sich über der Zeremonie gebildet, ein Umstand, der als äußerst positives Vorzeichen gilt.

Was bedeuten aber die wenigen kurzen Augenblicke in der Geschichte der Menschheit, in denen Menschen auf dem Mount Everest gestanden haben? Das hängt ganz von den Beweggründen derer ab, die dort oben waren. Wer wirklich Augen und Ohren öffnet, der wird etwas finden, das anders und größer ist als das, was er gesucht hat: dass der Geist und der Segen der Berge letztlich in uns selbst liegt. Für diejenigen, die den rechten Glauben mitbringen, hält Miyolangsangma, die allwissende und gütige Göttin des Everest, noch eine weitere Botschaft bereit: dass wir unter ihrem Schutz stehen.

Einige Bergsteiger treibt persönlicher Ehrgeiz und der Wunsch nach einer Trophäe voran. Andere werden von etwas Geheimnisvollerem angezogen, das tief in ihrem Wesen verborgen liegt. Vielleicht ist es mehr das Bedürfnis, Einsicht zu erlangen, das sie vorantreibt, der Wunsch, sich vom Rad des Lebens zu befreien, dem Kreislauf von Geburt, Tod und Wiedergeburt. Diese Bergsteiger, so meine ich, sind Nedrogs: Sie teilen meine Pilgerschaft. »Die Berge bringen den wahren Charakter derer zum Vorschein, die sich hier aufhalten«, sagte einmal Jim Litch, der Arzt aus der Klinik von Pheriche, den ich mehrere Male im Basislager traf. »Vielleicht ist das einer der vielen Gründe, warum wir auf den Berg steigen – um uns unverstellt zu sehen, ohne all die Zwänge der Technik und des Konsums, in die wir normalerweise eingebettet sind.«

Doch welche Lehren hat man aus den tragischen Ereignissen des Frühjahrs 1996 gezogen? Dr. Tom Hornbein, der den Gipfel 1963 mit der amerikanischen Expedition über den Westgrat erreichte, war ein guter Freund meines Vaters. »Berge sind unberechenbar und es wird immer wieder Tote geben«, meint er. »Und wenn der Andrang größer wird, ist das, wie wenn man auf einer Bowlingbahn mehr Kegel aufstellt: dann werden auch mehr abgeräumt.«

Dr. David Shlim, ein anderer Freund aus Nepal, der die Tücke kennt, die in vorhersehbaren Ereignissen wie denen von 1996 liegt, ist genau der gleichen Ansicht. »Es ist sehr schwierig, Schlüsse daraus zu ziehen«, sagt er. »Das Einzige, was wirklich feststeht, nachdem man nun Jahr für Jahr beobachten konnte, wie sich die Leute an diesem Berg versuchen, ist, dass es nach wie vor absolut riskant ist, auf den Everest zu steigen.«

Wenn ich Bergsteiger treffe, die sich im Angesicht ihres großen Lehrmeisters hochmütig zeigen, dann habe ich das Gefühl, dass sie sich in Gefahr begeben. Wunsch und Ehrgeiz allein genügen auf dem Everest genauso wenig wie im normalen Leben, Erfolg kann nämlich nicht erzwungen werden. Wenn man sich jedoch von Mitgefühl und dem Wunsch, anderen zu helfen, leiten lässt, dann werden diese Bemühungen auch Früchte tragen, wenn auch vielleicht nicht in diesem Leben. Man sollte stets umsichtig und ausdauernd sein, aber nie ungeduldig werden.

Das Wichtigste, was ich von meinem Vater und dem Berg gelernt habe, ist die Bescheidenheit. Beide haben sie mir diese Tugend abverlangt. Bei seinen sechs gescheiterten Versuchen, den Gipfel des Chomolungma zu erklimmen, stieg mein Vater nicht mit dem Gefühl ab, besiegt worden zu sein, sondern stets voller Achtung. Wie er mir beteuerte, verdankte er es allein seinem Respekt vor Miyolangsangma, dass es ihm schließlich 1953 gelang, den Gipfel zu erreichen – als Durchreisender auf einer Pilgerfahrt.

Erst nachdem ich auf dem Everest gewesen war, wusste ich, dass ich den Berg gar nicht hätte zu besteigen brauchen, um den Segen meines Vaters zu erhalten. Ebenso wenig war es nötig, ihn zu erklimmen, um der Göttin zu opfern, die dort wohnt. Wie eine Mutter hat sie Verständnis, sie gibt einem Halt und Schutz, ganz gleich an welchem Ort der Welt man sich befindet.

Es liegt in unserem Wesen, uns mit der äußeren Welt auseinander zu setzen und uns in ihr zu verwirklichen. Vielleicht ist es dieser Kampf, und der schließliche Sieg, der unserem Leben einen Sinn gibt – eine Erinnerung an die noch nicht lange zurückliegende Epoche, als es hauptsächlich um das nackte Überleben ging.

Ich werde das Versprechen, das ich Soyang gegeben habe, halten und keinen der Achttausender des Himalaja mehr besteigen. Ich denke dennoch wehmütig zurück, wie ich so für mich im Western Cwm saß und nach oben sah. Der gezackte Grat zwischen Nuptse und Lhotse zog mich an, und ich fragte mich, ob es wohl möglich wäre, diesen Grat in seiner vollen Länge entlangzuwandern. Vielleicht wird sie ja zustimmen, wenn die Lamas einverstanden sind?

Bevor Soyang und ich Kathmandu verließen, statteten wir noch Geshe Rinpoche einen Besuch ab. Ich wollte ihm vor allem für die Prophezeiungen, Gebete und Rituale danken, die er für uns durchgeführt hatte, aber auch für die gesegneten Gegenstände, die ich mitbekommen hatte. Wieder brachten wir ihm Früchte, Katas und ein paar Rupien. Wir betraten seine einfache Behausung, warfen uns dreimal zu Boden und überreichten ihm dann mit gebeugtem Haupt die Gaben. Es schien ihm gut zu gehen, und er freute sich, dass ich den Gipfel erreicht und sicher zurückgekehrt war.

Einen Monat später starb Geshe Rinpoche. Am Tag seines Todes hatte er seinen persönlichen Diener zu sich gerufen und ihm gesagt, er solle vorbereitet sein, denn er selbst werde an diesem Abend seinen Körper verlassen. Dann gab er ihm einige Hinweise über seine nächste Inkarnation. »Komm in fünf Jahren nach Mysore, dort wird ein kleiner Junge auf dich zukommen und dich an deinem Gewand zupfen. Das bin ich.« Dann verfiel er in Meditation, in der er verharrte, bis er starb.

Über tausend Menschen nahmen an seiner Einäscherung teil. Sie fand im Hof des Klosters Samden Ling statt, unweit des Stupas von Bodhnath. Nach der Totenverbrennung umkreiste ich den Stupa mehrere Male. Ich sang die heiligen Silben *Om Ah Hung*, zündete Butterlampen an, dankte den Göttern und den Buddhas dafür, dass sie mir eine Wiedergeburt als Mensch geschenkt hatten und das noch dazu zu einer Zeit, an einem Ort und mit einem offenen Sinn, die es mir ermöglichten, die Führung von Lehrmeistern wie Geshe Rinpoche, Chatral Rinpoche, Trulshig Rinpoche und Tengboche Rinpoche anzunehmen. Ich hoffte, dass das Anzünden der Lampen bewirkte, das Dunkel meiner Unwissenheit mit Erleuchtung zu füllen, die es mir erlauben würde, den Rest meines Lebens klarer zu sehen – vielleicht sogar bis ins nächste hinein.

1997 kam ich mit einigen Freunden in das Khumbu zurück und machte einen Abstecher nach Thame, um dort meinen Großvater Gaga zu besuchen. Ich hatte ihm meinen Besuch nicht angekündigt und dieses Mal schien er wirklich überrascht gewesen zu sein. Er beeilte sich, Tee zuzubereiten, während er uns allerhand zeigte und sich vor uns umzog, um etwas Präsentables anzuhaben – und das alles auf einmal.

Nachdem wir uns gesetzt hatten und die Teetassen gefüllt waren, gab ich ihm ein Foto, das mich auf dem Gipfel zeigte. Er schaute es an und sagte sogleich: »Ja, das habe ich mir gedacht. Ein Sherpa-Mädchen von hier, das im Basislager war, hat mir erzählt, dass sie dich dort gesehen hat. Also habe ich jeden Tag um deine Sicherheit und deine Gesundheit gebetet.«

Ich hatte vor dem Aufstieg seinen Segen gesucht, ohne ihm etwas von meinen Plänen zu erzählen. Nach unserem Glauben bringt es nicht weniger Glück, alte Menschen zu besuchen, ihnen zuzuhören oder sie einfach zu berühren, als wenn man den Worten eines Lamas lauscht. Ich erzählte ihm, dass die bewusste Saison nicht glücklich verlaufen sei, einige Leute hätten Fehlentscheidungen getroffen, die zu tragischen Todesfällen geführt hätten. Ich selbst wolle die Besteigung der Himalaja-Gipfel nun aufgeben. Ich würde mich fortan, erklärte ich ihm, ganz der Aufgabe widmen, den Sherpas nach Kräften Ausbildung, medizinische Versorgung und andere Hilfe zu bringen.

Er lächelte, glücklich über diese Wahl, wie es schien, und vielleicht war er auch stolz auf mich, so wie es mein Vater hoffentlich gewesen wäre. Beim Abschied zitierte er einen buddhistischen Aphorismus, der meine Erfahrungen auf dem Everest zusammenfasste, vielleicht auch meine Zukunft.

»Wir sollten nicht glauben, dass eine kleine Sünde keinen Schaden anrichten könne, auch ein kleiner Funke kann nämlich einen riesigen Heuhaufen entzünden. Ganz ähnlich soll man auch den Wert guter Taten nicht unterschätzen, selbst winzige Schneeflocken, eine auf der anderen, können nämlich die höchsten Berge mit reinem Weiß überziehen.«

Hilfe für den Himalaja

Oft fragen mich Leute, wie sie den Sherpas, den Tibetern und den anderen Völkern des Himalaja helfen und einen Beitrag dazu leisten könnten, die sensible Umwelt der Hochgebirgstäler und Plateaus rund um den Mount Everest zu schützen.

Von meinem Vater habe ich die Begeisterung für das Bergsteigen geerbt, aber auch seinen Sinn für unsere Gemeinschaft. Nach seiner erfolgreichen Besteigung gründete er eine Stiftung, die sich um die Witwen der auf dem Berg verunglückten Sherpas kümmert. In Fortführung seiner großartigen Bemühungen arbeite ich mit der American Himalayan Foundation (AHF) zusammen, einer sehr engagierten und tüchtigen Hilfsorganisation, die in San Francisco und in Kathmandu angesiedelt ist.

Die AHF begann vor zwei Jahrzehnten damit, Sherpa-Kindern einen Schulbesuch zu ermöglichen. Seitdem hat sie den Bau von Schulen und Krankenhäusern in der Everest-Region unterstützt, insgesamt eine Million Bäume gepflanzt und zudem ein Kleinod der Sherpa-Kultur restauriert – das Kloster von Tengboche. Heute kümmert man sich auch um viele andere entlegene Täler des Himalaja, die ebenfalls Schulen und Krankenhäuser benötigen, kämpft gegen den Verkauf von Mädchen in die Prostitution und pflegt die heiligen Stätten. Die AHF bietet tibetischen Flüchtlingen medizinische Versorgung im Notfall, sie kümmert sich um die Kinder und bietet den Alten ein würdiges Obdach.

Ich bin ein Sohn jener Berge, die sicher auch viele von Ihnen als ihre geistige Heimat ansehen. Ich wünsche mir, dass Sie meine Liebe teilen und mich dabei unterstützen, dieser so einzigartigen Region der Welt, dem Himalaja, zu helfen. Ihr Engagement ist dem AHF sehr willkommen. Bitte wenden Sie sich an:

The American Himalayan Foundation
909 Montgomery Street, Suite 400
San Francisco, California 94132
USA

Telefon: 001 415 288 7245
E-mail: ahf@Himalayan-foundation.org
Web site: www.Himalayan-foundation.org

Dank

In schwierigen wie in glücklichen Tagen orientiert sich die Mehrheit der Anhänger des tibetischen Buddhismus an Seiner Heiligkeit dem Dalai-Lama. Seine Leitung, sein Segen und seine Gesichte haben nicht nur wesentlich zu meinem sicheren Aufstieg auf den Mount Everest und der Rückkehr zu meiner Familie beigetragen, sie haben mir auch erst die Augen für die Erkenntnisse geöffnet, die ich dort gewonnen habe.

Ebenso dankbar bin ich Trulshig Rinpoche, Chatral Rinpoche, Tengboche Rinpoche und dem verstorbenen Geshe Sonam Rinchen Rinpoche für all ihre Weissagungen, ihre Gebete und ihren Segen vor, während und nach der IMAX-Filmexpedition zum Everest im Jahre 1996.

Besonderen Dank schulde ich meiner Frau Soyang. Sie brachte Geduld für meinen Traum auf und sie glaubte an mich. Ihre Gebete, ihr Segen und ihre Unterstützung haben mich die ganze Zeit begleitet und sie tun es auch jetzt. Ich danke auch ihren Eltern, Metok Yangchen und Namgyal Dorjee, für ihr Vertrauen, ihre Gebete, ihre Unterstützung und ihre Ratschläge.

Mein Bruder Dhamey Tenzing, mein Schwager Tsedo und meine Schwestern Deki Tenzing, Pem Pem Tshering und Nima Galang haben mich bei der Arbeit an diesem Buch ermutigt und unterstützt. Ganz besonders danke ich meinem älteren Bruder Norbu Tenzing für seine Hilfe und seine wertvollen Beiträge.

Besonderer Dank gilt auch dem Lektor, Doug Abrams, der mir die Gelegenheit gab, meine Geschichte mitzuteilen. Doug hat mir großes Vertrauen entgegengebracht und sich sehr für das Buch eingesetzt. Ohne seine kluge Leitung und seine Mitarbeit hätte es nicht realisiert werden können.

Weiterhin gilt mein Dank Stephen Hanselman, Margery Buchanan, Calla Devlin, Terri Leonard, Lisa Zuniga, Renée Sedliar, Jim Warner, Joe Rutt und allen von HarperSanFrancisco, die mit solcher Hingabe an dem Buch gearbeitet haben. Sally Uhlmann danke ich dafür, dass sie mich ermuntert und gedrängt hat, dieses Buch zu schreiben, sowie für ihre hilfreichen Fragen. Bob Hoffman schulde ich Dank für den Mut, den er mir bei den Vorbereitungen der Saison 1996 gemacht hat, und dafür, dass er mich mit David Breashears bekannt gemacht hat. Letztgenanntem danke ich für das Vertrauen, das er in mich gesetzt hat. Er gab mir die Gelegenheit, einen Lebenstraum zu erfüllen; ihm verdankt das Team nicht nur den Erfolg, sondern auch die sichere Rückkehr. Danke, David.

J. T. N.

Viele Leute haben uns während der Arbeit an diesem Buch großzügig ihre Zeit zur Verfügung gestellt. Sie haben geduldig unsere Fragen beantwortet, uns Hintergrundinformation und Erläuterungen gegeben und das Manuskript durchgesehen. Wir bitten alle um Entschuldigung, die in der folgenden Liste all der Freunde, Verwandten und Ratgeber, denen wir danke schön und *tu-che-chay* sagen wollen, nicht aufgeführt sind, obwohl sie es verdient hätten:

Martin Adams, Matthew Akester, Robert Anderson, Stan Armington, Pete Athans, Brent Bishop, Richard Blum, Iwona Boretti, Peter Bro, Dr. Barbara Brower, Jennifer Carroll, Rapten Chazotsang, Jim Clash, Ani Chö-e (†), Scott Darsney, Rinchen Dharlo, Tsering Wangmo Dhompa, Kellie Erwin-Rhoads, Dr.

James Fisher, Mary Gerty, Nawang Gombu, Alana Guarnieri, Elizabeth Hawley, Dr. med. Thomas Hornbein, Frances Howland, Dr. Richard J. Kohn (†), Vassi Koutsaftis, Jon Krakauer, Wendy Lama, Jim Lester, Jim Litch, M. D., Steve Matous, Zubin Medora, Sue Muncaster, Bob Peirce, Paul J. Pugliese, Pamela Putney, Jennifer Read, Jeff Rhoads, Gil Roberts, M. D. (†), Bo Ross, Audrey Salkeld, Robert Schauer, Erik Pema Schmidt, Jeremy Schmidt, Marcia Binder Schmidt, Klev Schoening, Araceli Segarra, Ai Lhakpa Sherpa, Jangbu Sherpa, Nima Sherpa, Phurba Sonam Sherpa, Tenzing Lotay Sherpa, Wongchu Sherpa, David Shlim, M. D., Rajendra Shrestha, Warren Smith, Erica Stone, Deepak Thapa, Sue Thompson, Clark Trainor, Ed Viesturs, Gelong Wangdu, Ed Webster, Lt. Col. Charles Wylie (a. D.) und Karen Zakrison.

Der nepalesische Gelehrte und Publizist Kanak Dixit stand mir mit Rat und Tat zur Seite, viele Anregungen habe ich auch Jeff Long zu verdanken. Jangbu Sherpa bewies am Berg seine beinahe übermenschliche Stärke und große Umsicht. Er half mir später, die Chronologie der Ereignisse zu rekonstruieren. Auch Greg MacGillivray, Steve Judson und dem Team von MacGillivray Freeman Films sei für ihre Unterstützung gedankt. Unsere Agenten, Heide Lange und Sarah Lazin, haben sich dem Projekt mit großem Einsatz gewidmet. Broughton Coburn dankt besonders seiner Frau, Didi, und ihren Kindern Phoebe und Tenzing für ihre Hilfe, ihre Liebe und ihre Geduld.

J. T. N.
B. C.

Bildnachweis

Fotos im Text

HEYNE

Sphinx

Geheimnisse der Geschichte
Hrsg. von Hans-Christian Huf

In der Abenteuerserie *Sphinx*
präsentiert das ZDF Mysterien
der Weltgeschichte und lädt
ein zu einer spannenden und
reich bebilderten Reise in die
Vergangenheit.

Von Richard Löwenherz
bis Casanova
19/837

Von König Minos bis Kleopatra
19/838

Vom Gladiator bis Napoleon
40/524

40/524

HEYNE-TASCHENBÜCHER